KB089119

국립김해박물관

2019년 가야학술제전 학술총서 01

삼한의 신앙과 의례

2020년 7월 23일 초판 1쇄 인쇄
2020년 7월 30일 초판 1쇄 발행

지은이	문창로 이현우 한옥민 나희라 이양수 정현진 이제현 장용준
기획	오세연(국립김해박물관장)·이정근·김혁중(국립김해박물관)
북디자인	김진운
발행	국립김해박물관
	50911 경상남도 김해시 가야의길 190 국립김해박물관
	Tel. 055-320-6837 Fax. 055-325-9334
	http://gimhae.museum.go.kr
출판	(주)사회평론아카데미
	서울특별시 마포구 월드컵북로6길 56
	02-2191-1133
ISBN	979-11-89946-67-8 94910 / 979-11-89946-66-1 94910(세트)

ⓒ 2020 Gimhae National Museum of Korea All rights reserved.
이 책의 저작권은 국립김해박물관이 소유하고 있습니다.
이 책에 담긴 모든 내용은 국립김해박물관의 허가를 받아 사용할 수 있습니다.

2019년 가야학술제전 학술총서

01

삼한의 신앙과 의례

문창로 이현우 한옥민 나희라 이양수 정현진 이제현 장용준 —— 지음

국립김해박물관

일러두기

1. 이 책은 2019년 가야학술제전에서 발표, 토론한 내용을 수정 보완한 것이다.

	학술제전 주제	일정
1	문자로 본 가야	2019. 6. 1.
2	삼한의 신앙과 의례	2019. 7. 12.
3	삼국시대 마주·마갑 연구 성과와 과제	2019. 8. 30.
4	가야사람 풍습연구 - 편두	2019. 9. 27.
5	가야 직물 연구	2019. 10. 25.

2. 책 제목의 일부는 학술제전 주제의 성격에 맞추어 일부 변경하였다.

3. 학술제전의 토론은 주제별로 영상을 제작 편집하였다. 아래에서 토론 영상을 시청할 수 있다. https://www.facebook.com/517440405030443/posts/3161764983931292/?sfnsn=mo

차례

1

'삼한의 신앙과 의례' 연구의 동향과 과제

― 소도 관련 전승을 중심으로

문창로 국민대학교 한국역사학과

I. 머리말

일찍이 문헌을 다루는 고대사학계에서는 史料의 영세성을 보완하기 위해 고고학 자료를 이용하면서도, 고고학계 입장이 정리되지 않았다는 이유로 유물의 형태나 분포를 자의적으로 유형화시켜 부적절한 결론을 도출시키는 사례가 일부 지적되었다(全榮來 1990). 그리고 고고학계에서는 고고학 자료를 좀 더 체계적으로 분석 및 조직, 편년을 하기보다는 자신들의 입론을 뒷받침할 만한 증거를 단편적인 역사 기록에서 찾아서 문헌 사료의 역사적인 맥락이나 서술 배경을 간과하는 일부의 연구 경향에 대해서 반성을 촉구하기도 했다(李盛周 1993).

이후 상호 건설적인 비판을 바탕으로 한국 고대사와 고고학의 교류는 지속·확대되었고, 이제 두 분야는 협업 단계를 넘어서 상호 연구 성과를 종합하는 단계에 진입했다고 해도 과언이 아닐 듯싶다. '삼한'이라는 공통의 시·공간을 중심으로 '신앙과 의례'의 문제를 해명하기 위해 고고학 발굴 성과와 연계된 이번 학술회의는 한동안 역사학, 고고학, 인류학, 민속학 등으로 분절되고 분산적이었던 연구 경향을 벗어난다는 점에서 의미가 있다. 향후 학제적 연구를 통해 지속 가능한 상보적 관계 구축을 위해서도 바람직한 방향 모색이라 할 수 있다.

오늘날 학계의 통설로 인정받는 주요 연구 성과는 이른바 '정-반-합'의 변증법적인 과정을 거치면서 켜켜이 쌓인 결과의 산물이라 할 것이다. 따라서 그간 이루어진 관련 연구의 동향과 과제를 정리하는 작업은 매우 신중할 수밖에 없다. 본고에서 다루는 범위는 고대사학계에서 이루어진 연구 성과에 한정하면서, 삼한의 신앙과 의례 연구에서 주목되는 소도 관련 문헌 자료를 중심으로 주요 쟁점과 과제를 정리했다. 사실 부분의 총합이 전체가 되지만, 개인 차원에서 방대한 분량의 기존 연구 성과를 제대로 거르고 그 의미를 바르게 짚어내기는 어려운 형편이다. 본의 아니게 연구사적으로 중요한 의미를 지닌 성과들을 누락시키거나 잘못 이해한 부분도 있을 것이다. 미리 양해를 구한다.

잘 알듯이 우리나라 고대 사회의 신앙과 의례 활동에 관한 문헌 자료는 적지 않지만, 그 내용까지 제대로 전하는 경우가 흔하지 않다. 『三國志』東夷傳 韓條(이하 한전)의 '蘇塗' 관련 기록도 그 내용이 비교적 소략한 편에 속한다. 그렇지만 소도라고 불리는 '別邑'에서의 종교 관련 행위는 신앙과 의례 양상의 일면을 알려주기 때문에 관련 연구자들에게 꾸준히 주목받았다. 실제로 '立大木'과 '立蘇塗' 기록의 중복 여부 및 소도와 별읍의 관계 설정은 물론, 국읍에서 '主祭天神'했던 天君의 실체와 위상, 그리고 당시 신앙했던 '天神'과 함께 섬김(事)과 믿음(信)의 대상이었던 鬼神 등의 신 관념 문제도 관심을 끌었다. 이 밖에 봄·가을로 시행했던 농경의례 및 祭場 내지는 신성 지역과 관련된 '별읍'이라는 공간의 실상 등은 삼한 사회의 신앙과 의례 현상을 조망할 수 있는 주요 과제로 다루어졌다(徐永大 1991).

소도의 역사적 실체와 그 의미를 밝히는 일은 삼한 사회는 물론 우리나라 상고대의 토착 신앙과 의례, 나아가 초기국가의 정치 및 사회상을 이해하는 첩경이 될 수 있다. 이에 민속학을 비롯한 종교학, 역사학 등 여러 방면에서 소도에 대한 다양한 접근이 진행되었다. 일찍이 소도 관련 연구는 이른바 근대사학의 수용과 함께 이루어졌다. 초기 연구는 주로 종교·민속학 방면에서 진행되었으며, 당시 민간신앙의 대상이었던 '솟대' 등 神竿과 소도를 서로 연결하는 경향이 강했다. 이때 『삼국지』한전의 '입대목'과 '其立蘇塗之儀'의 '입소도'에서 중복되는 '立~'자에 주목하여, 소도는 곧 대목으로 立木(신간)이나 제단 등을 뜻하는 것이라고 여겼다. 그래서 소도의 성격은 마을 입구의 원시 경계표 혹은 부락의 수호신으로 상정했으며, 나아가 세속 권력이 못 미치는 일종의 신성 공간으로 고대 그리스·로마의 아실리(Asillie) 또는 아실럼(Asylum)과 비슷한 것으로 파악했다(孫晉泰 1932; 葛城末治 1935; 田村專之助 1936; 末松保和 1955;

村上正雄 1956; 趙芝薰 1966).

　　다만 광복 이전까지 소도 관련 연구는 국내 학자들과 일본 학자들 사이에 시각과 접근방법에서 큰 차이를 보인다. 일본 학자들의 연구는 대체로 식민지 지배를 정당화했던 식민사학의 범주에서 탈피하지 못했고, 이와 같은 연구 경향은 1920년대 이후 일제에 의해 전개된 민족문화 말살정책과 궤를 같이하는 것으로 보았다(宋華燮 1994).

　　그 뒤 소도는 별읍과 결부되어 天君이 제사를 주관했던 신성한 공간으로 상정했으며, 점차 소도는 神竿이 세워진 성역과 그곳에서 이루어지는 신앙행위까지 포함하는 개념으로 확장되었다(崔吉城 1968; 金泰坤 1969; 李鍾哲 1984; 金宅圭 1985; 永留久惠 1988; 朴昊遠 1988; 이필영 1988). 이와 함께 삼한의 소도 신앙이 갖는 성격과 의미를 삼국의 신앙 의례 및 종교문화와 연계하여, 소도가 소멸한 이후 그것을 계승했던 흔적에 대해 탐색했다. 곧 불교 전래 이후 사찰이라는 공간이 신성 구역인 소도를 대신했던 것으로 보았으며, 이에 소도의 불교적 변용은 기존 토착신앙과 불교의 타협 내지는 습합을 의미하는 것이라고 이해하였다.

　　역사학 방면의 연구는 1970년대 들어서 본격적으로 이루어졌다. 삼한의 정치발전 단계나 국가 기원 문제를 해명하면서 소도의 정치사적 의미를 추구하거나 당시의 보편적인 사회 발전단계와 결부시켜 소도 신앙의 실상을 부각했다. 실제로 소도는 '군장사회의 산물' 또는 '삼한 별읍사회에서 행해진 조상신에 대한 신앙 의례' 등으로 파악했다. 그리하여 소도의 역사적 위상을 삼한 사회의 정치체계 내지는 사회발전에 따르는 종교의식의 변화과정 속에서 찾으면서 소도의 정치·사회사적 의의를 보다 구체적으로 새겼다(金哲埈 1971; 許回淑 1972; 徐永大 1973; 金貞培 1978; 金杜珍 1985; 洪潤植 1988; 崔光植 1990; 金洸 1990; 宋華燮 1992; 文昌魯 1998).

　　한편 소도 관련 기록은 『삼국지』 한전을 비롯하여 『후한서』 한전, 『진서』 마한전 등 주로 중국 정사에 전하며, 후대의 중국 사서에서도 이

따금 확인된다. 정작『삼국사기』,『삼국유사』등 국내 사서에는 관련 기록을 찾기 힘들다. 다만 최치원이 찬술한「鳳巖寺智證大師寂照塔碑」와 조선 후기 학인들의 일부 전승에서 확인될 뿐이다. 이에 시기적으로 앞서 편찬된『삼국지』한전의 기록이 차지하는 중요성은 클 수밖에 없으나, 자료 활용 면에서는 그만큼 신중한 접근이 필요하다.『삼국지』한전의 소도 관련 주요 내용은 이후 편찬된 사서에 동일한 맥락에서 옮겨 실었지만, 각각 편찬 당시 찬술자의 역사의식 또는 사회적 배경 등에 따라 일부 문구의 축약과 조정으로 뒷날 소도 인식에 변화를 주기도 했다(문창로 2013).

『삼국지』동이전의 서술방식은 분전의 형태가 아니므로 같은 풍속에 대해서 나라별로 반복하여 기술하지 않았던 점에 유념할 필요가 있다 (이강래 2007). 그런 면에서 소도 관련 기록은 마한 사회에 국한되는 신앙과 의례 관련 내용으로 취급하기보다는 진·변한을 포함한 삼한 사회 차원에서 다루어도 좋을 듯싶다.

이와 관련하여 우리나라 고대 사회에서 이루어진 신앙과 의례 양상은 제각기 토착적인 전통과 독자적인 특성을 갖기 때문에, 그것의 보편적인 성격을 부각하는 일은 연구사적으로 의미 있는 것으로 본다(김두진 1998). 이는 한국의 특수한 문화양상에 내포된 보편성을 찾는 노력의 일환이기도 하다. 따라서 소도라고 하는 종교현상을 삼한이라는 시·공간적 범주에 한정 짓기보다는 한국 고대의 문화 속에서 그것이 차지하는 위상과 의미를 되짚어 볼 필요가 있다. 다시 말해 동이전에 수록된 삼한의 소도 관련 기록을 부여·고구려·동예 등 주변 지역의 신앙과 의례 활동에 견주어서 당시 보편적인 사회 발전단계 속에서 그 역사적 실체를 검토하는 작업이 요구된다.

이에 본고에서는 먼저『삼국지』한전 이래로 전승된 소도 관련 기록을 검토하여 전통적인 소도 인식의 성립과 변화하는 과정을 살펴보려고 한다. 그런 다음 근대사학이 수용된 이후 본격적으로 진행된 선학들의 중요 연구 성과를 중심으로 관련 연구의 흐름을 일별하고자 한다. 곧 소도의 기원과 그 전승에 관한 탐구와 함께 소도의 역사적 실상 복원 노력 등에 초점을 맞추어 정리하려고 한다. 이어서 『삼국지』 한전을 비롯한 관련 문헌 자료를 검토하면서 삼한 소도의 이해 방향을 가늠해 보려고 한다. 그리하여 '삼한의 신앙과 의례' 연구에 대한 이해를 더하기 위하여 기왕의 연구에서 제기된 주요 쟁점을 제시하고 앞으로 풀어야 할 몇몇 과제에 대해서 생각해보려고 한다.

II. 인식의 형성과 변천

삼한의 신앙과 의례에 관한 전통적인 인식의 출발점은 서기 3세기 후반 西晉의 史家 陳壽(233~297)가 찬술한 『삼국지』 동이전의 소도 관련 기사(A)에서 찾을 수 있다. 그 뒤에 편찬되었던 『후한서』 동이열전(B)과 『진서』 열전(C), 『한원』(D) 등의 사서에도 같은 내용이 실렸는데, 일부 구절의 축약과 문구 조정이 확인된다(이하 주요 논지는 문창로 2013 보완 재정리). 이는 사서 편찬 당시 찬자의 인식이 나름대로 반영된 것으로 보이며, 이후 소도 관련 전승의 변화에도 영향을 주었을 법하다.

(A)에서 삼한은 해마다 5월과 10월에 각각 파종과 수확을 마치고 농경의례로서 귀신에게 제사하며 그 과정에서 이루어지는 집단유희 장면을 전한다(①). 삼한 사회는 귀신을 믿었고 국읍마다 각기 1인을 세워서 천신 제사를 주관하게 했으며, 그를 '천군'이라고 했다. 또한 諸國에는 각각 '별읍'이 있었으며, 그것을 '소도'라고 불렀다. 그곳에는 큰 나무를 세워 방울과 북을 걸어놓고 귀신을 섬겼다고 한다(②). 별읍을 소도라고 했는데, 별읍이라는 글자의 뜻은 '특별한 읍(또는 읍락)' 혹은 '별개의 읍(락)'으로 풀이할 수 있다. 곧 '소도'로 불렸던 '별읍'은 읍을 바탕으로 하

구분	문헌명	① 제의 목적, 행위	② 주제자, 장소, 시설	③ 제의 기능, 평가
A	『三國志』魏書 烏丸鮮卑東夷傳30, 韓	常以五月下種訖 祭鬼神 羣聚歌舞 飲酒晝夜無休 其舞 數十人俱起相隨 踏地低昂 手足相應 節奏有似鐸舞 十月農功畢 亦復如之	信鬼神 國邑各立一人 主祭天神 名之天君 又諸國各有別邑 名之爲蘇塗 立大木 懸鈴鼓 事鬼神	諸亡逃至其中 皆不還之 好作賊 其立蘇塗之義 有似浮屠 而所行善惡有異
B	『後漢書』東夷列傳75, 韓	常以五月田竟 祭鬼神 晝夜酒會 羣聚歌舞 舞輒數十人相隨 蹋地爲節 十月農功畢 亦復如之	諸國邑各以一人 主祭天神 號爲天君 又立蘇塗 建大木以縣鈴鼓 事鬼神	
C	『晉書』列傳67, 東夷 馬韓	俗信鬼神 常以五月耕種畢 群聚歌舞以祭神 至十月農事畢 亦如之	國邑各立一人 主祭天神 謂爲天君 又置別邑 名曰蘇塗 立大木懸鈴鼓	其蘇塗之義 有似西域浮屠也 而所行善惡有異
D	『翰苑』蕃夷部, 三韓	鈴鼓旣懸 用展接神之禮 後漢書曰 馬韓人常以五月田竟 祭鬼神 盡夜酒會 群聚歌舞 舞輒數十人相隨 蹋地爲節 十月農功畢 亦復如之	諸國邑各以一人祭天神 號爲天君 又立蘇塗 建大木以懸鈴鼓 事鬼神	蘇塗之義 有似於西方浮屠之
E	『通典』邊防1, 東夷	俗信鬼神 常以五月耕種畢 晝夜酒會 羣聚歌舞 數十人俱起相隨踏地 低昂手足相應爲節 十月農功畢 亦復如之	諸國邑各以一人主祭天神 號爲天君 又立蘇塗 [有似浮屠] 建大木以懸鈴鼓 事鬼神	
F	『太平寰宇記』四夷1, 東夷1 三韓國	俗信鬼神 常以五月耕種畢 祭鬼神 晝夜飲會 羣聚歌舞 舞輒數十人 相隨踏地 爲節十月農工畢 亦復如之	諸國邑各以一人主祭天地 號天君 又立蘇塗 有似浮屠 建大木以懸鈴鼓 事鬼神	

는 일정한 지역을 가진 존재로 보인다. 소도는 주요 종교시설로서 방울과 북을 걸어놓은 대목[神樹]을 중심으로 귀신을 섬기는 의례 공간도 포함된 것으로 상정할 수 있다.

이때 다른 데서 도망쳐온 사람이 소도 안에 들어가면 누구든 돌려보내지 않았으므로 도적질을 좋아하게 되었으며, 이에 소도를 세운 뜻이 부도와 비슷하지만 행하는바 선과 악은 서로 달랐다고 전한다(③). 이는 『삼국지』 찬술 당시에 확보했던 삼한 사회의 토착신앙에 관한 정보를 기반으로, 찬자의 인식이 투영된 기술로 이해된다. 곧 ①·②의 내용이 소도와 관련된 신앙 및 의례 행위 모습을 관찰한 기록이라고 한다면, 이어 언급한 ③은 소도에 관한 신앙체계와 그 기능에 대한 편찬자 진수의 인식이 반영된 일종의 평가로 볼 수 있다.

소도에 견주었던 '浮屠'라는 말은 일찍이 중국의 불교 전래 상황과 관련지어 이해했다. 본래 범어인 '부다(Buddha)'가 중국에 '부도(Buddho)'로 잘못 전해진 뒤, 浮屠'와 함께 佛陀(Buddha), 佛道, 浮頭, 浮圖, 浮途 등으로 다양하게 쓰였다고 한다(손진태 1932; 宋華燮 1994). 『삼국지』 한전 편찬 당시에 부도라고 하는 말은 佛陀를 비롯하여 불교(浮屠道 또는 浮屠之敎), 사찰 또는 불사리탑(浮圖), 불상을 모신 사당(浮屠祠), 불경(浮屠經) 등으로 사용되었음을 확인할 수 있다. 따라서 부도는 당시 중국 초기불교를 상징하는 용어이며, 나아가 불교 수용기 중국인들에게 기원의 대상이 되는 신으로도 인식되었다고 본다.

한편 중국 남조의 송 문제(文帝) 때에 편찬된 (B)는 앞서 찬술한 (A)의 내용을 기본적으로 전재했지만, '晝夜酒會'와 '羣聚歌舞'의 순서를 서로 바꾸거나(①), '별읍'을 삭제하고 '名之爲蘇塗'를 '立蘇塗'로 고쳤으며(②), 이어지는 "諸亡逃至其中 … 而所行善惡有異"(③) 부분을 모두 생략했다. 이러한 현상은 『후한서』 한전 편찬 과정에서 찬자 범엽(范曄, 398~445)의 판단에 따라 일부 문구를 조정하거나 삭제했던 것으로 추정된다. 이로 인해 후대 사서 편찬에 영향을 주면서 소도 인식의 변화에 원인을 제공한 것으로 추측된다.

(C)의 『진서』 마한전도 기본적으로 (A)의 『삼국지』 한전 기사를 받아들이면서 전체 문맥이 매끄럽게 통하도록 일부 문구의 축약·조정을 취했다(申鉉雄 2005). 첫머리에 '俗信鬼神'을 언급하여 (A)의 '祭鬼神', '信鬼神', '事鬼神' 등 '귀신' 관련 서술의 반복을 피하고, "祭鬼神 群聚歌舞飮酒"를 "群聚歌舞以祭神"으로 문구를 고쳤다(C①). 그리고 『삼국지』에서 諸國에 각기 별읍이 있다고 하여 별읍을 국의 구성단위로 인식했던 "又諸國各有別邑 名之爲蘇塗" 기사를 『진서』는 "國邑各立一人主祭天神 謂爲天君"에 뒤이어 '諸國'을 생략하고 "又置別邑 名曰蘇塗"로 수정했다(C②). 곧 천군이 주제하던 국읍과는 별개로 별읍을 설치하여 소도로 불렀다고 하여 大木과 구분했다. 특히 '蘇塗之義'와 관련하여 "諸亡逃至其中 皆不還之"를 삭제하고, "有似西域浮屠"(C③)라고 하여 '부도' 앞에 '서역'을

덧붙여서 소도라는 말이 '서역'에서 전래된 불교와 유사한 뜻임을 명확히 했다.

『진서』는 643년(貞觀 17)에 당 태종의 명을 받은 房玄齡, 褚遂良 등이 편찬했으므로, 이때 중국의 소도 인식은 서역 불교로 정착된 듯하다. 이는 660년경 張楚金이 찬술한 『한원』에서도 "蘇塗之義 有似於西方浮屠之"(D③)라고 하여, 소도를 '서방'의 부도와 비슷하다고 전하는 사실에서도 짐작할 수 있다. 다만 『삼국지』 한전이 편찬되었던 3세기 후반경에는 아직 삼한지역에 불교가 본격적으로 전래되지 않았던 것으로 이해된다. 곧 진수가 언급한 소도는 불교 전래 이전 삼한지역에서 관찰되는 전통적인 토착신앙과 관련된 것으로 보았다(문창로 2013).

소도 관련 기록은 『삼국지』 편찬 이래로 『진서』 편찬 시기까지 일부 문구의 가감과 조정이 있었지만, 기본적인 내용은 대체로 맥을 같이한다. 중국 정사에서는 『진서』 마한전을 끝으로 소도 관련 기사를 확인할 수 없다. 이는 단대사로서 중국 정사의 편찬 대상 시기를 고려한다면, 삼한의 소멸과 맞물려 나타나는 당연한 현상이라고 생각한다.

이후 편찬된 중국 사서에서는 앞서 편찬된 중국 정사의 내용을 전재하면서도 부분적으로 문구를 조정하기도 했다. 唐의 杜佑(735~812)가 편찬했던 『통전』은 『후한서』와 『진서』의 내용을 참조하여 서술했고(E), 宋의 樂史(930~1007)가 편찬한 『태평환우기』에서도 비슷한 맥락의 서술 경향을 보인다(F). 그 뒤 1013년에 북송의 王欽若·楊億 등이 편찬한 『冊府元龜』 卷959, 外臣部4, 土風조 등은 『후한서』 한전 내용을 그대로 옮겨 실었다.

한편 현전하는 국내 문헌 자료 가운데 가장 오래된 소도 관련 기록은 신라 말 최치원(857~?)이 지증대사 도헌을 기려 찬술했던 「봉암사지증대사적조탑비」(이하 「지증대사비」)에서 찾을 수 있다. 여기서 최치원은 "옛날 우리나라가 셋으로 나뉘어 솥발과 같이 서로 대치했을 때 백제에 소도의 의식이 있었으니, 이는 마치 감천궁에서 金人에게 제사를 지내는 것과 같다."(「지증대사비」『조선금석총람』상)고 했다.

감천궁에서 제사를 지냈던 금인은 '休屠王祭天金人'으로, 흉노의 휴도왕이 하늘에 제사를 지내면서 모셨던 존재이다. 일찍이 '휴도왕제천금인'은 한무제 元狩年間(서기전 122~117)에 표기장군 곽거병이 흉노의 휴도왕 군대를 격파하고 빼앗은 것으로 전한다(『漢書』권68 霍光金日磾傳;『한서』권94 匈奴列傳). 금인은 본래 중국 삼국시대에 휴도왕이 제천행사에 모셨던 흉노 고유의 천신상이며, 남북조시대(420~589)를 거치면서 '金人佛像說'의 대두와 함께 불교의 예배대상인 불상으로 받아들였다고 한다(徐永大 1979).

실제로 백제의 소도 의식에 비견되는 흉노의 감천궁 금인 제사에 대한 인식은 시간이 흐르면서 점차 변했다. 중국 남조 송(420~479)의 裴駰이 지었던『史記集解』에 인용된『漢書音義』에는 "흉노의 祭天處가 본래 운양 甘泉山 아래 있었는데, 秦이 그 땅을 빼앗은 뒤에 休屠王의 서쪽 지역(右地)으로 옮겨서 제천금인을 갖게 되었다."고 전한다(馬持盈 1979). 이 때까지는 금인 제사를 흉노 고유의 토착적인 제천의례로 인식했던 사실을 확인할 수 있다.

그 뒤 559년에 편찬된『위서』에는 金人 전래 사실을 중국의 불교 유통과 연관하여 전한다(『魏書』卷114, 釋老志10). 곧 곽거병이 흉노를 토벌하여 획득한 휴도왕의 금인을 한무제에게 바쳤더니 금인을 大神으로 여겨 감천궁에 모셔 분향 예배했으며, 금인의 전래로 중국에서 불교가 유통되기 시작한 것이라고 전한다. 또한 당의 司馬貞이 쓴『史記索隱』과 張守節의『史記正義』는 앞서 편찬된 배인의『사기집해』와 함께『사기』주석서 중에 인정받는 3대 주석으로 '史記三家注'로 불리는데,『사기색은』과『사기정의』에서는 금인을 '浮圖金人' 혹은 '불상'으로 인식했다(馬持盈 1979). 그리하여 당나라 이후 확산된 '금인=불상' 인식은 근대에 이르기까지 중국의 전통적인 통설로 이어졌다고 한다(徐永大 1979).

이처럼 최치원이 거론한 '백제소도지의'는 당시 중국에 널리 퍼졌던 '금인불상설'과 무관하지 않을 듯싶다. 곧 최치원이 소도 의식에 빗댄 '감천금인지사'는 바로 '부처에게 예배드리는 의식'으로 이해될 수 있다. 사실 최치원은 「지증대사비」를 찬술하면서 첫머리에 君子가 사는 우리나라(해동)에 불법이 전래되어 크게 성행했던 사실을 거론하고 신라 불교사를 선종사 중심으로 간명하게 정리했다. 그런 다음 백제 소도 의식을 언급했으며 뒤이어 "陜西의 曇始가 貊 땅에 들어온 것은 攝摩騰이 東쪽으로 後漢에 들어온 것과 같고, 고구려의 阿度가 신라에 건너온 것은 康僧會가 남쪽으로 吳에 간 것과 같다."고 했다(『조선금석총람』 상). 곧 고구려는 서진으로부터, 신라는 고구려로부터 각각 불교를 받아들였다고 전하여, 우리나라 불교 전래의 순서는 백제를 시작으로 고구려, 신라 순이라고 보았다. 이처럼 비문의 서술맥락을 고려할 때, '백제소도지의'는 백제의 불교 전래 사실을 거론한 용례로 추론할 수 있다.

　그런데 최치원이 언급한 '백제소도지의'는 마한 소도가 아닌 백제 소도로 언급한 사실에 주목하여, 그의 삼한-삼국 인식을 달리 해석할 수 있는 근거로 삼기도 했다. 곧 기왕의 '마한→고구려' 인식과는 별개로 '백제소도지의'에서의 '백제'는 최치원이 '마한→백제'라는 역사적 선후 관계를 염두에 둔 서술로 상정했다(이강래 2004; 이도학 2005; 김병곤 2008).

　그렇지만 이와 같은 견해는 최치원이 '삼한=삼국'으로 상정하여 마한→고구려, 변한→백제, 진한→신라로 인식했으며(『삼국사기』 권46, 열전 6 최치원), 삼국통일 이후의 신라를 '삼한'으로 칭했던 점을 감안하면 재고할 필요가 있다. 사실 삼한과 삼국을 같은 실체로 인식한 것은 최치원뿐만 아니라, 당시 중국이나 신라의 일반적인 삼한 인식에 기인한 것으로 이해된다. 곧 '백제소도지의'에서의 백제는 마한과의 계승 관계를 염두에 둔 기록이라기보다, '삼한일통'을 이룩했던 최치원 당시 통일신라 내의 옛 백제지역 정도로 인식했을 가능성이 크다.

　전통적으로 전근대에는 『삼국지』 한전보다 『후한서』 한전 내용을 취신하는 경향이 강하다. 『후한서』 한전은 "삼한이 모두 78국이며 伯濟가 그 가운데 한 나라"라고 전하여(『후한서』 권85 동이열전제75 한), 유독 '백제국'의 존재를 부각했다. 어쩌면 최치원은 이 기록에 주목하여 백제와 소도를 연결했을 가능성도 배제할 수는 없다(徐永大 1979). 곧 그는 『후한서』 동이열전에 고구려전이 독립되어 있어 고구려와 소도를 연결하기 곤란했을 것으로 보았다. 또한 『후한서』의 삼한 관련 서술이 마한·진한·변한을 뚜렷하게 구분하지도 않았고 삼한 諸國 가운데 '伯濟'만을 특별히 거명했던 점으로 보아, 백제와 소도를 연계했을 것으로 이해된다. 결국에 최치원은 신라 말 중국에 확산했던 '금인불상설'과 『후한서』 한전의 기사 등을 통해 '백제소도지의'는 백제의 불교 제사로 인식하고, 신라의 불교사를 정리했던 「지증대사비」에서 소도 의례를 백제 불교 전래의 근거로 제시한 것이라고 추론할 수 있다.

소도 의례를 불교 제사에 상정했던 최치원의 인식은 그 뒤 근대 이전까지 큰 변화 없이 계승되었다. 실제로 조선 후기 학인들은 최치원의 「지증대사비」에 보이는 '백제소도지의'를 삼한 시대에 이미 불교가 전래되었다는 주장의 근거로 삼았다. 『해동역사』(1823) 석지조에는 고구려 소수림왕 대 불교 전래 사실에 대한 한진서의 按說을 전한다. 거기에는 『삼국지』 한전의 소도 관련 기사를 언급하고 이를 '동방에 불교가 싹튼 조짐'이라고 했다(『海東繹史』 卷32, 釋志, 釋教). 또한 그 근거로 최치원의 「지증대사비」에서 언급한 '백제소도의식'과 '감천궁금인제사'를 인용했다. 그리하여 한진서는 '소도=불교'라는 인식을 바탕으로 중국 서진대에 이미 불교가 우리나라에 전래한 것으로 보았다. 그리고 李裕元이 찬술한 『임하필기』(1871)에도 앞서 한진서의 안설과 같이 소도를 우리나라 불교의 기원으로 삼았다(『林下筆記』 권11, 文獻指掌編, 釋教始於東方). 곧 최치원의 「지증대사비」 내용을 거론하면서 서진 대에 이미 우리나라에 불교가 있었다고 하여 최치원의 소도 인식을 충실히 계승했다.

최치원의 '소도=부도' 인식과 궤를 같이하지만, 소도를 사찰 내에 세웠던 불탑으로 파악했던 견해도 확인된다. '名物典故'에 뛰어났던 중국 남송의 程大昌(1123~1195)이 편찬한 『연번로』는 『통전』의 소도 기록과 함께 소도가 부도와 유사하다는 주석을 인용하면서, 안설을 통해 "浮屠는 浮圖이며 塔"이라고 했다(『演繁露』 卷7, 蘇塗). 이와 같은 견해는 李圭景 (1788~1863)이 찬한 『오주연문장전산고』의 '화동음사변증설'에서도 확인할 수 있다. 곧 『통전』과 『연번로』의 관련 기록을 인용하면서 소도와 유사한 부도는 탑이라고 하여(『五洲衍文長箋散稿』 天地篇, 華東淫祀辨證說), 삼한의 소도를 불교 사찰 내에 조영된 탑으로 상정했다.

한편 조선 후기에는 최치원 이래 고수했던 '소도=부도(불교)'라는 전통적인 인식에서 점차 벗어나는 모습을 확인할 수 있다. 許穆 (1595~1682)이 찬술한 『眉叟記言』(1689)에서 삼한은 국읍 외에 '別置邑' 하여 대목을 세우고 방울과 북을 매달았던 곳을 소도라고 했다고 한다 (『記言』 卷32, 原集 外篇, 東事1, 三韓). 소도는 국읍과 구분되는 '별도로(특별히) 설치한 읍'으로서 일정한 구역의 제의공간을 상정했다.

특히 허목은 "삼한에서 소도를 섬기는 것이 마치 西域에서 부처 섬기는 것처럼 엄숙했다."라고 하여, 반드시 소도와 불교가 같은 것이라고 인식하지는 않았다. 곧 그는 "사이가 鬼神에게 제사 지내는 것을 엄격히 했으니, 흉노는 사람을 잡아서 제사 지내고, 金人은 사람들이 크게 모여 林木에 둘러서서 제사 지내며, 마한은 소도에 제사 지내고, 숙신씨는 石砮에 기원하는 것은 모두 같은 이치이다."라고 했다(『記言』 卷48, 續集, 四方2, 南北道風土誌). 이처럼 허목은 소도를 중국 주변 종족이 귀신에 제사했던 고유한 신앙의식의 하나로 거론하여, 소도 제사와 불교의식이 같은 것이라고 이해하지는 않았다. 허목 등과 같은 일부 학인은 '소도=불교(불탑)' 이라고 하는 전통적인 인식과 결을 달리했던 것으로 짐작된다. 최치원 이래의 전통적인 소도 인식에서 벗어나 소도 의례를 삼한 고유의 제사의식으로 상정했던 견해를 확인할 수 있다.

삼한 이후의 소도 인식은 불교적으로 변용되어 계승되었지만, 다른 한편 '솟대'로 상징되는 민간의 입간(신간) 신앙과 맥이 닿는 것으로 이해된다. 송의 서긍(1091~1153)이 지은 『선화봉사고려도경』에는 삼한 소도에서 '입대목'하는 습속이 고려 시대 민간 풍속에 이어졌던 것으로 유추할 수 있는 기록을 전하여 관심을 끌었다. 서긍이 개경에 한 달간 머물면서 관찰한 고려의 민간 풍속 중에 "대개 그 풍속이 淫祠와 鬼神을 받들어서 '長竿' 역시 굿하고 祈禳하는 도구일 뿐이었다."고 했다(『宣和奉使高麗圖經』 卷3, 城邑, 民居). 곧 고려 중기의 민간 풍속에서 '장간'은 음사와 귀신에 제사하는 데 사용된 도구였다고 했다. 이와 같은 전승은 삼한 소도에서 대목을 세우는 민속이 고려 시대까지 계승되었던 사례로 받아들이기도 했다(孫晉泰 1932).

소도를 입간 신앙의 입장에서 파악한 견해는 청나라 건륭제(1735~1796)의 명을 받아 阿桂(1717~1797)와 于敏中(1714~1780) 등이 편찬한 『欽定滿洲源流考』(1777)에서 확인할 수 있다. 삼한의 소도 풍속을 만주의 그것과 비교하여 신간으로 추정했는데, 그 근거로 『후한서』 한전의 "立蘇塗 建大木" 기사를 인용했다. 곧 삼한이 설립한 소도에 대목을 세워서 방울과 북을 매달아 놓고 귀신을 섬기는 모습이 만주의 입간 제사의식과 서로 합치하는 것으로 파악했다(『欽定滿洲源流考』 권18, 國俗3, 祭天). 그리고 한 사람을 세워서 제사를 주관하고, 제사에 방울과 북을 활용한 점, 그리고 소도의 음이 만주어로 신간을 칭하는 索摩(Somo)와 서로 비슷한 점을 들어서 소도를 대목(신간)으로 간주했다.

한편 長杆을 세워 숭배하는 민간의 신간 신앙에는 솟대나 거릿대, 짐대 등은 물론 과거 급제자가 세웠던 '華柱'의 사례를 거론하는데, 이들은 삼한 시대 이래 현존하는 소도 신앙의 한 모습으로 이해된다. 실제로 成海應(1769~1839)의 『연경재전집외집』에는 『후한서』 한전을 인용하여 소도에 대목을 세우는 장면을 당시 등과자가 세웠던 '孝杆' 곧 화주 풍속과 연계하여 설명했다(『研經齋全集外集』 卷53, 故事類, 少華風俗攷). 이처럼 삼한의 소도를 민간의 신간 신앙이나 만주지역의 입간 신앙에 연결 짓는 견해는 근대 이후 민속학 방면의 연구에 영향을 주었으며, 소도를 동아시아 수목숭배 차원에서 접근하는 계기를 마련한 것으로 이해할 수 있다.

III. 연구의 동향과 성과

일찍이 소도 문제의 해명을 통해 삼한 사회의 신앙과 의례 문제에 접근하려는 노력은 이른바 근대사학의 수용과 함께 본격적으로 진행되었으며, 주로 민속학 방면의 연구에서 이루어졌다(이하 주요 논지는 문창로 2017을 보완하여 재정리). 대체로 소도의 원형을 오늘날 민속 현장에서 찾거나 동아시아 주변 민족의 습속과 비교를 통해 유사성을 부각하면서 소도의 실체에 접근했다. 그리하여 소도 관련 기록 가운데 '입대목'에 주목하여 소도를 입간(신간) 신앙으로 파악하거나, '별읍'의 존재를 결부시켜 신성 공간으로 보기도 했다.

먼저 손진태는 광범위한 현지답사로 수집한 민속학 자료를 바탕으로, 관련 문헌 기록을 망라하여 실증적인 측면에서 소도의 실상을 밝히려고 노력했다(이필영 1985; 최광식 2008; 宋華燮 2011). 그의 연구가 민속학적 접근에 기초한 것은 일제 식민통치 체제 아래 일본인 학자보다 불리했던 여건, 예컨대 행정력을 동원할 수도 없는 현실적인 한계를 뛰어넘기 위해서였다고 본다.

손진태는 『삼국지』 한전의 소도 관련 기록에 오류가 있다고 파악하여 '好作賊'과 '名之爲蘇塗'의 위치를 서로 바꿔야 한다고 했다. 그리고 '立大木'의 '立'과 '其立蘇塗之儀'의 '立'자가 서로 통하는 것으로 이해하여, 소도를 삼한의 여러 작은 부족들이 저마다 세웠던 신간(입목)을 말하는 것이라고 했다. 이때 소도는 일종의 경계 표시로 오직 單木을 세웠던 데서 그 기원적 사상을 찾았다(孫晉泰 1932). 곧 그는 소도의 기원을 경제적 境界사상에서 찾으면서, 타읍과의 경계가 되는 마을 입구에 세웠던 소도(단목)는 점차 경계 신의 棲所(祠) 또는 神體(神主)로 믿게 되었고 제사 때는 제단의 구실을 했다고 본다.

그리하여 그는 소도가 원시 씨족 공산 사회에서 사유재산 제도의 발생 초기였던 부족 사회로 변화하면서 부족의 재산과 생명을 지켜주는 읍락의 수호신으로 발전했다고 보았다. 이에 따라 별읍은 소도와 무관하며 또한 아실럼(Asylum)과 같은 종교적 특수지역도 아니라고 했다. 실제로 그는 별읍을 韓族의 자치적인 諸小部族社會, 곧 읍락을 뜻하는 것으로 상정했다.

이미 삼한의 소도는 고대 '불함문화계' 공통의 신간 신앙으로 이해하고, 그 흔적을 만주의 索莫杆, 조선의 솟대, 일본의 신사 앞에 세운 鳥居(トリイ) 등에서 찾기도 했다(崔南善 1927). 곧 소도 신앙은 솟대, 횟대, 수구막이대 등으로 이어졌으며, 그 남아 있는 풍속으로 향촌 사회에서 액막이를 위해 항상 神鳥를 끝에 얹은 신간을 뜰 앞에 세웠던 민속학 사례를 꼽았다. 이와 함께 삼한의 소도는 소규모의 제장 혹은 제단으로서 단군의 신단수 및 고구려 동맹제의 木神에 대한 신앙과 연결되며, 현존하는 신간(솟대) 신앙에서 그 유습을 찾기도 했다(柳東植 1975).

솟대는 마을의 수호신이나 신성 구역의 표지, 혹은 이정표 등의 기능을 갖는다는 측면에서 장승과 같은 부류로 이해될 수도 있다고 보았다(趙芝薰 1966). 일찍이 洞口 및 마을 경계 등에 자리했던 소도는 이정표 또는 부락 수호신으로 기능했다고 보는 손진태의 견해를 수용하여(趙芝薰 1973), 오늘날 서낭, 장승, 솟대 등이 모두 소도 민속에서 분화 발전된 것으로 보았다. 특히 조지훈은『삼국지』한전의 "큰 나무를 세워서 방울과 북을 매달아 귀신을 섬긴다."라는 기록을 소도의 유습과 연관 짓고, 그것을 오늘날 서낭간에 방울을 걸었던 입간 민속에서 찾기도 했다.

그런데 소도는 별읍이라고 하는 특정 공간과 연계된 성역(Asylum)으로 접근하기도 했다. 일찍이 삼한의 소도를 신단 또는 제천 하는 땅으로 새기고, 삼한전에 보이는 臣蘇塗國과 같은 정치체와 연관하여 이해했다(신채호 1929).

그런가 하면 소도의 대목(솟대)은 단군신화의 신단수와 맥락을 같이하는 존재이며, 동아시아지역의 수목숭배 현상으로 확인되는 몽골의 Sopomodo(高木), 만주의 神竿(索摩, Somo), 일본의 神籬(Himorogi) 등과 같은 범주에서 이해했다(李丙燾 1976). 곧 수목숭배에서 비롯한 소도는 점차 천신의 강하계단 및 그 住處, 또는 神域의 표시 등으로 인식되었다고 본다. 따라서 삼한의 소도는 천군이 주관하는 제사 구역으로, 그곳에 세운 솟대(大木)에서 음을 취한 것이 아니라 높은 지대(高臺) 또는 높은 언덕(高墟)을 뜻하는 말인 '솟터'의 음역으로 파악했다.

그 뒤에도 소도를 우리말로 '높이 솟은 곳' 혹은 '솟대'를 표기한 것으로 파악하거나, 부활 갱생을 의미하는 '蘇'와 길[路]을 뜻하는 '塗', 곧 부활 갱생의 길 내지는 避遁處로 풀이하여 성역인 별읍으로 받아들이기도 했다(末松保和 1955; 村上正雄 1956).

한편 지금까지 소도와 별읍의 관계에 대한 견해는 대체로 '소도=별읍' 혹은 '소도=대목≠별읍'으로 양분되지만, 사실 소도 관련 기록을 살펴보면 '별읍'과 '대목'은 서로 무관한 존재로만 취급하기는 어렵다. 이에 소도는 종교적 신성 공간인 별읍을 말하는 것이며, 대목은 신이 내리는 곳이자 신이 머무는 신좌로 별읍 안에 세웠던 신목[巫木]으로 파악했다(金宅圭 1969; 金烈圭 1977).

같은 맥락에서 소도는 하늘과 서로 통하는 종교적인 신성 지역이며, 산꼭대기 또는 산을 상징하는 자리에 있었을 것으로 보았다(서영대 1973). 곧 우주 산(Cosmic mountain)인 소도(별읍)에 세운 대목(신목)은 천상계와 지상계를 잇는 우주 목(Cosmic tree)이며, 자연 神木은 우주의 중심이자 신성 지역인 소도의 성격을 보완하는 존재로 이해했다. 이에 따라 별읍이라고 불렸던 소도는 신성 지역(Sacred place)과 宇宙樹(Cosmic tree)가 하나의 신성체계로 짜인 제장이며, 소도의 상징체계는 제장으로서의 별읍과 우주수의 기능을 지닌 '立大木 縣鈴鼓'가 신성 구조화된 것으로 상정했다(宋華燮 1992).

삼국시대에 불교가 본격적으로 전래되기 이전 삼한 사회는 전통적으로 조상신에게 제사했으며, '소도 신앙'도 그 가운데 하나로 이해된다. 실제로 신라 시조 알지가 탄생했던 始林은 성역으로서 소도와 연결할 수 있는 의례장소로 보았다(金杜珍 1985). 이와 함께 단군신화에서 신단수가 있었던 신시는 물론 사로국 6촌장이 모였던 閼川岸上, 그리고 가락국 9干이 함께 6卵를 맞았던 龜旨峰 등도 소도(별읍)와 맥이 닿는 장소로 꼽았다.

그런가 하면 삼한 사회의 신성 공간으로서 소도는 불교 전래와 함께 변용되었고 사찰이 그 자리를 대신하였던 것이라고 본다. 소도의 불교적 변용은 기존 토착신앙과 불교의 타협을 뜻하는 것이며, 구체적 사례로서 태백산의 葛蟠地를 제시했다(徐永大 1979). 특히 『해동고승전』이나 『삼국유사』 阿道基羅조에는 신라 前佛時代의 7처 가람터를 거론했는데, 天鏡林, 三川歧, 龍宮南, 龍宮北, 沙川尾, 神遊林, 婿謂田 등은 소도의 불교적 변용과 밀접한 곳으로 주목했다(李基白 1975; 徐永大 1979; 金宅圭 1984; 洪潤植 1988). 곧 이곳은 지명이나 위치 등으로 보아 신라의 성역으로서 불교 사찰이 세워지기 전에는 소도와 같은 토착신앙의 제장으로 추정했다. 실제로 흥륜사 창건터인 '천경림', 황룡사 장육상을 鑄成했다는 '文仍林', 그리고 天王寺가 세워진 '신유림' 등은 별읍을 연상시키는 聖林 혹은 원시적 무격신앙의 터전으로 소도의 전통이 이어졌던 곳이라고 보았다(金宅圭 1984; 李基白 1986).

앞서 살펴본 바와 같이 민속학 현장에서 관찰되는 소도의 흔적은 長竿을 세우는 민속학 자료 중에 '솟대', '거릿대', '수살목', '짐대' 또는 華柱 등의 입간 신앙에서 찾았다. 나아가 만주의 '神竿'이나 몽골의 '鄂博(Obo)', 그리고 '刹竿', '因陀羅柱' 등도 같은 맥락에서 이해했다(孫晉泰 1932).

자연 『삼국지』 한전에서 삼한의 소도를 세운 뜻으로 언급했던 부도는 불교, 불사, 고급 불탑 등의 의미라기보다는, 고대 불교 습속 가운데 인도의 원시 率堵婆(stūpa)인 刹柱 등을 연상 혹은 비교하면서 기록한 것으로 추정하기도 했다. 이에 따라 소도의 흔적을 사찰 안에 세운 구조물에서 찾았고, 대목을 세워 방울과 북을 매달았던 소도 관련 기록을 사찰 입구에 당간을 세워 法幢을 매달았던 행위와 서로 통하는 것으로 이해했다(葛城末治 1935; 辛鍾遠 1987). 곧 소도에 神竿으로서 대목을 세워 기원하는 습속은 불교 전래 이후 사찰의 '당간'으로 계승되었을 것이라고 추정했다.

이 밖에 삼한의 소도가 갖는 성격과 의미를 삼국시대의 의례 및 종교문화 속에서 탐색하기도 했다. 고구려의 동맹 제의에 남았던 소도 신앙적인 요소를 찾거나(金杜珍 1996), 고구려의 단군 인식과 그 종교 문화적 기반을 天君과 소도로 상징되는 삼한 사회의 샤머니즘적 성격과 관련하여 접근했다(조법종 2001). 그리고 동이 제족의 대표적인 고대종교 중 하나로 삼한의 소도를 상정하고, 이를 삼국시대 불교 수용의 재래 신앙적 기반으로 파악하기도 했다(宋華燮 1994).

현전하는 소도 계통의 신성 공간으로는 일본 쓰시마(對馬島)의 '솟도(卒土)' 등의 민속자료를 통해서 그 흔적을 살펴보았다. 일제강점기에 이미 日·韓 同源이라는 입장에서 소도의 자취를 대마도의 卒土에서 찾았으며(川本達 1927), 이는 식민사학의 '일선동조론' 범주에서 이루어진 것이다.

한반도 남부에서 일본 열도를 잇는 상고대 문화의 전파 경로를 감안할 때, 대마도는 소도 계통의 유적을 확인할 수 있는 지역으로 주목받았다. 대마도 지역에 널리 퍼져 있는 天道 신앙과 의식, 그 제장인 '졸토'라고 하는 신성 공간은 삼한 소도 문화의 원형을 찾을 수 있는 현장이며(末松保和 1955; 村上正雄 1956; 金宅圭 1984; 永留久惠 1988), '소도'와 '졸토'의 음이 서로 같은 점을 통해서도 서로 가까운 연관성을 인정할 수 있다는 것이다(金宅圭 1985).

우리나라에서도 소도의 흔적을 찾기 위해 노력했다. 소도의 공간적 특성을 헤아려 익산시 금마면의 '깃대섶', 익산시 부송동(옛 팔봉면)의

'깃대배기', 대전시 서구 도안동 '소태봉' 등의 야산이나 구릉지대를 상정했다(金貞培 1978). 그 뒤 상주시 사벌면 '솟대' 주변 지역, 부안군 보안면 '당산' 일대 등도 소도 유적 사례로 더했다(金宅圭 1984). 이 밖에 익산시 춘포면 '春浦山', 익산시 금마면 '굿대숲토성(猪土城)', 수원시 장안구 '꽃뫼(堂山)'와 서둔동 '麗妓山城', 경주시 동천동 '瓢巖峯' 등 야산을 입지조건으로 하는 곳도 소도 유적으로 미루어 짐작했으며(金洸 1990), 특히 '꽃뫼' 유적을 통해서 소도의 전통이 오늘날 '당산'으로 이어졌을 것이라고 보았다.

종교 민속학적으로 소도 신앙과 의례의 현재적 계승 양상에 주목하여, 호남지역에서 이루어진 巫의 '단골제'와 '당산' 신앙을 소도와 결부시켰다(金泰坤 1990). 소도는 신성 공간인 성역이며, 여러 소국의 최고신으로 천신을 모시고 천군이 공적 의례인 農祝祭를 주관했던 장소로 파악했다. 곧 천군은 공적인 성격을 지닌 제사장으로 호남지역에서 제도적 조직을 갖춘 '단골' 무와 맥을 같이하고, 소도를 '別邑'이라고 불렀던 것은 제사장인 '天君'이 머물렀던 특별한 곳이기 때문으로 보았다. 그리하여 삼한의 소도는 본래 천군이 주관하는 성스러운 의례장소이며, 그 뒤 점차 그 기능이 축소되면서 오늘날 남은 모습은 호남지역에 전하는 동신당인 '당산'을 통해서 알아볼 수 있다고 했다.

광복 이후 역사학 방면의 소도 관련 연구는 1970년대 들어서 본격적으로 진행되었다. 소도의 역사적 실체를 그것이 포함되는 고대국가의 발달 과정 속에서 찾았는데, 주로 정치체계나 사회 변화를 소도 신앙과 의례 양상에 연계하여 접근했다. 곧 삼한 사회의 변동에 따르는 소도의 신앙체계와 그 정치·사회적 의미를 해명하기 위한 노력이 이루어졌다.

일찍이 소도는 삼한지역에서 전개된 청동기문화와 철기문화의 변천 과정에서 일어나는 신·구 문화의 갈등을 조정하고 통제하는 과정에서 나타난 것으로 보았다(金哲埈 1971). 실제 철기문화를 가진 유·이민들이 삼한지역에 와서 토착민을 복속하거나 연합하여 부족국가를 세울 때 나타난 주요 현상은 신석기시대 이래 청동기시대까지 오래 계속된 제정일치의 신정에서 족장과 제사장 직능이 분리되는 사회운영방식의 변화라고 했다. 곧 삼한지역에 철기문화를 배경으로 하는 보다 강력한 정치 권력이 성립함에 따라 이들의 지배하에 들어간 선주민들이 새로운 지배력과 충돌하든가 죄를 범했을 경우 소도로 피하면 그대로 내버려두는 제도가 남아서 신·구 문화의 갈등을 조절 발산했다는 것이다.

그리하여 소도는 청동기문화기의 사회적 산물로서, 소도 지역으로 피하거나 쫓기어 달아난 사람을 모두 돌려보내지 않았던 현상은 철기문화가 성립시킨 부족국가의 새로운 사회질서에 대항하는 재래적 전통의 반동적 성격으로 이해했다(金哲埈 1969). 따라서 소도의 기능은 철기문화를 가진 이주민과 청동기문화의 토착민들 사이에서 예견되는 갈등과 대립을 조정하는 완충적인 역할을 했던 것으로 보았다(金哲埈 1975).

그 뒤에 『삼국지』 한전의 소도 관련 기사를 삼한의 정치발전 단계 및 국가기원 문제와 연결하여 소도의 정치사적 의미를 탐색했다(金貞培 1978). 소도의 역사적 실체를 군장사회(Chiefdom)라는 정치적 발전 단계의 신앙체계에 견주어, 삼한의 諸國은 평균 2,000호, 약 1만 명 규모로 이루어진 군장사회 내지는 준국가 단계에 해당하는 것으로 상정했다(金貞培 1973). 국읍의 천군이 의례를 주관했던 곳을 신성 구역인 별읍(소도)으로 보았기 때문에, 소도는 민속학 방면에서 말하는 경계 표시나 대목 등이 아니고 무문토기 이래 생활의 근거로 삼았던 야산이나 구릉지대에서 찾았다. 곧 대목을 세우고 방울과 북을 장치했던 소도라고 하는 신성한 공간은 신전에 비견되는 위엄을 지니며 군장사회의 중심지 역할을 했다는 것이다.

천군은 무(Shaman)에서 발전한 제사장(Priest)으로서 공적인 임무를 수행했으며, 그는 정치적 지배자에 맞먹는 권위와 권한을 가졌던 것으로 추론했다(金貞培 1978). 이와 관련하여 신라 왕호인 '次次雄 혹은 慈充은 巫'라고 했던 『삼국사기』 기록은 제사장에서 한 단계 발전했던 왕의 속성을 알려주는 근거로 삼았다. 그리하여 삼한 사회의 지배자가 천군에서 왕으로 발전해 갔다면, 소도는 점차 정치적 중심지로 그 위치가 옮겨 갔을 것으로 전망했다. 결국은 삼한 사회의 소도가 갖는 정치사적 의미를 바로 군장사회의 역사적 산물로 해석했다.

한편 소도 신앙과 의례는 삼한 사회만의 독특한 문화현상이 아니므로, 당시 동이 제족의 보편적인 사회발전 단계 속에서 부각되는 그 역사적 위상을 고찰했다(金杜珍 1985). 삼한 별읍 사회의 소도 신앙은 그 양상을 조금씩 달리할지라도 『삼국지』 동이전에 보이는 부여, 고구려, 동예 등 주변 지역의 신앙체계와 비교할 때, 각각 소도 신앙의 단계를 겪었거나 겪어가고 있었다고 보았다.

본래 삼한 사회의 농경문화를 배경으로 새롭게 나타난 소도 신앙은 별읍의 성립과 표리관계를 이루었는데, 당시 삼한 사회는 1만 여가에 이르는 大國이 '소연맹국'을 형성했고 그곳에 편입된 읍락이나 소국들이 별읍이 되었다는 것이다. 소도 신앙은 본래 읍락 공동체를 중심으로 행해지던 부락제에서 분화 발전했으며, 장차 제천의례로 체계화되어 신화적 세계관을 형성해 갈 소지를 갖추었다고 본다. 실제로 삼한 별읍 사회가 성립된 소연맹국의 신앙·의례 내지 관념 형태는 소도 신앙으로 발현되었으며, 그 숭배대상은 국읍에서 천군이 주제했던 천신을 비롯하여 별읍에서 제사 되는 귀신, 곧 지모신 등 토착부족이 신앙한 諸神을 포함하는 것으로 상정했다.

사실 별읍에서 제사를 주관한 인물로 천군을 반드시 배제할 수는 없지만, 천군은 국읍에 1인을 세워 '主祭天神'했던 존재로 전한다. 어쩌면 천군은 별읍에서 귀신을 받드는 존재와 구분해서 이해될 수도 있다. 실제로 별읍 제사를 주관하는 존재를 천군과는 별개로 상정하여 巫的인 성격을 갖는 것으로 보기도 한다. 곧 마한의 국읍과 별읍에서 전개된 제사 형태나 신앙 대상은 서로 분리하여 이해했다(洪閏植 1988). 국읍에서 천군이 주관한 천신 제사와는 별개로 별읍의 소도에서는 귀신을 섬기는 제사가 시행되었다고 보았다. 그 格 또한 차이가 있어 국읍 제사가 별읍 제사보다 현실적으로 격이 높았을 것으로 추정했다.

이후 선행 연구 성과를 바탕으로 우리나라 고대의 제천의례를 초기국가 발전 과정과 연관 지어 탐색했다(崔光植 1990). 김정배의 '군장사회론'을 적용하면서도 문헌 자료에 보이는 장수, 거수 등에 주목하여 그 범칭으로서 삼한 소국을 '수장사회'로 보았다. 특히 기존 연구에서 삼한의 대국과 소국을 균질적인 정치체로 취급했던 견해를 비판하면서, 김두진의 견해를 일부 받아들여 대국과 소국의 발전단계를 구분했다. 그리하여 소국에서 발전한 대국은 초기국가(State) 단계로 파악하고 이를 종교적인 측면에서 좀더 구체적으로 살펴보았다.

소도 관련 기록 또한 일률적으로 적용할 수는 없다고 보고, 대국의 국읍에서 천신 제사를 주관했던 천군은 제사장에 가까운 존재이며, 별읍인 소도에서 귀신을 섬겼던 존재는 巫적인 성격을 가졌던 것으로 이해했다. 나아가 국읍의 천군이 천신 제사를 주관했던 대국은 천신을 정점으로 그 아래 여러 신이 위계화되는 초기국가 단계에 도달했으며, 이러한 현상은 중앙 집권력의 강화 과정과 상관관계에 있었다고 보았다. 따라서 국읍의 천신 제사는 단순한 종교적·신앙적 의미만 갖는 것이 아니라 지배자의 정당성을 뒷받침하는 지배 이데올로기의 성격을 갖는 것으로 파악했다. 이와 함께 삼한 사회는 천신과 虎神 제사가 함께 행해졌던 동예와 비슷한 발전 단계로 보았다. 물론 부여와 고구려의 제천의례는 천신과 국조를 동일시하는 관념이 관찰되기 때문에, 동예와 삼한보다는 국가의식이 일찍 형성되었던 선진 사회로 상정했다.

소도는 사회풍속사의 관점에서 접근할 때, 마한 사회의 관습화된 농경의례로 이해하기도 했다(宋華燮 1994). 곧 소도의 본질은 농경의례이므로 소도 신앙의 성립과 배경은 읍락 사회의 종교의례에서 비롯되었다는 것이다. 마한에서 귀신을 숭배하고 제사했던 농경 신앙이 읍락 사회에서 관습화된 농경의례로 자리 잡고, 그 뒤 읍락 연합체적인 소국 사회가 형성되면서 천신에 제사하는 소도로 확대되었고 본다. 이때 여러 농경 신들이 상위의 천신으로 통합되어 위계화되었던 것으로 상정했다. 그리하여 서기전 3~2세기경 철기문화의 전래로 성립된 소도는 마한 소국에서 성행했던 종교의례로서, '국중대회' 방식으로 국가적 수호신을 모셨던 제천의식이라고 파악했다.

특히 마한지역에 확인되는 청동의기는 제정일치의 권력 출현과 농경의례의 성행 사실을 입증해 주는 것이며, 천군과 밀접한 관련이 있는 상징물로 보았다. 곧 天君은 제정일치의 군장 신분으로 천신의 대리자 역할을 강조하기 위해 청동의기를 지녔으며, 직능상 샤먼보다는 제사장(Priest)에 가까운 존재로 이해했다. 그 뒤 청동의기가 소멸하는 서기전 1세기경부터 제정 분리가 진행되면서 소도의 기능도 점차 약화되었던 것으로 본다. 삼한 사회는 주수의 정치력이 커지면서 상대적으로 천군의 권한이 약해졌고, 제사체계의 변화에 따라 소도는 민간신앙으로 전락해 갔을 것으로 추정했다.

삼한의 국읍을 재검토하는 과정에서 그동안 삼한의 국읍을 일반적인 국의 중심지로 상정했던 선행 연구에 비판적으로 접근하여, 국읍은 소국과 대국을 포함하는 諸國 각각의 중심지가 아니라 대국 단계의 중심지로 파악하기도 했다(박대재 2018). 이때 대국은 초기국가(Early state)로 발전한 양상을 보이며, 반면에 소국은 아직 제정일치 단계의 복합사회에 머문 것으로 상정했다. 소국의 별읍은 대국의 국읍과 병존했던 별도의 중심지라는 의미에서 여러 소국의 중심지를 구분하여 지칭한 것으로 보았다. 곧 국읍은 초기국가 단계인 대국의 성읍이자 주변 제소국의 중심지인 별읍에도 영향을 미쳤던 지역 제국의 중심지라는 뜻을 내포한 것으로 이해했다.

본래 별읍은 무가 머물며 귀신 제사를 이끌던 소국 단계의 중심지이며, 국읍은 제의(천군) 및 정치(주수)적 중심지로 한 단계 발전한 형태라고 했다. 자연 국읍은 별읍에 없는 정치적 중심지로서의 기능을 더했으며, 신앙과 의례의 대상 또한 천신이라는 점에서 별읍의 귀신보다 그 격이 우위에 있다고 본다. 기왕의 연구에서 신성 구역으로서 별읍이 갖는 종교적 성격에 치중했던 경향을 넘어서, 별읍이 제정일치 단계의 복합사회였던 소국의 중심지로서 그 정치·사회적인 성격과 위상을 환기하였다는 점에서 주목된다.

한편 고고학 방면에서 최근 발굴성과를 바탕으로 소도의 흔적으로서 의례 공간에 접근한 일련의 연구가 진행되었다. 삼한 소도의 공간구성에 대한 고고학적 접근을 주제로 중부지역에 퍼져 있는 환구 유적에 주목하기도 했다(이형원 2018). 곧 하남 미사리에서 확인되는 환구 유적을 소도와 관련된 의례 공간으로 상정하고 소도의 구체적인 공간구성을 유추했다. 실제로 해당 유적의 내부에서 확인되는 제장과 수장 및 제사장, 관리인 등의 가옥으로 추정되는 건물터, 의례시설인 祭殿과 의례 관련 시설로 보이는 고상 창고와 저장 혈, 야외화덕 등이 공존한다는 점을 부각했다. 같은 맥락에서 보령 명천동 환호유적을 소도의 의례 공간에 연결하기도 했다(나혜림 2017). 곧 유적의 중심에는 광장이 있고 내부에 주공이 확인되는데 이곳을 취락이라고 보기는 힘든 것으로 추론했다.

일반적으로 취락의 중앙에 자리한 광장에서 의례를 행한 것으로 추정되는 다른 환호유적과는 달리, 이곳은 의례를 치르기 위한 성역의 장소로서 독립적으로 자리했던 것이라고 파악했다. 그런가 하면 진안 여의곡과 김해 율하리의 수혈유구를 '立大木'의 흔적으로 주목하기도 했다(이종철 2018). 서기전 4세기로 추정되는 농경문청동기를 '입대목' 제의의 출발로 삼았고, 이후 여기저기에 보이는 다양한 청동방울 및 북의 존재를 '立大木縣鈴鼓'의 근거로 여겼다. 이를 바탕으로 소도 유적이 구릉지대에서 다중 환구라는 특수한 형태의 제의공간으로 변화했을 것이라고 예상했다. 또한 '입대목' 제의가 성행하던 서기전 3세기경 새 관념을 매개로 한 솟대 제의가 나뉘어 갈라지게 되었을 것으로 보았다.

다음 장에서 언급하겠지만 고고학 유적을 소도 관련 기록에 적용할 경우, 문헌 기록의 해석에 따라 관련 유물 및 유적에 대한 적용이 달라질 가능성도 있다. 예컨대 '국읍 천군과 별읍 소도'의 관계 설정 여부에 따라 달라지는 의례 공간의 입지 적용 문제라든가, '입대목현령고'의 해석에 따른 솟대 또는 소도 유적 적용 문제 등을 예상할 수 있다. 이에 문헌 기록의 해석은 물론 이를 바탕으로 하는 고고학 유물의 적용에도 좀 더 신중한 태도로 접근할 필요가 있다고 본다.

근대 이후 삼한 소도를 중심으로 하는 신앙과 의례 연구는 민속학적인 측면에서 이루어진 입간 신앙 또는 신성 공간의 흔적을 찾아 그 기원과 기능을 탐색하는 경향에서, 점차 우리나라 고대 사회의 발전에 따르는 신앙체계의 변화양상을 해명하는 역사학 방면의 접근으로 무게 중심이 옮겨갔다. 이로 인해 소도가 갖는 역사적 의미는 그것을 포함하는 정치체계 속에서 추구되거나 사회발전 단계에 따른 의례의 변천 과정에서 이해되었다. 그리고 고고학적 발굴 성과가 축적되어 의례 공간으로 확인되는 유적을 소도와 결부시키면서 당대의 사회상과 문화를 복원하는 노력도 병행되었다. 그리하여 삼한 소도 신앙의 정치·사회사적 의미를 보다 구체적으로 해석하고, 삼한의 사회상과 문화에 좀 더 가까이 접근할 수 있는 기반이 마련되었다.

IV. 자료의 해석과 이해

일반적으로 제사와 의식을 의미하는 제의, 곧 의례는 공동체 혹은 집단의 이해관계와 밀접하게 관련되어 비일상적인 시·공간에서 주기적으로 이루어지는 종교 행위이자, 인간사와 함께 지속해 온 역사성을 갖는 행위로 이해된다. 전통적으로 집단은 의례 행위를 통해서 풍요와 다산 등을 기원할 뿐 아니라, 공동체의 안녕을 위협하는 외부의 공격을 막기 위해서도 의례를 행했던 것으로 본다.

『삼국지』동이전에는 여러 지역에서 행해졌던 동이 제족의 신앙과 의례 행위 양상을 개관하는 데 보탬이 되는 기록을 전한다. 이를 통해 동이 사회 전역에 걸쳐 이루어졌던 신앙과 의례 행위가 확인되지만, 그 모습은 각각 처한 자연환경과 사회적 형편에 따라 다르게 서술되었다. 곧 동이 제족의 사회발전에 맞추어 이들 기록의 앞뒤 순서를 배열하고, 거기에 걸맞은 신앙과 의례 양상을 통해 보편적인 발전단계를 도출한다면, 삼한의 신앙과 의례에 대한 위상을 가늠하는 데 도움이 될 듯싶다(문창로 1997).

예컨대 의례 규모에 주목한다면, 삼한이나 동예에서는 부여와 고구려처럼 '국중대회' 차원의 제천의례를 행했다는 기록을 확인할 수 없다. 삼한 사회는 국읍에서 천군이 천신 제사를 주제하면서도 별읍인 소도에서는 귀신을 섬긴다고 했다. 동예는 호신숭배에 관한 기록에 이어서 읍락 단위의 독자적인 생활상을 부각했다. 동예의 풍속은 산천을 중시하며 그 산천은 각기 部分(部界)이 있어서 함부로 서로 간섭하지 못한다고 했다. 이러한 사실은 삼한의 소도인 별읍에 도망한 자를 모두 돌려보내지 않는다고 하는 다른 읍락에 대한 境界 관념이 반영된 것으로 이해했다(손진태 1932). 그리고 동예의 읍락들이 서로 함부로 간섭하지 못하는 특별한 부분의 존재는 성지 신앙을 뜻하는 것으로 해석하기도 하여(全海宗 1996), 이를 삼한의 별읍이 갖는 성지 신앙의 요소와 맥이 닿는 것으로 유추할 수 있다.

결국 '국중대회' 차원에서 치러진 부여·고구려의 제천의례는 국읍과 별읍 혹은 읍락 단위로 행해졌던 삼한·동예의 제의체계와 규모 등에 비하여 좀 더 통합되고 확대된 모습을 전한다. 그런가 하면 동이 제족 가운데 사회발전이 뒤떨어졌던 읍루는 의례 관련 기록을 찾을 수 없으며, 그들은 동이지역 법속 가운데 가장 기강이 없었다고 했다.

제의 규모의 확대와 통합에 따라 신앙 대상이 늘어가면서 神格에도 차이가 났을 법한데, 특히 의례를 주도했던 지배세력의 신격은 상대적으로 높았을 것이다. 동이 제족 중에 사회발전이 앞선 부여와 고구려의 신앙 대상으로는 '천신', '수신', '귀신' 등의 존재를 확인할 수 있다. 그보다 사회발전이 더딘 삼한에는 국읍의 '천신'과 별읍의 '귀신', 그리고 동예에는 '천신'과 '호신'을 각각 찾을 수 있다.

고구려는 종묘를 세우고 영성·사직에도 제사하여, 삼한과 동예보다 제의체계를 좀 더 짜임새 있게 갖추었던 것으로 보인다. 사실 고구려의 동맹 제의가 천신과 수신에게 각각 제사하는 것으로 전하지만, 이는 『삼국지』 동이전을 편찬할 당시 중국인의 신 관념으로 볼 때 이중적인 제의 체계로 파악되었을 가능성이 있다(김두진 1996). 이미 고구려의 제천의례에서 함께 제사를 지낸 천신과 동굴 신은 『삼국사기』 제사지에 보이는 夫餘神과 高登神으로 나타나기도 한다. 곧 제천의 성격은 천신에 대한 제사이자 지신에 대한 제사로 이해할 수 있으며, 왕권의 강화와 함께 점차 천신을 정점으로 고구려에 편입된 여러 세력의 神格을 하나로 묶어 편제하는 일원적인 결합 형태로 나아갔을 것이다.

천신은 넓은 의미에서 하늘과 관련된 모든 신, 곧 하늘 자체를 비롯하여 日·月·星·辰·風·雨·雲·雷 등의 여러 신을 통틀어 이르며, 좁은 의미로는 하늘 자체의 신격화, 곧 하늘의 聖顯(hierophany)에 국한되는 지고신으로서의 천신을 가리킨다(徐永大 2007). 실제로 고조선 사회 이래 이어진 천신 신앙과 의례는 국가의 창업과 수성에 밀접하게 연관되며, 이때 천신은 하늘을 의인화하고 인간과 속성을 공유하는 인격신으로 자리하게 된다. 삼한의 국읍에서 천군이 주관했던 제천, 곧 천신 제사는 부여와 고구려에서 시행된 제천의례와 동일한 차원에서 그 규모와 성격을 논할 수는 없으나, 천신의 후예인 건국 시조의 창업 과정을 전하는 신화가 극적으로 재연된다는 점에서는 같은 맥락에서 이해될 수 있다(徐永大 2003).

한편 『삼국지』 한전에는 5월과 10월에 파종이 끝나거나 추수를 마치면 제사를 지냈다고 했으므로 이는 농경과 관련된 의례로 볼 수 있다. 이 때 했던 노래와 춤은 원시사회 이래 의례 행위의 한 과정으로 짐작된다. 특히 집단으로 땅을 밟으며 춤추는 행위는 대지신을 즐겁게 하고 풍요를 바라는 의식의 일환으로 이해된다. 농경의례 기록은 소도와 무관한 것으로 보기도 하지만(손진태 1932), 대체로 당시 경제가 농업 위주의 사회였으므로 봄가을에 걸쳐 시행한 농경의례는 소도와 밀접하게 관련된 것으로 보았다(김정배 1978; 김두진 1985).

이와 관련하여 농경문청동기의 경우 그 비정 연대가 서기 3세기에 해당하는 『삼국지』 한전 기록과 큰 편차가 난다. 동이전 풍속 관련 기사는 편찬 당시의 실상만이 아니라 그 이전 시기 내용도 적지 않으며, 관련 기사의 상한을 확정하기도 어려운 형편이다. 이 때문에 농경의례의 흔적을 알려주는 고고학 유물로 활용 가능한 것으로 보기도 한다(이강래 2006).

삼한은 천신 제사뿐만 아니라 귀신 제사도 지냈다. 곧 삼한 사회는 귀신을 믿어서 국읍에 각각 1인을 임명하여 천신 제사를 주관하게 했는데 그를 '천군'이라 불렀다. 그리고 諸國에는 각각 별읍이 있어 이곳을 소도라고 했다. 소도에 대목을 세우고 방울과 북을 걸어 귀신을 섬긴다고 했다. 종래 이 기록에 대한 접근은 국읍의 천군과 별읍인 소도를 연계하려는 입장과 양자를 분리해서 파악하려는 견해로 크게 나뉘었고 그 해석도 다양하게 이루어졌다.

천군과 별읍을 관련지으면 천군은 제사장으로서 제장인 별읍(소도)에서 천신 제사를 주관했고, 대목에 걸어 놓은 북과 방울은 천군이 제사에 활용한 도구로 이해했다(김정배 1985). 같은 맥락에서 소도인 별읍은 천군을 세워 귀신에 제사하는데, 큰 나무를 세워 방울과 북을 다는 풍습은 오늘날에도 전승되는 부락의 수호신에 대한 제사 양상과 맥이 닿는 것으로 보았다(丁仲煥 1962; 2000).

반면에 천군과 별읍을 분리할 경우 제사장인 천군은 국읍에서 상위의 천신 제사를 주관했으며, 따로 별읍인 소도에서는 巫적 존재가 하위의 귀신, 곧 토착적인 지모신 혹은 토템신과 같은 시조신에게 제사했다고 보았다(김두진 1985). 사실 위 기록을 허심하게 문면 그대로 본다면, 후자의 접근이 기록 자체에 충실한 해석이 될 듯싶다. 곧 삼한의 중심 읍락인 국읍에는 천신 제사를 주관하는 천군이 있었고, 그는 정치적 지배자였던 국읍 주수와는 구분되는 인물로 이해된다.

삼한 제국에는 국읍이나 읍락과 구별되는 구성단위로 별읍이 있었다. 소도로 불렸던 별읍은 귀신을 섬겼고 대목을 세워 방울과 북을 걸어 기도의 대상으로 삼았던 곳이다. 이러한 의례 행위는 무의를 연상시키는데, 방울은 본래 巫에서 사용했던 것이며 그 뒤 천군에 이르기까지 제사 도구로 전승되었다고 본다(김정배 1978).

또한 북과 방울은 거울과 함께 모두 무의에 쓰이는 神物로 추정된다(김두진 1985). 특히 『삼국지』 왜인전에는 "비미호가 있어 귀신을 섬기고 능히 무리들을 혹했다."고 했는데, 여기서 귀신을 섬기는 행위는 주술 신앙적인 샤머니즘으로 비미호는 무적인 성격의 인물로 보았다(나희라 2003). 따라서 별읍에서 귀신을 섬겼던 행위는 무의로 이해되며 그것을 주관한 인물은 무당에 가까운 존재로 볼 수 있다.

전통적으로 중국 정사의 서술에는 '중화주의'적 관념이 투영되었는데, 그것은 주변 이민족에 대한 종족적, 문화적 우월감의 소산으로 이해된다. 『삼국지』 동이전이 시대적 산물이라고 할 때, 그것은 편찬 당시의 역사관과 중국 중심의 편향에서 벗어날 수 없을 법하다. 실제로 동이전 풍속 기록에도 중국적 가치관이 개입되었고, 찬자의 입장에서 특이한 현상이나 이질적 요소에 주목하여 선택적으로 기록했을 가능성이 큰 것으로 보았다(서영대 1991). 이에 『삼국지』 동이전이라는 자료 자체가 갖는 분절적이고 현상적 측면의 설명에 그치는 한계를 감안하면서 삼한의 신앙과 의례 관련 기록에 좀 더 신중한 접근이 필요하다.

일반적으로 神·精靈 등 초월적 존재나 그와 관련된 신앙체계 등 고대종교의 제 관념은 정치·사회적 질서와 짝하기 때문에, 사회적 소산으로서의 神 관념 역시 당시 사회 인식이 반영되는 것으로 이해된다. 소도 관련 기록은 중국 사가의 시각에서 쓰였기 때문에, 문면 그대로 받아들이기는 곤란하다. 예컨대 소도에서 섬긴 '귀신'의 실체라던가, "그 행하는 바의 선악이 서로 다르다."라고 하는 내용 등은 찬자의 신관 및 가치관이 개입되었을 가능성이 크므로, 삼한 사회의 측면에서 되짚어 볼 필요가 있다.

'귀신'의 사전적 의미는 "원시 신앙 및 종교의 대상인 범신론적 존재" 혹은 "눈에 보이지 않으면서 사람에게 禍福을 내려 준다고 하는 정령" 등으로 풀이된다. 천군이 천신 제사를 주관했던 삼한 국읍에서도 귀신을 믿었다고 했으므로, 이때 귀신은 천신을 비롯하여 당시 신앙 대상이었던 여러 신을 모두 포함하는 개념으로 받아들일 수 있다(나희라 2003).

일찍이 귀신은 천지 산천을 신격화한 자연신으로 보았는데(村上智順 1929), 실제로『삼국지』오환선비전에는 "귀신을 공경하여 천지, 일월, 성신, 산천에 제사했으며, 또한 죽은 대인 중에 勇健하여 이름을 떨친 사람에게도 똑같이 소와 양을 바쳐 제사 지냈다."라고 했다. 이로 보아 '귀신'의 개념에는 오환선비전에서 거론한 천지를 비롯하여 해, 달, 별, 산천, 그리고 죽은 대인 가운데 일부도 포함될 수 있다.

다만『삼국지』동이전에서 고구려는 "궁실 좌우에 큰집을 세워(立大屋) 귀신에 제사하며, 또한 영성과 사직에 제사했다."라고 전한다. 전 왕족이었던 연노부도 따로 "종묘를 세우고(立宗廟) 영성과 사직에 제사했다."라는 사실을 고려한다면, 소도에서 신앙된 귀신의 실체는 좀 더 구체적으로 해석될 수 있다. 당시 고구려 계루부 왕실에서 '立大屋'하여 귀신에 제사했던 사실은 연노부가 '立宗廟'했던 사실에 해당한다.

『삼국지』고구려전에서 "於所居之左右"에 세웠던 大屋은『양서』고구려전에서는 "於所居之左立大屋 祭鬼神 又祠零星社稷"이라고 하여, 궁실의 좌측에만 지었다고 전한다.『양서』고구려전 기록은『삼국사기』권

32 잡지 1, 제사조에도 옮겨져 실렸다. 이와 같이 고구려 궁실 좌측에 세운 대옥은 어쩌면 『주례』冬官 考工記에서 고대 도성 조성의 원칙으로 언급한 "궁궐 왼쪽에 종묘를 두고 오른쪽에 사직을 설치해야 한다."라는 '左祖右社', 곧 '左廟右祀'의 좌묘에 해당하는 祖廟로 추정할 수 있다. 때문에 대옥의 제사 대상이었던 귀신의 실체는 인격신으로서 신묘인 종묘에 모셨던 고구려 왕실의 조상신과 맥이 닿을 법하다. 당시 중국인들의 신 관념에서 보면 동이 제족들이 믿었던 신들은 잡신, 곧 귀신으로 파악될 소지가 크기 때문이다.

그리하여 소도에서 섬기던 귀신은 국읍 천신과는 별개로 별읍에서 신앙했던 특정 지배집단의 조상신으로 이해할 수 있다. 일찍이 동예는 제천 하면서 또한 호랑이를 신으로 삼아 제사했다고 전하는데, 호신 제사는 단순한 동물숭배 차원을 넘어선 토템 신앙으로 파악되며, 이때의 호랑이 신은 읍락 단위의 조상신으로 이해하기도 한다(문창로 2016).

앞서 『삼국지』 한전에서는 도망자가 소도 안에 들어가면 모두 돌려보내지 않았다는 사실을 언급하고, "그들이 소도를 세운 뜻은 浮屠와 유사하나 그 행하는 바의 선악, 곧 선을 행하느냐 악을 행하느냐에 차이가 있다."고 했다. 이에 대해 소도를 세운 뜻은 불교와 비슷하나 선과 악을 판별하는 기준이 불교와 달랐다고도 해석한다(송화섭 1993).

사실 소도를 세운(설립한) 뜻을 부도(불교)와 비교한 것으로 보아, 소도가 갖는 종교적 성격과 그 기능을 미루어 짐작할 수 있다. 곧 당시 이곳에서는 개인 및 집단의 안녕과 번영 등을 기원하는 의례 행위가 이루어졌을 것이다. 특히 불교와 관련된 부도는 별읍이라는 공간적 개념을 염두에 둔다면 구체적으로 사찰의 의미로 기록했을 법하다. 부도(사찰)에는 석가의 유골을 안치한 불탑을 세우고 그 공덕을 기리기 위한 공간으로서 선을 행하고, 반면 소도는 도망자에게 피신할 곳을 제공하여 악을 행하는 '好作賊'의 평가가 담긴 것으로 해석된다.

이와 같은 기록 역시 삼한의 의례장소와 종교 사회적 기능에 대한 중국인의 시각이 반영되어 서술 그대로 받아들일 수는 없다. 오히려 당시 삼한의 사회상 및 초기국가의 발전 단계와 연관하여 접근하는 것이 소도 신앙과 의례의 역사적 실상에 가까이 갈 수 있다.

『삼국지』 한전에 보이는 국읍은 읍락 사이의 등차 과정에서 새롭게 생긴 세력 단위로 이해된다(이현혜 1976). 곧 국읍은 주변 여러 읍락 가운데 규모가 크거나 혈연적으로 宗에 해당하는 정치체로서 소국의 중심 읍락이었다. 국읍은 정치, 군사적인 면은 물론 경제적으로나 종교적으로 중심적인 기능을 하면서 이웃 읍락을 결속하여 '국'을 하나의 단위 정치체로 성립시켰다고 본다(권오영 1995). 그래서인지 국읍은 때로 국과 같은 맥락으로 인식되기도 했으며(『삼국지』 왜전), 삼한을 구성하는 여러 소국은 각기 고유의 '국명'을 가지고 있어 서로 구분되었다.

본래 읍락에서 성장한 소국은 국읍과 주변 읍락이 결속해서 이루어진 2차적인 정치체로 이해된다(이현혜 1976). 동물이나 식물을 조상으로 숭배하는 읍락 단계의 토템 신앙을 넘어서, 소국 단계에는 인간의 조상이 씨족의 토템을 대신하게 되며, 조상숭배와 얽힌 소국의 시조 신앙은 제정일치의 지배자였던 국읍 주수가 의례를 주관했던 것으로 추정했다(문창로 2007).

『삼국지』 한전의 제국은 규모에 따라 대국과 소국으로 구분했다. 마한은 대국 1만여 가, 소국 수천 가이며, 진·변한은 대국 4~5천 가, 소국 6~7백 가였다고 전한다. 또한 그 지배자들도 세력의 크고 작음에 따라 각각 신지와 읍차 등을 자칭하여, 대국과 소국을 '국'이라고 하는 범주에서 모두 균질적인 정치체로 일축할 수 없을 법하다.

실제로 삼한 제국은 큰 규모의 '영역국가'와 그보다 작은 규모의 '성읍국가', 그리고 성읍국가로서 편입된 '성읍' 등으로 나누어 이해했다(千寬宇 1989). 이때 영역국가는 대국에, 성읍국가는 소국에 해당하며, '성읍'은 (소)별읍에 견주어 접근할 수 있다. 또한 『삼국사기』에 보이는 '사벌국'과 같은 '군' 단위의 국, '음즙벌국'과 같은 '현' 단위의 국은 각각 그 규모가『삼국지』한전의 대국과 소국에 비견되는 것으로 상정하고, 지배자인 '신지'와 '읍차'의 차등도 같은 맥락에서 이해했다(박대재 2006).

삼한 사회에서 대국·소국·별읍 등이 병존 혹은 병립했던 현상은 읍락을 기반으로 성장했던 제국 간에 세력의 우열이 진행되는 과정에서 나타난 것으로 볼 수 있다. 대국은 우세한 소국을 중심으로 주변 소국이나 읍락 등을 편입하면서 성립한 것으로 추정된다. 소국보다 큰 규모의 대국으로 꼽을 수 있는 정치체는 마한 목지국과 백제국, 진한 사로국, 변한 구야국 등을 들 수 있다. 이들은 삼한 여러 국 가운데 앞서는 유력한 정치체로서(김태식 2002), 큰 규모의 성읍국가 또는 영역국가로 파악된다. 대국의 구성단위에는 국읍을 중심으로 주변 읍락 외에 새로 편입했던 별읍 등을 상정했다(김두진 1985). 별읍은 대읍인 국읍에 상대되는 표현으로 이해되며(이도학 1995), 이때 별읍은 본래 정치적 기능을 가졌던 취락 단위로 볼 수 있다.

소국에서 성장한 대국은 제·정 분리가 이루어지면서 국읍에는 지배자인 주수와 함께 제의를 주관했던 천군이 존재했다. 대국에 편입된 별읍이 비록 국읍 중심의 정치적 지배질서에 편제되었다고 하더라도 아직 독자적으로 신앙체계를 유지하면서 독립된 의례 공간을 확보했던 것으로 이해된다. 곧 별읍에 들어간 도망자를 모두 돌려보내지 않았다는 사실은 바로 이러한 사회 분위기 속에서 접근할 수 있다. 다만 천군이 주관한 국읍 제의의 대상은 천신인 데에 비해서 별읍에서는 귀신을 섬긴다고 하여 그 위상에 차이가 있었을 법하다.

특히 대국의 국읍에서 천신 제사가 이루어진 것으로 보아 대국의 지배집단은 자신들의 조상신을 천신으로 뚜렷이 관념화했을 것이라고 예상된다. 이후 삼한 대국이 성장하여 주변 소국들을 편입하면서 외연을 확장하게 되면,『삼국지』동이전에 전하는 부여나 고구려와 같은 모습으로 이어졌을 것으로 보인다. 자연 삼한의 신앙과 의례도 부여나 고구려

에서 시행된 '국중대회' 차원의 제천의례에 그 맥이 닿을 것으로 상정할
수 있다.

V. 맺음말-과제와 전망

최근 활발하게 진행되는 고고학 발굴과 연계하여 소도의 흔적에 대
한 탐색과 사회상 복원을 위한 노력은 의미 있는 작업이라고 생각한다.
또한 종교 민속학적인 측면의 비교 연구와 함께 현장 조사를 통해 소도
관련 유적지를 유추하려는 시도 또한 같은 맥락에서 받아들일 수 있다.
다만 일련의 의미 있는 노력에도 불구하고 소도 관련 연구에서 기본이 되
는 문헌 자료는 어떻게 해석하고 적용하는가에 따라, 그것을 고고학 유적
이나 민속학 현장조사의 적용 근거로 삼는 데 차이가 날 소지가 있어 세
심한 주의가 필요하다.

이와 관련하여 먼저 소도 유적과 관련하여 주목되는 기록 가운데
"立大木 縣鈴鼓"에서 '입대목'의 해석 문제를 들 수 있다. 일반적으로 '입
대목'의 '立'자는 '서다', '세우다'라는 뜻으로 새기는데, 이는 큰 나무를
베어서 제장의 중심부에 구덩이를 파고 인위적으로 세운다는 뜻이 된다.
곧 고고학 유적에서 확인되는 '입목수혈'의 흔적에 들어맞는 기록이 되
는 셈이다.

그런데 '立'자의 뜻에는 '서다', '세우다' 외에 '정해지다', '이루어지
다', '전해지다' 등도 있다. '立'를 '정해지다'로 해석하면 '입대목'은 큰
나무를 선택하여 이를 중심으로 의례가 이루어졌다고 풀이할 수 있다. 곧
전자의 경우 대목은 솟대와 결부시켜 입목수혈에 연결될 수 있으며, 후자
의 입장은 대목, 곧 神樹가 있는 제장의 입지와 공간구성 등을 고려하여
소도 유적에 접근한 것이다.

이처럼 사료의 해석에 따라 고고학적 흔적에 대한 적용과 해석에도 서로 크게 달라질 소지가 있어 주의를 요한다. 실제로 '입대목'을 큰 나무를 세운다고 해석하여 청동기시대 고고자료(진안 여의곡, 김해 율하리 유적)에서 확인되는 '2단의 원형수혈'과 관련지었다(이종철 2017). 곧 야산에 있는 큰 자연목을 잘라 소도로 옮겨 세움으로써 '입대목'이 완성되었을 것으로 보았다.

반면 '입대목'은 대목을 잘라서 가져온 것이 아니라 살아 있는 巨木을 선정해서(택해서) 제의에 활용했을 것으로 보기도 했다(이동희 2017). 곧 소도라고 추정되는 여러 환구유적에서 전자의 '입대목' 흔적을 찾기 힘들며, 매장영역과 생산영역(여의곡)·생활영역(율하리)의 경계에 자리한 원형수혈의 입지나 공간적 상관관계를 고려하면 솟대가 있었던 것으로 보아야 한다는 지적이다.

이와 함께 의례 공간으로서 별읍, 곧 소도는 국읍 천군과의 관계 여부에 따라 적용되는 관련 유적의 위치와 위상이 서로 다르게 상정될 가능성을 제기했다(나혜림 2017). 곧 제사장인 국읍의 천군과 제의장소인 소도(별읍)를 연결하여 이해하게 되면, 천군의 제의장소로서 독립적인 의례 공간을 소도의 흔적으로 볼 수 있다는 것이다. 곧 보령 명천동 유적 등에 확인되는 환구 유적은 평면 원형의 도랑을 둘러 의례적 공간을 알려주는 자료로, 천군과 소도의 실상을 보여주는 사례라고 이해했다(권오영 2018).

그런가 하면 국읍의 천군이 주관했던 제의공간을 별읍과 무관한 것으로 본다면, 별읍은 따로 무당이 귀신에게 제사를 올리는 장소로 상정할 수 있으며, 이때 소도 유적은 취락 내의 의례 공간으로 볼 수 있다고 했다. 이와 관련하여 보성 도안리 석평, 순천 덕암동, 함평 소명동 취락 유적 등에서 확인할 수 있는 광장 공간을 주목할 수 있다(한옥민 2019). 결국 문헌 자료에 대한 서지적 접근을 통해 잘못된 글자나 문구를 바로잡아 내용을 분명하게 판별하고 사료의 저술 배경과 맥락을 감안한 해석이 선행되어야, 관련 고고학 유적의 성격과 위상을 보다 정확하게 유추하는 데 보탬이 될 것으로 생각한다.

『삼국지』 한전은 '소도' 관련 기록 외에 삼한의 종교현상을 전하는 내용으로 ① "其葬有棺無槨 不知乘牛馬 牛馬盡於送死"(마한), ② "言語法俗相似 祠祭鬼神有異 施竈皆在戶西", ③ "以大鳥羽送死 其意欲死者飛揚"(이상 변진) 등을 전한다. 이들 기록은 정작 국내 사서에 전하지 않는 내용을 담고 있어 주목받는데, 해석을 어떻게 하는가에 따라 역시 그 의미가 달라질 수 있다.

먼저 ①은 장례와 관련된 기사이며, 일반적으로 "그들의 장례에는 棺은 있으나 槨은 사용하지 않는다. 소나 말을 탈 줄 모르기 때문에 소나 말은 모두 장례용으로 써 버린다."라고 해석한다(『中國正史朝鮮傳 譯註』(1) 1987). 대체로 삼한의 장례에 소와 말을 함께 묻는다거나, 우마를 제물 또는 순장 대용의 희생으로 삼았다고 이해했다.

그런데 『삼국사기』 백제본기 온조왕 대에 기병을 동원하여 전투한 기록 등을 들어, "不知乘牛馬" 기사가 허구임을 지적하기도 했다(千寬宇 1991). 또한 '不知~'의 '知'자는 반드시 '~을 알다.'라고 하는 인식이나 이해를 뜻하는 것으로만 해석할 필요가 없으며, 오히려 "知, (猶)欲也"(『廣韻』;『禮記』 樂記) 등의 용례를 들어서 '~하려고 하다.'라는 뜻으로 사용될 수도 있다고 했다(전해종 1996). 곧 장례 시에 "소와 말을 타려고 하지 않고, 소와 말은 다 시체의 운반에 쓴다."라고 주석했다. 이에 대한 명확한 이해는 고분에서 출토되는 소·말뼈, 騎乘用 마구 및 車輿具類 등 관련 유물의 유무 등과 관련지어 앞으로 좀 더 꼼꼼하게 챙겨서 풀어야 할 것이다.

다음으로 ②는 진한과 변한이 신앙과 의례에서 서로 차이가 있었다는 기사로 취급하는데, 구체적인 해석에 있어서 "언어와 법속이 서로 비슷하지만, 귀신에게 제사 지내는 방식은 달라서 문의 서쪽에 모두 竈神을 모신다."(『中國正史朝鮮傳 譯註』(1) 1987)로 풀이하거나, "~ 귀신에게 제사 지내는 것은 다르다. 부엌은 다 가옥의 서쪽에 두고 있다."(全海宗 1996)라고 새기기도 한다.

전자의 해석은 '祠祭鬼神有異'에 뒤이은 '施竈皆在戶西' 기록을 서로 연결하여, 변한이 문의 서쪽에 조왕신을 모신다는 점에서 진한과 서로 다른 것으로 이해했다. 실제 조왕신을 모시는 부뚜막 신앙은 사승의 『후한서』 일문에 전하는 臘日 제사 기록과 관련되는 것으로 보아 삼한 사회의 가신 신앙으로 상정했다(박대재 2009). 그런가 하면 변한(가야)의 신앙이 마한(백제)이나 진한(신라)의 그것과 다른 면모로 부각할 수 있는 것으로 부뚜막 신앙을 거론하기도 했다(이영식 2017).

반면 후자의 경우 두 구절을 서로 구분하여 제사 대상인 귀신과 부뚜막을 무관한 것으로 보았다. 본래 '竈'의 뜻은 '부엌' 또는 '부엌을 만든 신(조왕신)'으로 풀이하는데, 여기서 '施竈'라고 했기 때문에 부엌을 관장하는 조왕신보다는 단순히 부엌 자체를 가리키는 것으로 부엌을 두었다는 뜻으로 보았다(全海宗 1996). 그리고 이처럼 부엌을 서쪽에 둔 까닭은 변한 지역의 풍향(西北風) 때문일 것으로 이해했다. 이와 관련하여 변진 풍습에 부엌을 서쪽에 마련하는 유풍은 오늘날에도 찾아볼 수 있다고 하며, 이는 서북 방면에서 이주해온 사람들의 전통일지도 모른다고 했다(정중환 2000, 58~59). 실제로 서쪽은 '점은들, 구레말'로 표시하고 동쪽은 '새벌, 새들'로 표시하는 말과 부합하는 것으로 보았다.

이처럼 '조' 자에 대한 해석은 '조왕신' 또는 '부뚜막'으로 양분된다. 다만 가내의례로서 부엌이라는 한정된 공간을 관장하는 조왕신에 대한 신앙과 의례는 변한뿐만이 아니라 마한, 진한 지역의 주거지에서도 부뚜막 시설은 물론 부뚜막 신앙의 흔적을 통해서 확인된다(『한국민속대백과사전』 '조왕중발' 2018). 따라서 '조'의 개념에는 부뚜막과 조왕신까지 포괄할 수 있다. 나아가 사료 ②는 변한을 넘어서 삼한 사회 전체의 민간신앙을 알려주는 기사로 접근할 수 있는 여지를 준다.

한편 후자의 해석은 제사 대상인 귀신의 존재가 서로 다른 것인지, 또는 제사의 형식과 절차가 다른 것인지 구체적인 내용이 다소 모호하다. '祠祭鬼神有異'를 문면 그대로 본다면, 귀신에게 제사 지내는 것, 곧 제사

방식의 차이로 새길 수도 있다. 그런데 신에 대한 관념은 그 사회가 투영되어 이루어지는 것이며, 사회가 다르면 신 관념도 달라진다고 본다(김두진 1985). 곧 신 관념의 형성과 변천을 그 사회의 분화발전과 연결 지어 생각할 수 있다면, ②는 귀신에 대한 관념, 즉 신관의 차이로 해석할 수 있다.

나아가 ②는 진·변한 대표자들과 접촉했던 관찰자인 중국인 입장에서 자기 집단의 근원을 설명하며 내세웠던 인격적 시조, 곧 시조신의 차이에 주목했던 점이 반영된 것으로 추측된다(나희라 2019). 그리하여 진한과 변한의 사회상 그리고 진한과 변한의 시조신이 서로 다르다는 점에서, 이 기록은 진한과 변한의 신 관념 차이, 곧 신관이 서로 다름을 암시하는 것으로 받아들일 수 있다.

끝으로 ③은 "큰 새의 깃털을 사용하여 장사를 지내는데, 그것은 죽은 사람이 새처럼 날아다니라는 뜻이다."로 해석한다. 이 기록에는 변진 사회가 장례를 할 때 새 깃털을 사용한 이유만 언급되었을 뿐, 이러한 제의가 왜 시행되었고 어떤 신 관념을 가졌는지 등에 대한 추가적인 설명이 없다. 일반적으로 이 기록을 통해 새의 존재가 장송 의례와 밀접하게 연관되며, 당시 변진 사람들의 종교 관념을 반영한 것으로 이해한다. 또한 ③은 농경문청동기 등의 유물과 관련지어 접근하는데, 이를 마한이나 '변진'이라고 하는 특정 지역에 한정하여 적용할 것인지, 삼한 전체로 확대할 것인지의 문제가 남는다. 이 역시 한전의 서술방식이 같은 풍속에 대해 반복해서 기술하지 않고 특이한 현상에 주목했던 찬자의 가치관 등을 감안할 때, 삼한 사회로 확장하여 취급할 수 있겠다.

지금까지 소도 신앙과 의례 연구는 삼한 사회의 역사적 실상과 연관하여 접근하거나 고대국가의 발전 과정에서 차지하는 그 정치적 의미, 종교적·사회적 기능 등에 주목하는 경향이 있었다. 앞으로 이와는 다른 측면에서 소도에 대한 이해를 더했던 선행 연구에도 보다 세심한 관심이 필요하다.

일찍이 소도 관련 기사 말미에 제시된 "諸亡逃至其中 皆不還之 好作賊"에 대한 해석은 소도 집단의 군사적 활동과 관련된 것으로 이해했다(신채호 1931; 김택규 1984). 곧 소도는 이와 관련된 사람들의 집단 보호 차원에서 하나의 군사집단으로 기능했으며, 소도의 군사적 활동은 뒷날 화랑과의 관계 속에서 논의될 수도 있다고 했다. 관련 기록을 다른 지역으로의 도망(손진태 1932)이나 신성 지역(아실럼)으로의 피난(이병도 1976) 등 주로 현상문제에 주목했던 접근보다 한 걸음 더 나간 해석이라고 할 수 있다.

같은 맥락에서 소도로 피신한 사람들은 그 처지가 일종의 소도 노비였으며, 그들은 주로 제의 관련 활동, 의기 제작, 경작 활동 등에 동원되었고, 그 뒤 소도가 불교적으로 변용되면서 신라 사원 노비의 기원이 되었을 것으로 추정했다(조법종 1987). 토착신앙의 성지였던 소도가 불교 사찰로 전환하는 현상에 주목하고, 이를 단순한 공간적 대체 차원에서 접근하기보다는 기능의 유지 계승이라는 측면에서 검토하여 연구사적 의미를 더한다. 곧 소도의 인적 구성은 물론 제의에 필요한 물품 조달 등 소도의 경제적 토대에 대한 이해를 더 하는데 도움이 될 만한 접근방법으로 생각된다.

당대 자료로서『삼국지』동이전이 갖는 가치는 인정되지만, 편찬 당시의 역사관과 중국 중심의 편향에서 자유로울 수 없다. 또한 관찰자 입장에서 선호하는 자료의 선택, 단편적이고 체계적이지 못한 서술내용 등의 한계가 지적된다. 중국 사서에 전하는 소도 관련 사료의 한계를 보완하기 위해서는 국내 사서에 관한 관심을 높이고 그 활용에도 노력이 필요하다. 곧 삼한 사회의 내적 의미는『삼국지』동이전과 함께『삼국사기』, 『삼국유사』와 같이 내부자적 경험과 기억을 바탕으로 한 국내 사서와 연결하여 접근할 필요가 있다(이강래 2007; 나희라 2019).

선행 연구에서도 추구된 바와 같이『삼국유사』의 '葛蟠地' 기사를 소도의 불교적 변용으로 해석하거나(徐永大 1979),『삼국지』동이전과

『삼국사기』제사지 등의 제의 관련 기사를 종합하여 고대국가의 형성 및 발전 과정에 맞춰 소도 신앙과 의례의 실상을 고찰한 연구(최광식 1994) 등은 제한된 문헌 자료의 확대와 함께 방법론적으로도 유의미한 접근으로 볼 수 있다.

이와 함께 관련 문헌 자료의 발굴 내지는 자료 해석의 새로운 시도라는 측면에서 『태평어람』 권33에 인용된 謝承(190~?)의 『후한서』 동이열전 逸文을 삼한의 민간신앙에 연결지어 접근한 연구도 주목할 수 있다. 사승의 『후한서』는 그가 武陵郡 太守시절이었던 240년 무렵에 편찬했던 기전체 사서로 서기 3세기 후반경 편찬된 『위략』, 『삼국지』보다 앞선 기록으로 이해된다. 거기에는 "동이 삼한의 풍속에 臘日에 집집마다 제사를 지내니, 세간에서 '臘鼓가 울면 봄풀이 자라난다.'"고 전한다. 삼한 당대의 문헌 자료로서 이 기록은 삼한의 민간신앙으로 상정할 수 있는 삼한 주거지에 보이는 부뚜막(竈神) 제사와 밀접한 관련이 있는 것으로 보았다(박대재 2009).

마지막으로 삼국 및 가야의 건국신화와 제의 연구는 시·공간적으로 표리관계에 있는 삼한의 신앙과 의례 양상에 대한 이해를 심화하기 위해서도 보다 적극적인 관심이 필요하다. 잘 알듯이 건국신화는 고대인들의 신 관념과 세계관이 반영되었으며, 신성성과 실제성이 혼재된 건국신화는 의례, 곧 국가 제사인 제천의례를 통해서 구체화했던 것으로 이해된다. 자연 건국신화의 신앙형태로서 공적인 의례 행위는 지배집단의 정당성을 합리화하려는 이데올로기적 성격을 갖는 것으로 보았다. 그래서 건국신화에 대한 역사적 접근을 통해 한국 고대의 국가 및 지배 권력의 기원과 정치적 목적의식 등을 해명하려는 노력이 이어졌다.

실제로 건국신화를 통하여 고대 사회의 '신' 관념과 조상숭배의 사회적 의미, 제천의례와 祀典, 국가 제사 등의 제의 형태, 불교 수용 이전 巫覡(토착) 신앙과의 관계, 초기국가의 성립과 제의의 정치·사회적 제반 기능, 시조묘와 神宮의 실체 및 왕실과의 관계 등에 초점을 맞추어 그 역사적 의미를 추구하면서 한국 고대의 역사상을 조명하는 데 일조했다(徐永大 1991; 姜英卿 1992; 李鍾泰 1996; 金杜珍 1999; 나희라 1999; 2003; 金炳坤 2000; 蔡美夏 2001).

이미 건국신화와 관련한 의례 연구는 초기국가의 발전 과정에서 그 사회의 운영원리 및 지배이념에 대한 역사적 측면을 설명하고 한국 고대사를 재구성하는 데 기여할 수 있는 여지를 분명하게 제시했다. 이를 반영하듯 삼국과 가야의 건국신화 및 제의에 대한 집중 검토가 이루어지기도 했다[제18회 한국고대사학회 합동토론회, '한국고대의 建國神話와 祭儀', 2005. 2. 17~2. 18; 윤성용, 「고구려 建國神話와 祭儀」; 朴賢淑, 「백제 建國神話의 형성과정과 그 의미」; 나희라, 「신라의 건국신화와 의례」; 남재우, 「가야의 建國神話와 祭儀」(이상 한국고대사학회 2005, 『韓國古代史硏究』39)].

앞으로 건국신화와 제의 연구를 보다 충실하려면 지금까지 이루어진 구체적이고 개별적 연구 성과를 종합하여 상호 비교·분석을 통한 총체적이고 구조적인 연구가 요구된다. 왜냐하면 하나의 건국신화는 그것이 별개로 형성·전승되기보다는 한국 고대의 문화와 사회 구조 속에서 다른 건국신화와 서로 얽히면서 전승되었던 것으로 생각할 수 있기 때문이다. 삼국 및 가야의 건국신화와 제의 연구를 심화하는 노력은 마침 이번 가야학술제전의 취지로 언급한 "삼한의 신앙과 의례 연구를 통해 가야 선주민 연구를 위한 기반 마련, 향후 가야 건국 설화와 가야 성립의 이해"에도 부합할 것으로 생각한다.

참고문헌

國史編纂委員會 編, 1987, 『中國正史朝鮮傳 譯註』(1).

姜英卿, 1982, 「韓國古代社會의 女性」, 『淑大史論』 11·12合.

_____, 1992, 「新羅 傳統信仰의 政治·社會的 機能 硏究」, 淑明女子大學校 博士學位論文.

權五榮, 1995, 「三韓 國邑의 기능과 내부 구조」, 『釜山史學』 28.

_____, 2018, 「의례」, 『마한고고학개론』, 진인진.

金 洸, 1990, 「蘇塗遺蹟의 調査硏究」, 『國史館論叢』 19.

金杜珍, 1985, 「三韓 別邑社會의 蘇塗信仰」, 『韓國古代의 國家와 社會』, 一潮閣.

_____, 1989, 「馬韓社會의 構造와 性格」, 『馬韓·百濟文化』 12.

_____, 1996, 「高句麗 初期 東盟 祭儀의 蘇塗 信仰的 要素」, 『韓國學論叢』 18.

_____, 1999, 『韓國古代의 建國神話와 祭儀』, 一潮閣.

金炳坤, 2000, 「新羅 王權의 成長과 支配理念의 硏究」, 東國大學校 博士學位論文.

金烈圭, 1977, 『韓國神話와 巫俗硏究』, 一潮閣.

金瑛河, 1995, 「韓國 古代社會의 政治構造」, 『韓國古代史硏究』 8.

김재선, 2006, 「만주족 薩滿과 蘇塗」, 『新羅文化』 28.

金貞培, 1978, 「蘇塗의 政治史的 意味」, 『歷史學報』 79.

_____, 1985, 『韓國古代의 國家起源과 形成』, 高麗大學校 出版部.

金哲埈, 1969, 「韓國古代 政治의 性格과 中世政治思想의 成立過程」, 『東方學志』 10.

_____, 1971, 「三國時代의 禮俗과 儒教思想」, 『大東文化硏究』 6·7合.

金泰坤, 1969, 「韓國 巫系의 分化變遷」, 『韓國民俗學』 창간호.

_____, 1990, 「蘇塗의 宗教民俗學的 照明」, 『馬韓·百濟文化』 13.

김태식, 2002, 「초기고대국가론」, 『강좌한국고대사』 2, 駕洛國史蹟開發硏究院.

金宅圭, 1969, 「韓國部落慣習史」, 『韓國文化史大系』 4, 高麗大民族文化硏究所.

_____, 1984, 「新羅上代의 土着信仰과 宗教習合」, 『新羅文化祭學術發表論文集-新羅宗教
    의 新硏究』 5.

_____, 1985, 「蘇塗と卒土」, 『三上次男喜壽記念論文集』(歷史編), 平凡社.

나혜림, 2017, 「보령 명천동 유적을 중심으로 본 소도와 의례 공간」, 『百濟學報』 22.

나희라, 1999, 「新羅의 國家와 王室 祖上祭祀 硏究」, 서울大學校 博士學位論文.

_____, 2003, 『신라의 국가제사』, 지식산업사.

_____, 2019, 「진·변한의 신앙과 의례」, 『삼한의 신앙과 의례』, 국립김해박물관.

盧泰敦, 1982, 「三韓에 대한 認識의 變遷」, 『韓國史硏究』 38.

文昌魯, 2000, 『三韓時代의 邑落과 社會』, 신서원.

_____, 2013, 「三韓 '蘇塗' 인식의 전개와 계승」, 『한국학논총』 39.

_____, 2016, 「동예의 읍락과 사회상」, 『한국고대사연구』 81.

_____, 2017, 「문헌 자료를 통해 본 삼한의 소도와 제의」, 『百濟學報』 22.

閔德植·金洸, 1990, 「三國志의 蘇塗關係記事에 관한 檢討」, 『白山學報』 37.

박대재, 2005, 『의식과 전쟁-고대 국가를 바라보는 새로운 시각』, 책세상.

_____, 2006, 『고대한국 초기국가의 왕과 전쟁』, 景仁文化社.

_____, 2009, 「삼한의 '납일제사'와 부뚜막 신앙」, 『한국사학보』 37.

_____, 2018, 「三韓의 '國邑'에 대한 재인식」, 『한국고대사연구』 91.

朴昊遠, 1988, 「장승 솟대 신앙 小考-역사적 변천과정 및 그 기능」, 『古美術』 여름호.

徐永大, 1973, 「蘇塗의 宗敎的 性格」, 『文理大學報』 19.

_____, 1979, 「葛蟠地小考-蘇塗의 佛敎的 變容」, 『宗敎學硏究』 2.

_____, 1991, 「韓國宗敎史 資料로서의 '三國志' 東夷傳」, 『韓國學硏究』 3.

_____, 1991, 「韓國 古代 神觀念의 社會的 意味」, 서울大學校 博士學位論文.

_____, 1992, 「東濊의 虎神崇拜에 대하여」, 『歷史民俗學』 2.

_____, 2002, 「한국 고대의 샤머니즘적 세계관」, 『강좌한국고대사』 8, 駕洛國史蹟開發硏究院.

_____, 2003, 「高句麗의 國家祭祀-東盟祭를 중심으로」, 『韓國史硏究』 120.

_____, 2007, 「백제의 천신숭배」, 『百濟의 祭儀와 宗敎』(百濟文化史大系 硏究叢書13), 충남역사문화연구원.

孫晉泰, 1932, 「蘇塗考」, 『民俗學』 4-4.

_____, 1940, 「蘇塗考訂補」, 『朝鮮民俗』 3, 朝鮮民俗學會.

_____, 1948, 『朝鮮民族文化의 硏究』, 乙酉文化社.

宋華燮, 1992, 「馬韓蘇塗의 構造와 機能」, 『韓國宗敎』 17.

_____, 1993, 「蘇塗關係文獻記錄의 再檢討」, 『韓國宗敎의 再照明』.

_____, 1994, 「馬韓蘇塗의 成立과 歷史的 意義」, 『韓國古代史硏究』 7.

_____, 1994, 「『三國志』 魏志 東夷傳의 蘇塗와 浮屠」, 『歷史民俗學』 4.

辛鍾遠, 1987, 「幢竿造營의 文化史的 背景」, 『江原史學』 3.

신채호, 1929, 「古史上吏讀文名詞解釋法」, 『朝鮮史硏究草』 ; 2007, 『단재 신채호전집』 제2권, 독립기념관 한국독립운동사연구소.

_____, 1931, 『朝鮮上古文化史』 ; 2007, 『단재 신채호전집』 제3권, 독립기념관 한국독립운동사연구소.

申鉉雄, 2005, 「『晉書』 馬韓傳 記事의 性格」, 『新羅文化』 26.

柳東植, 1975, 『韓國巫敎의 歷史와 構造』, 延世大出版部.

이강래, 2006, 「『삼국지』 동이전과 한국고대사」, 『한국고대사입문』 1, 신서원.

李基白, 1975, 「新羅初傳佛敎와 貴族勢力」, 『震檀學報』 40.

李道學, 1995, 『백제 고대국가 연구』, 一志社.

이동희, 2017, 「입대목과 솟대 제의의 등장과 전개에 대한 토론」, 『마한의 소도와 의례 공간』(제28회 백제학회 정기학술회의).

李萬烈, 1970, 「韓國古代에 있어서의 토테미즘的 要素에 對하여」, 『李海南博士華甲紀念史學論叢』.

李丙燾, 1976, 「三韓의 社會相」, 『韓國古代史硏究』, 朴英社.

李盛周, 1993, 「1~3세기 가야 정치체의 성장」, 『韓國古代史論叢』 5, 駕洛國史蹟開發硏究院.

李鍾哲, 1984, 「장승과 솟대에 대한 考古民俗學的 接近試考」, 『尹武炳博士回甲紀念論叢』.

_____, 2018, 「입대목, 솟대 제의의 등장과 전개에 대한 시론」, 『한국고고학보』 106.

李鍾泰, 1996, 「三國時代의 '始祖' 認識과 그 變遷」, 國民大學校 博士學位論文.

이필영, 1988, 「마을공동체와 솟대 신앙」, 『孫寶基停年紀念考古人類學論叢』.

_____, 1994, 『마을 信仰의 社會史』(韓國의 生活과 風俗史4), 웅진.

李賢惠, 1976, 「三韓의 國邑과 그 成長에 대하여」, 『歷史學報』 69.

이형원, 2018, 「삼한 소도의 공간구성에 대한 고고학적 접근-중부지역의 환구유적을 중심으로」, 『百濟學報』 24.

全榮來, 1990, 「馬韓時代의 考古學과 文獻史學」, 『馬韓·百濟文化』 12, 圓光大學校 馬韓百濟文化研究所.

全海宗 1996, 「三國志 東夷傳 譯註」, 『韓國史學』 16, 韓國精神文化研究院.

丁仲煥, 1962, 『加羅史草』. 釜山大學校 韓日文化研究所.

_____, 2000, 『加羅史研究』(민족문화 학술총서 9). 혜안.

鄭璟喜, 1984, 「先三國時代 社會와 經濟」, 『東方學志』 41.

_____, 1990, 『韓國古代社會文化研究』, 一志社.

趙法鍾, 1987, 「新羅寺院奴婢의 起源問題에 關한 一考察」, 『사총』 32.

_____, 2001, 「고구려 사회의 檀君認識과 종교문화적 특징-蘇塗文化와의 관련성을 중심으로-」, 『韓國古代史研究』 21.

趙芝薰, 1966, 「서낭竿攷-注谷의 서낭信仰에 대하여」, 『新羅伽倻研究』 1.

_____, 1973, 「新羅의 原義와 詞腦歌에 대하여」, 『趙芝薰全集』 7, 일지사.

蔡美夏, 2001, 「新羅 宗廟制와 王權의 推移」, 慶熙大學校 博士學位論文.

千寬宇, 1989, 『古朝鮮史·三韓史研究』, 一潮閣.

崔光植, 1989, 「韓國 古代의 祭儀研究」, 高麗大學校 博士學位論文.

_____, 1990, 「韓國 古代의 祭天儀禮」, 『國史館論叢』 13.

_____, 1994, 『고대한국의 국가와 제사』, 한길사.

_____, 2007, 『한국고대의 토착신앙과 불교』, 고려대학교출판부.

崔吉城, 1968, 「韓國 原始宗敎의 一考」, 『語文論集』 11.

崔南善, 1927, 「不咸文化論」, 『朝鮮及朝鮮民族』; 1975, 『六堂崔南善全集』 2, 현암사.

韓炳三, 1971, 「先史時代 農耕文靑銅器에 대하여」, 『美術史學研究』 112.

韓永愚, 1985, 「許穆의 古學과 歷史認識-《東事》를 중심으로-」, 『韓國學報』 40.

한옥민, 2019, 「고고자료로 본 마한 의례」, 『삼한의 신앙과 의례』, 국립김해박물관.

許回淑, 1972, 「蘇塗에 關한 研究」, 『慶熙史學』 3.

洪潤植, 1988, 「馬韓蘇塗信仰領域에서의 百濟佛敎의 受容」, 『馬韓·百濟文化』 11.

_____, 1989, 「馬韓社會에서의 天君의 位置」, 『馬韓文化研究의 諸問題』.

川本達, 1927, 「日韓同源と對馬の蘇塗」, 『朝鮮』 143, 朝鮮總督府.

村山智順, 1929, 『朝鮮의 鬼神』 調査資料25輯, 朝鮮總督府.

葛城末治, 1935, 「朝鮮の幢及幢竿に就いて」, 『朝鮮金石考』 9.

田村專之助, 1936, 「魏書韓傳に見える蘇塗ついて」, 『史觀』 29.

末松保和, 1955, 「魏志韓傳の別邑に就いて」, 『史學雜誌』 64-12.

村上正雄, 1956, 「魏志韓傳に見える蘇塗の一解釋」, 『朝鮮學報』 9.

末松保和, 1976, 「大馬の'神地'について」, 『朝鮮學報』 81.

馬持盈, 1979, 『史記今註』 第6冊, 臺灣商務印書館.

永留久惠, 1988, 『海神と天神』, 白水社.

2

기원전 1세기~기원후 3세기
동북아시아 마구 매장의례

이현우 부산대학교 고고학과

I. 머리말

고대사회에서 말은 교통·운송·전쟁 등의 실생활뿐만 아니라 제사 및 의례 등 의식 활동에도 이용되었다. 제사와 의례에는 말과 마차 그리고 말과 마차에 사용된 각종 마구[1]가 모두 사용되었다. 중국에서는 무덤 주변에 갱(坑)을 만들어 말과 마차를 매장하며 제사 지내거나 무덤 내에 말과 마차, 각종 마구를 부장하는 장속이 상대(商代) 만기에 출현하였다. 삼한시대 한반도에서는 말과 마차의 매장은 확인되지 않으나 무덤 내에 마구가 부장된다.

본고에서는 우선 중국 중원지역을 중심으로 한 무제(武帝) 시기부터 동한 시기까지의 말·마차·거마 모형·마구와 관련된 매장의례를 전반적으로 살펴본 후, 낙랑과 삼한의 마구 매장의례를 동아시아 상장의례[2]의 관점에서 검토해보고자 한다.

II. 중국 한대(漢代) 중원지역의 거마 및 마구 매장의례

1. 한대 이전 거마와 관련된 매장의례

현 자료상 중국에서 상대 만기에 실물 마차가 출현하고, 말과 마차의

....

1 본고에서는 거마구와 기승용 마구를 포괄하여 마구로 통칭하고, 필요한 경우 거마구와 기승용 마구를 분리하여 표기하겠다.

2 상장(喪葬)과 관련된 개념에는 상장관념, 상장습속, 상장의례, 상장제도가 있다. 상장관념은 죽은 자에 대한 이해와 인식, 상장습속은 죽은 자의 안장(安葬)과 추도가 일반화된 방식, 상장의례는 상장관념과 습속의 이상적 표현 및 체계적 행위 규범, 상장제도는 강제적 규범을 의미한다(齊東方 2015).

매장 제사가 시작된다. 말과 마차의 매장 방식은 크게 거장갱(車葬坑, 이후 거갱), 마장갱(馬葬坑, 이후 마갱), 거마합장갱(車馬合葬坑, 이후 거마갱)으로 나뉜다(鄭若葵 1987, 462). 상주(商周) 시기, 무덤에는 거갱·마갱·거마갱, 종묘(宗廟)에는 거갱·거마갱을 만들어 제사를 지냈고, 주거지의 기초를 다지거나 청동을 주조하거나 맹약을 맺을 때 말을 매장하여 제사를 지냈다(李自智 1993, 237-240). 전국(戰國) 시기에 들어 거마 매장이 점차 줄어들고 거마 모형의 매장이 주류를 점하기 시작하며, 진한(秦漢) 시기에는 더욱 간소화되고 쇠퇴하는 추세를 보이게 된다(劉允東 2008, 48).

상장의례 중 무덤 주변에 거갱·마갱·거마갱을 만들어 말과 마차를 매장하는 방식 이외에, 상대 만기부터 무덤 내에도 말과 마차, 거마구를 부장하기 시작한다. 서주 시기 중대형 묘에 보편적으로 각종 거마구가 다량 부장되며, 춘추 조기부터는 거마구의 부장이 점차 간소화되어 거마구의 종류나 거마구를 부장하는 무덤의 비율이 줄어든다(吳曉筠 2009, 174-175). 전국 만기부터 실제 말을 대체하여 도마(陶馬)와 목마(木馬)가 무덤 내에 부장된다.

진시황제 능원의 여러 갱에서 말, 도마, 전차, 거마 모형이 출토되었다. 진시황릉의 서쪽 중앙부와 능원 내성 서벽 사이의 3호갱(동거마갱)에서 2대의 동거마가 확인되었다. 실물 크기의 절반의 동제 거마 모형이다 (도 1). 외성 밖의 1~3호 병마용 갱에서 수천 점의 도마와 목제전차가 출토되었다. 그리고 상초촌(上焦村) 일대에서 마구간갱(馬廐坑)이라고 불리는 98기의 부장갱이 확인되었는데, 다수의 실제 말과 도마가 매장되었다. 이 중 3호갱은 배장갱(陪葬坑)보다는 제사갱의 성격이 강한데, 류지우셩(劉九生)은 이를 진시황이 천제에게 봉헌한 "제거(帝車)"로 보고 있으며 (劉九生 2011), 류잔청(劉占成) 등은 진이세(秦二世)가 진시황에게 공헌한 제의품으로 보고 있다(劉占成·劉珺 2012).

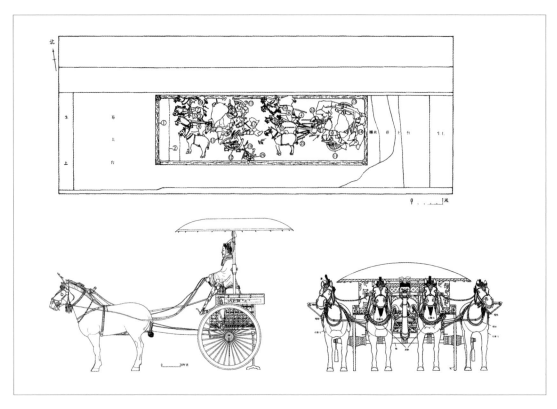

[도 1] 진시황릉 3호갱(동거마갱) 평면도 및 1, 2호 거마 모형

2. 한대 중원지역의 거마 및 거마구 매장의례

1) 거마와 명기 거마

서한 제후왕묘 중 서한 조기의 산동 임치(臨淄) 제왕묘(齊王 劉襄의 묘)에서만 별도의 거마갱이 확인되었다. 이 시기 말과 마차를 왕묘에 부장하는 것은 일반적이지 않았고, 무제에서 원제 시기(B.C. 141~33년)에 성행하였다(高崇文 1992, 37). 서한 중만기의 제후묘는 애동묘(崖洞墓)와 황장제주(黃腸題湊)를 갖춘 대형목곽묘가 있는데, 북경·하북지역(廣陽·中山國)은 애동묘와 목곽묘, 산동·강소북부지역(楚·魯國)은 주로 애동묘가 유행한다. 애동묘는 기본 구조상 다수의 이실을 갖추고 있어 이실에 말과

마차가 부장되고, 목곽묘는 외장곽이나 묘도에 말과 마차가 부장된다. 만
성한묘를 제외하면 대부분 3대의 마차가 부장되는 것이 특징이다.

상장의례 중 말과 마차를 무덤 내에 부장하는 장속은 서한 만기 원
제 이후로 거의 사라진다. 한대에는 저승에서도 현세의 삶을 누리고자 하
는 "事死如生"의 생사관이 유행하였고, 후장(厚葬)이 성행하였다. 그러나
서한 만기 성제 시기부터 후장에 대한 비판이 이어졌고, 원제 사후 말과
마차의 부장, 순생을 금지하는 조서가 내려졌다.『漢書·成帝記』에 보이는
"경녕(竟寧) 원년(B.C. 33년) 5월, 원제가 붕어하였다. …… 6월 을미일, 유
사가 이르길 '승여거(乘輿車), 소와 말, 금수는 모두 예가 아닙니다. 마땅히

[표 1] 서한 중만기 중원지역 제후왕릉의 거마 부장 양상

지역	묘	묘제	연대	거마			명기 거마		출처
				수량		위치	수량	위치	
				마차	말				
강소	銅山龜山초왕묘	崖洞墓	B.C. 115년	○		도굴, 흩어짐			考古學報1985-1
하북	獲鹿縣高庄한묘	黃腸題湊목곽	B.C. 114년	3	14	주실	9	주실	中國古代車輿馬具
하북	滿城1호한묘	崖洞墓	B.C. 113년	6	16	남이실, 용도	11	중실	滿城漢墓發掘報告
하북	滿城2호한묘	崖洞墓	무제	대3소1	13	북이실			
하북	定縣八角廊40호묘	黃腸題湊목곽	B.C. 55년	3	13	전실우측			文物1981-8
하북	定縣三盤山122호묘	黃腸題湊목곽	서한 중기	3	9	전실우측	4		戰國秦漢考古(上)
산동	巨野紅土山한묘	석실묘	B.C. 87년	1	4	묘도			考古學報1983-4
산동	長淸縣雙乳山1호묘	石坑목곽	B.C. 87년	소1		정장곽			考古1997-3
				대3소1	7	외장곽			
산동	曲阜九龍山2호한묘	崖洞墓	서한 중기	3	16	양이실	6	서실	文物1972-5
산동	曲阜九龍山3호한묘	崖洞墓	B.C. 51년	3	8	양이실	8	용도	
산동	曲阜九龍山4호한묘	崖洞墓	서한 중기	3	13	이실			
산동	曲阜九龍山5호한묘	崖洞墓	서한 중기	3	13	이실			
북경	大葆台1호한묘	黃腸題湊목곽	B.C. 45년	3	11	묘도북단			文物1977-6,1986-2
북경	大葆台2호한묘	黃腸題湊목곽	B.C. 45년 전후	3	12	묘도북단			
강소	徐州東洞山2호한묘	崖洞墓	서한 중만기	–	–				文物1984-11

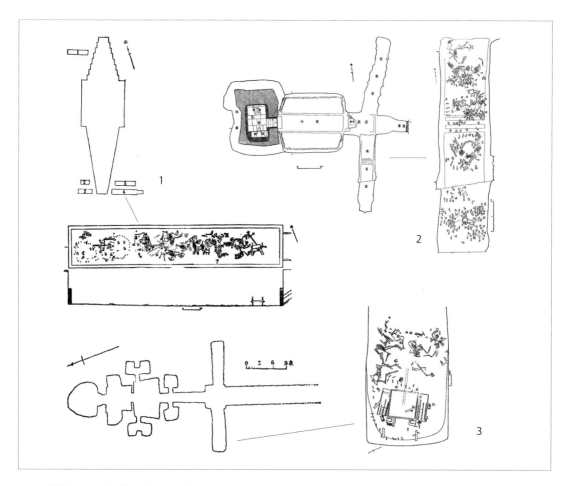

[도 2] 제후왕릉의 거마 부장 위치 및 양상
1. 산동 임치제왕묘(별도의 거마갱 내 부장) 2. 하북 만성한묘1호 3. 산동 구룡산4호한묘(무덤 내 부장)

묻어서는 안 됩니다.'라고 하였다. (황제가) 가납하였다(竟寧元年五月, 元帝崩. …… 乙未, 有司言 : 「乘輿車、牛馬、禽獸皆非禮, 不宜以葬.」奏可.)"라는 기록이 그것이다. 성제의 거마 매장 금지 조서 이후, 제후왕묘에서 말과 마차를 부장하는 장속이 사라진다(高崇文 1992; 鄭灝明 2002; 劉允東 2008).

서한 만기 말과 마차의 부장은 사라지지만, 거마 모형의 부장은 동한 시기까지 지속된다. 거마 모형은 도제(陶製), 석제(石製), 동제(銅製), 목제(木製)가 있는데, 마차의 경우 대부분 목제이고, 일부 도제와 동제 마차가 있다. 말은 거마용과 기마용이 공존한다.

도마의 부장은 전국 만기에 시작하여 진대를 거쳐 한대에도 지속된다. 서한 시기에는 주로 배장갱과 무덤 내에 부장되며, 서한 조기에 출토 예가 많다. 섬서성 함양 양가만한묘(楊家灣漢墓) 주변의 11기 배장갱에서 583점의 도마가 확인되었고, 산동성 청주 향산한묘(香山漢墓)의 배장갱

[표 2] 한대 무덤 내 거마 모형 부장 양상

지역	묘	시대	거마 모형		재질	출처
			말	마차		
호북	荊州蕭家草場26호묘	서한 조기	1	1	목제	中國古代車輿馬具
호북	江陵鳳凰山167호묘	서한 조기	2	1	목(竹)제	文物1976-10
호북	江陵鳳凰山168호묘	B.C. 167년	6 4(騎)	2	목제	考古學報1993-4
하북	획록현고장한묘	B.C. 114년		9	목제	中國古代車輿馬具
하북	만성1호한묘	B.C. 113년		11	(목제)	滿成漢墓發掘報告
하북	정현삼반산122호묘	서한 중기		4		戰國秦漢考古(上)
산동	구룡산2호한묘	서한 중기		6	(목제)	文物1972-5
산동	구룡산3호한묘	서한 중기		8	(목제)	文物1972-5
호남	長沙伍家嶺203호묘	서한 만기	1	4	목제	長沙發掘報告
감숙	武威磨咀子6호묘	왕망~동한 초	1(騎)	–	목제	考古與文物2012-5
감숙	武威磨咀子22호묘	동한	2(騎)	1	목제	考古1960-9
감숙	武威磨咀子23호묘	동한	1(騎)	–	목제	考古1960-9
감숙	武威磨咀子26호묘	동한	2(騎)		목제	考古1960-9
감숙	武威磨咀子48호묘	(서한 만기)	1	1	목제	文物1972-12
감숙	武威磨咀子49호묘	동한	1(騎)	–	목제	文物1972-12
섬서	西安潘家庄169호묘	동한 중만기	1(騎)	牛車	도제	文物2008-6
감숙	武威雷台墓	동한 만기	12 27(騎)	14	동제	考古學報1974-2
귀주	興義M8	동한	1	1	동제	文物1979-5
난주	華林坪墓	동한 만기	1	1	동제	中國古代車輿馬具

말의 (騎)는 연식안을 갖춘 기마용. 나머지는 거마용

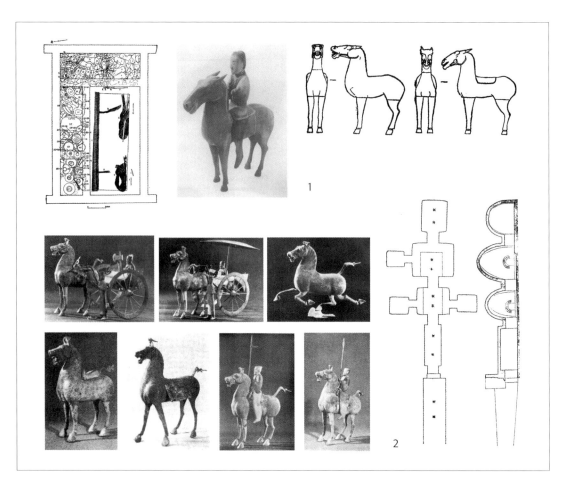

[도 3] 목제·동제 거마 모형
1. 강릉 봉황산168호(목제) 2. 무위 뇌태묘(동제)

에서는 약 350점의 도마가 확인되었다. 향산한묘의 일부 도마가 도제 마차와 결합되는 것을 제외하고 대부분 기마용이다. 도마 위에 연식안을 비롯한 각종 마구를 그려 넣었고, 사람이 타고 있는 경우도 많다.

목마는 서한 조기부터 목제 마차와 조합되거나 단독으로 무덤과 배장갱에 부장된다. 목마·목제 마차와 관련하여 『史記·孝武本紀』, 『史記·封禪書』 및 『漢書·郊祀志』 등의 문헌기록에 "木禺馬" 혹은 "木寓馬"라는 명칭이 있으며, 봉선서에는 "목우용란거(木禺龍欒車)", "목우거마(木禺車馬)"라는 기록이 있다. 목우마와 목우거마 모두 제사에 사용되는 목제의 말과 마차이며, 일종의 제물(祭物)[3]이다. 서한 시기의 상장의례 중 무덤이나 배장갱에 목마를 부장하는 것도 이와 같은 맥락이다. 마용잉(馬永嬴)과 리쿠(李庫)는 경제(景帝) 양릉(陽陵) 남쪽 배장갱 출토된 기병용 26점과 채회(彩繪)목마 17점, 소제(昭帝) 평릉(平陵)의 배장갱에서 출토된 주칠(朱漆)목마 60점을 근거로, 목우마를 도마보다 등급이 높은, 당시의 황제와 황후의 고등급 배장품으로 파악하였다(馬永嬴·李庫 2008, 8-10).

동거마의 출현 시점은 정확히 알 수 없지만, 진시황릉 동마갱에 그 예가 있다. 서한 한무제의 황릉인 무릉(茂陵) 동쪽의 양신장공주묘(陽信長公主墓)에서 금동마(金銅馬)가 출토되었으며, 동한 시기까지 무덤에 부장된다. 가장 대표적인 자료가 감숙성 무위의 뇌태묘(雷台墓)인데, 다수의 동제마와 동제거마가 출토되었다(도 3).

2) 거마구

한대 거마구의 출토 상황을 보면 거마에 착장되어 부장된 경우와 단독으로 부장된 경우가 있다. 서한 시기의 제후왕묘나 높은 등급의 무덤에는 실제 거마와 거마 모형이 부장되므로 거마구는 대부분 이들에 착장된 채로 출토된다. 그 중 부장갱이나 무덤 내에 부장된 실제 거마에 착장된 거마구들은 실용 거마구일 가능성이 크다.

거마구만 단독으로 부장하는 장속은 상대 만기부터 확인되는데, 한대에 들어 고도 장안과 낙양의 중소형묘에서 거마구 단독 부장 예가 확인된다(표 3).

한대 무덤에서 출토되는 주요 명기 거마구로는 표비(鑣轡), 마면(馬

---

3 『史記·孝武本紀』에 이르길 "그 다음 해 …… 목우마로 말을 대체하게 하였다. …… 오직 오제의 제사와 천자가 친히 행하는 교사(郊祀)에만 말을 사용한다. 여러 명산대천에 말을 사용하여 (제사 지내던) 것을 모두 목우마로 대체하게 했다(其明年, …… 乃命祠官進時犧牲具, 五色食所勝, 而以木禺馬代駒焉. 獨五帝用駒, 行親郊用駒. 及諸名山川用駒者, 悉以木禺馬代.)"라고 하였다. 한무제 시기 오제(五帝)나 황제가 친히 거행하는 일부 중요 제사를 제외하고 산천(山川)제사 등에 말을 대신하여 목마를 사용하게 하였음을 알 수 있다.

[표 3] 서안, 낙양의 중소형묘 거마구 부장 양상(모형 거마가 공반되지 않음)

	묘	묘제		부장 거마구	시기	출처
서안	北郊北康村漢墓M3	전실묘	동	개궁모1	서한 조중기	考古與文物2003-4
	北郊北康村漢墓M4	전실묘	동	표비, 개궁모1, 차축두1	서한 조중기	
	北郊靑門漢墓M6	동실묘	동	표비1, 함1	서한 중기	文博1998-4
	北郊靑門漢墓M3	전실묘	동	개궁모1	서한 만기	
	未央印象城漢墓M1	전실묘	동	표비1	서한 만기~왕망	文博2017-2
	未央印象城漢墓M6	전실묘	동	개궁모3	왕망 시기 혹은 그보다 다소 늦음	
	南郊曲江羊斗鎭墓M3	목곽묘	동	개궁모1, 동관식1	서한	文博2013-6
				표비1, 마면1, 개궁모1, 형말식1		
	中華小區漢墓M15	전실묘	납	함3, 표2	동한 중기	文物2002-12
낙양	吉利區漢墓M2441	공심전묘	동	표비3, 개궁모3	서한 만기	文物2008-4
	燒構漢墓M82	전실묘	동	표비1, 개궁모10, 차축두2, 동 관식1, 소형동관식2, 수면식2 등(木盒 내)	서한 만기~왕망	洛陽燒溝漢墓
	五女塚ⅠM461	전실묘	동	표비2, 마면1, 개궁모8, 차축두2, 수면식2 등	왕망 시기 혹은 그보다 다소 늦음	文物1995-11
	燒構漢墓M1038	전실묘	동	표비3, 차축두3, 개궁모5, 관형기1 등	동한 만기	洛陽燒溝漢墓
	C1M3850漢墓	전실묘	동	표비2, 차축두1	동한 만기	考古1997-8
	孟津朱倉漢墓M1	전실묘	납	표비1, 개궁모10, 차축두 3	동한 말	文物2015-4

面), 개궁모(蓋弓帽), 차축두(軎)가 있으며, 수면식(獸面飾), 동관식(銅管飾), 멍애대 끝장식(형말식, 衡末飾) 등도 출토된다. 재질은 대부분 동제이며 연제(鉛製)도 존재한다.

연제 거마구는 재질과 크기 면에서 실사용이 불가능한 명기이다. 서안, 낙양의 중소형묘에서 출토된 동제 표비의 함은 일연식, 이연식, 삼연식이 있는데, 길이는 5.8~11.6cm로 다양하다. 함은 거마용이든 기마용이든 적어도 15cm 이상 되어야 실제 사용이 가능한데,[4] 크기 면에서 이

....

4   田中由理는 한반도와 일본열도에서 출토된 재갈의 크기를 모두 계측하였는데, [도 2]를 참고 하면 삼국시대 한반도 남부 금관가야와 신라 재갈의 함 한 마디의 길이가 약 9~12cm에 집중 되는 것을 알 수 있으며, 일본은 6세기 후반대에 8~10cm에 집중된다고 한다(田中由理 2007,

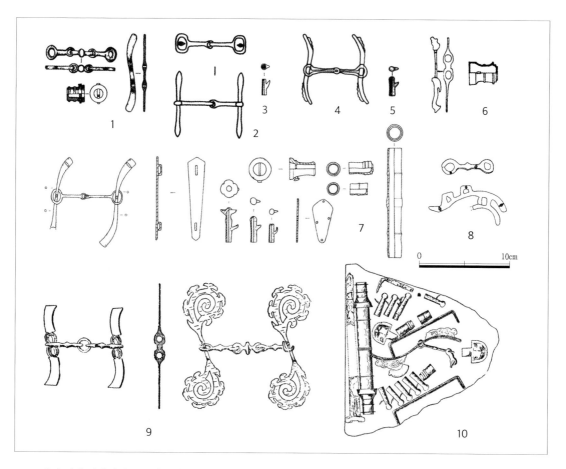

[도 4] 한대 서안 낙양지역 중소형묘의 거마구(10 축적 불명, 기타 1/4)

1. 서안 북강촌한묘M4 2. 서안 청문한묘M6 3. 서안 청문한묘M3 4. 서안 미양인상성한묘M1 5. 서안 미양인상성한묘M6
6. 낙양 C1M3850 7. 서안 곡강양두전묘M3 8. 서안 중화소구한묘M15 9. 낙양 소구한묘M1083 10. 낙양 소구한묘M82

들 표비는 실사용이 불가능한 명기임을 알 수 있다. 동반된 차축두 역시
소형으로, 동제 거마구 역시 부장을 위한 명기로 제작되었다.

　표비 중, 낙양 서구한묘 보고서에서 3형으로 분류한 표비가 있다. 표
양단이 대형의 물방울 모양으로, 내부에 고사리형 투조문이 있고 외연을
따라 다수의 삼엽문양과 1~2개의 갈고리문양이 돌출되어 있다. 왕후(王

....

6, 16). 허미연도 삼한시대의 표비를 계측하였는데, 양쪽 함외환을 제외한 길이, 즉 말의 입에
서 재갈이 물리는 부분의 폭이 10~15cm 사이인 것을 확인하였다(허미연 2014, 49-50).

候)나 대귀족의 무덤으로 추정되는 낙양 機車工廠(기거공창)C5M346호와 망도(邙都)2호 한묘에서 각각 7점, 1점(동제)이 출토되었으며, 낙양 소구한묘1038호에서 2점(동제) 출토되었다. 맹건주창한묘에서도 1점(연제) 출토되었는데, 전자에 비해 퇴화된 형식이다. 모두 동한 만기의 무덤으로, 동한 만기~말에 기존의 명기 표비가 지속적으로 부장되면서 장식성이 극대화된 형식이 출현하여 부장됨을 알 수 있다. 실제 표비의 모방에서 벗어나 명기 표비 자체에 장식성을 부가한 것이다.

III. 낙랑의 마구 매장의례

현 자료상 한반도에서 가장 이른 마구가 출토된 곳은 평양을 중심으로 한 서북한지역으로, 낙랑 설치 이후부터 마구가 확인된다. 낙랑의 마구는 크게 두 유형으로 나뉘는데, 2연식 철제 함과 프로펠라형 표를 가진 표비와 삼연식 함과 금동제의 벼슬봉상S자형이나 판상S자형의 표를 가진 한식(漢式)표비이다(이상율 2008). 전자는 마름모형마면과 조합되며, 권총형동기, 삿갓형동기, 을자형동기 등 중원에서 찾아볼 수 없는 거마구들과 함께 발견된다(오영찬 2001, 20).

이른바 한식표비는 석암리9호·200·219호, 정오동5호, 정백동37호, 정백리127호, 장진리45호에서 출토되었다. 석암리219호에서는 금수형마면과, 정도동5호에서는 마면·개궁모와, 정백동37호에서는 차축두와 공반된다. 운송리9호에서는 표비는 발견되지 않았지만 개궁모와 차축두가 확인되었다. 이들 모두 거마 모형과 공반되지 않고 거마구류만 단독으로 곽 내에 부장되었다. 이러한 장속은 중국 한대의 중소형묘에서 유행하는 장속과 동일하다. 특히 장진리45호 표비는 중국에서 동한 만기에 출현하는 장식성이 극대화된 명기 표비(기거공창C5M346, 망도2호한묘, 소구

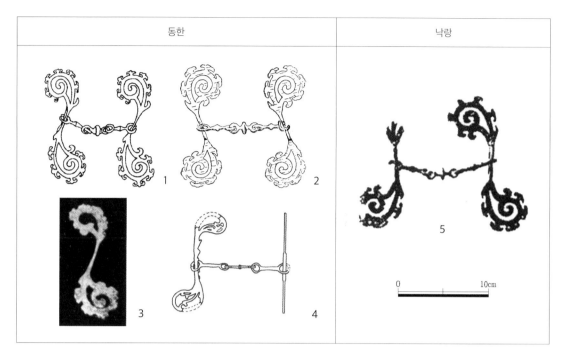

[도 5] 동한 만기 낙양과 낙랑의 장식성이 극대화된 표비
1. 기거공창C5M346 2. 소구한묘1038호 3. 망도2호한묘 4. 맹진주창묘M1 5. 장진리45호

한묘1038호 출토 표비)와 같은 형식이다.

　남정리116호와 오야리19호에서는 목마가 각각 2점, 8점 출토되었다. 남정리116호 목마는 채색 흔적이 남아 있고, 오야리19호 목마는 흑칠흔이 남아 있다. 전자의 주변에서 연제 표비가 출토되어 원래 표비를 착장한 채로 부장되었음을 알 수 있다. 채색이 모두 사라져 말등의 연식안의 표현 유무는 알 수 없으나 남정리116호분 목마의 출토 상황(국립중앙박물관 유리원판 310257)을 보면 거마가 공반되지 않는 기승용 목마일 가능성이 크다. 한대 중원지역 제후왕묘에서 거마와 거마 모형이 부장되고, 중소형묘에도 거마 모형이 들어간다. 거마용과 기마용이 모두 존재하는데, 동한 시기에 감숙지역에서 출토된 목마는 모두 기병용이다. 목마는 특히 한대에 유행한 제의품이자 부장품으로, 한 무제 이후로 상장의례뿐만 아니라 산천제사 등 여러 제사에도 사용되었다.

[그림 1] 낙랑 출토 목마(국립중앙박물관 소장 유리건판 사진 인용)
1. 남정리116호: 좌로부터 출토 상황, 공반 연제표비, 출토 목마 2. 오야리19호: 좌로부터 출토 목마, 목마실측도

　　낙랑에서 동제·연제 표비, 마면, 개궁모 등의 거마구를 단독으로 부
장하는 장속, 목우를 무덤 내에 부장하는 장속은 모두 한의 상장의례와
밀접한 관련이 있다. 장속뿐만 아니라 표비, 차축두, 개궁모 역시 한대의
거마구와 유사하다.

　　표비의 3연식함, 프로펠러형표, 중앙의 폭을 극단적으로 줄인 판상
S자형표, 양단에 벼슬형 장식을 붙인 봉상S자형표는 모두 한대에 유행하
던 표비와 유사하다. 특히 석암리9호와 219호의 표는 측면에 4개의 구멍
이 있는데, 이는 중국 진대(秦代) 표비부터 나타나는 요소[5]로, 북방이나

....

5　　함양 진시황릉 병마용갱박물관의 기병용 도마에는 S자형 동제 표비가 착장되어 있다. 실견한
　　바에 의하면 표의 양단이 만곡하기 시작하는 부분이 두툼하게 되어 있고 각각 2개씩의 작은
　　구멍이 뚫려 있다. 현재 공표된 자료로 판단하면 이러한 측면 4공을 통한 두락 연결법은 진대
　　에 출현하는 요소로 보인다.

중국 동북지역, 한반도 남부지역에는 보이지 않는다. 또한 동한 만기에 유행하는 장식성이 극대화된 표비 역시 낙랑에 출현한다. 표비 외에 규형 마면과 금수형마면, 차축두(孫璐의 I·II식), 개궁모(孫璐의 I~V식[6]) 모두 한 대의 거마구와 유사하다.

한 무제의 낙랑군 설치 이후부터 동한 말까지 낙랑 거마구는 지속적으로 한의 거마구의 영향을 받았고,[7] 무덤 내에 일부 거마구를 단독으로 부장하거나 목우를 매장하는 장속이 낙랑의 상장의례 중에 나타난다.

IV. 삼한의 마구 매장의례

한반도 남부지역의 삼한시대 마구는 대부분 변진한지역에서 출토되며, 마갱, 거마갱, 배장갱이 확인된 예는 없다. 마구는 대부분 무덤 부장품으로, 목관묘에서 다수 출토되었고, 목곽묘 출토품도 있다. 마구는 철제 표비 중심으로, 대구 평리동 표와 마면, 傳 김해 양동리 삼연식 함만 동제이다. 평리동을 제외하면 한과 낙랑에서 주로 부장되는 마면, 차축두, 개궁모와 같은 거마구가 공반되지 않으며, 거마 모형의 출토 예도 없다. 기승용 표비로, 연식안과 조합되어 사용되었을 가능성이 크다.

한반도 남부지역에서 가장 이른 표비는 전라남도 보성 현촌 1호 목관묘 출토품으로, 연대는 기원전 2세기 후반~1세기대이다(김성영 2019). 변진한 지역에서 가장 이른 재갈은 성주 예산리III-1호 출토품으로, 그 연대는 기원전 1세기 중후엽경(이창희 2007; 이상율 2008; 허미연 2014), 즉

·········

6   손로(2012)는 V식 개궁모는 중원지역에서 보이지 않는 낙랑 토착 전통일 가능성이 있다고 하였으나, 낙양 오녀총 I M461, 서교한묘(西郊漢墓)M3242, 열都2호한묘에서 출토된 바 있다.
7   낙랑의 한식 거마구 중 한으로부터 직접 유입된 거마구도 있고, 낙랑에서 토착화된 거마구도 있다.

서한 만기에 해당한다. 남부지역 표비 자체의 계통은 다원적인데, 프로펠러형 표비는 전국(戰國) 연계(燕系)(이상율 1996; 2006; 2008; 이창희 2007)로, I자형 표비는 흉노계(허미연 2014; 강나리 2018)로 보고 있다. 소위 고사리형표비는 프로펠러형과 I자형 표를 바탕으로 고사리문을 장식한 한반도 남부 특유의 표비로, 강한 장식성을 가지고 있다.

목곽묘 단계가 되면, 표가 대형화되고, 표의 정면에 구멍을 뚫어 함외환을 직접 연결하는 등 실제 사용이 불가능한 표비들이 등장한다. 표비의 성격이 변하여 완전히 의기화하는 것이다(이상율 1996, 184).

표비의 부장 양상을 보면, 목관묘에서는 주로 목관 외부에 부장되는데, 묘광과 관 사이의 충전토나 관 상부의 충전토에서 출토되는 경우도 있다. 상장의례 중 하관(下棺) 이후의 제사에 매납되었을 가능성이 크다. 목곽묘에는 주로 곽내에 부장되며, 묘광과 곽 사이의 충전토나 곽 상부의 충전토에서 출토되는 경우도 있다. 상장의례 중 곽내 제사와 곽 밀봉 이후의 제사에 모두 사용되었음을 알 수 있다.

말을 제어하는 데 가장 핵심적인 도구인 표비를 무덤에 부장하는 장속은 한과 낙랑에서 표비, 마면, 개궁모, 차축두와 같은 거마구를 부장하는 장속과 같이 상징적인 의미를 가진다. 진한대 중국과 낙랑에서 말과 마차를 대체하여 거마 모형과 거마구가 부장되는 것처럼, 삼한시대 표비는 말을 대신하여 무덤에 부장되었을 것이다. 그리고 실용의 프로펠러형·I자형표비든 장식성이 부가된 고사리형표비든 모두 상장의례 중 부장품이자 제의품으로 무덤에 부장되었다. 그 중 목관묘 단계의 고사리형표비나 목곽묘 단계에 완전히 의기화한 표비는 장식성이 극대화되어 있고, 이는 처음부터 명기 혹은 의기로써 제작되었을 가능성이 크다. 이는 동한 만기~말, 중원과 낙랑에서 소구한묘 1038호로 대표되는 장식 표비가 출현하여 실제 표비를 모방한 명기 표비와 함께 부장되거나 유행하는 것과 같은 맥락이다.

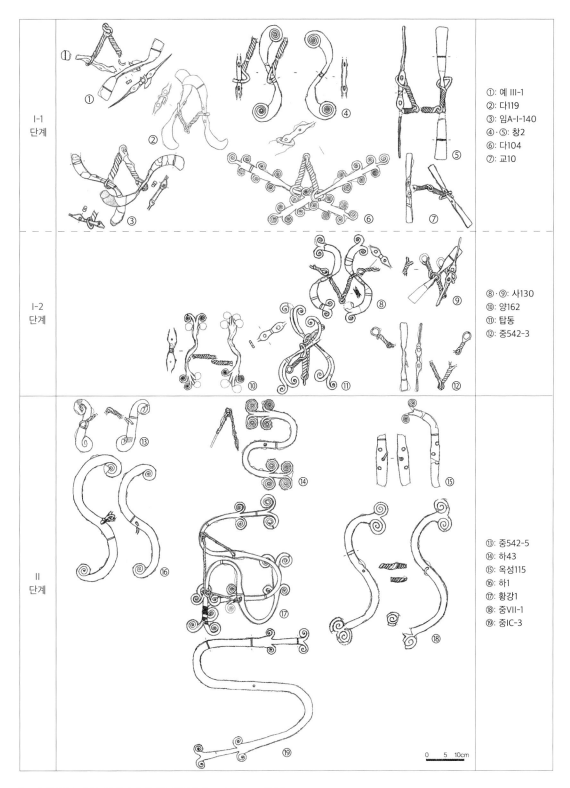

I-1 단계	①: 예 III-1 ②: 다119 ③: 임A-I-140 ④·⑤: 창2 ⑥: 다104 ⑦: 교10
I-2 단계	⑧·⑨: 사130 ⑩: 양162 ⑪: 탑동 ⑫: 중542-3
II 단계	⑬: 중542-5 ⑭: 하43 ⑮: 옥성115 ⑯: 하1 ⑰: 황강1 ⑱: 중VII-1 ⑲: 중IC-3

0　5　10cm

[도 6] 한반도 남부 철제표비의 편년(허미연 2014의 도19 인용)

V. 맺음말

고대 사회에서 말과 마차, 거마 모형, 마구는 상장의례뿐만 아니라 각종 제사에도 이용되었다. 특히 상대 만기에 상장의례 중 별도의 갱을 파서 거마를 매장하거나 거마와 거마구를 무덤에 부장하는 풍습이 출현하였다. 이후 진한대에 들어 실제 거마는 점차 거마 모형으로 대체되고, 후장 풍습과 저승에서도 현세의 삶을 누리고자 하는 "事死如生"의 생사관의 유행으로 중상위 계층의 무덤에 명기 거마구가 부장된다.

한반도의 서북부지역은 한무제의 낙랑 설치 이후 한의 거마구가 유입되고, 무덤에 표비, 마면, 개궁모, 차축두 등의 거마구와 목우를 매장하는 한의 장속이 유행한다. 특히 동한 말, 중원에서 실제 표비를 모방하지 않고 명기 자체에 장식성을 극대화한 명기 표비가 등장하여 기존의 표비와 함께 부장되는데, 낙랑에서도 이러한 표비를 수용하여 부장한다.

기원전 1세기 중후엽경 한반도 남부에서 철제표비가 출현하기 시작하며, 목곽묘 단계가 되면 완전히 의기화한 표비들이 부장된다. 말과 마차를 대체하여 거마 모형과 거마구가 부장되는 것처럼 말을 대신하는 상징적인 의미를 가지며, 상장의례 중 부장품이자 제의품으로 무덤에 매장된다. 3세기 말, 도질토기, 동복, 순장 등으로 대표되는 북방 문화의 유입 이후(신경철 1995), 낙동강 하류역에서 의기화된 표비가 사라지고, 긴 인수를 가진 표비, 경식안, 등자로 대표되는 새로운 기승용 마구가 목곽에 부장되며, 의기화된 표비의 일부 요소만 새로운 단계의 표비에 잔존한다.

참고문헌

강나리, 2018, 『匈奴 鑣轡 硏究』, 부산대학교대학원 고고학과 문학석사 학위논문.

김두철, 2005, 『韓國 古代 馬具의 硏究』, 동의대학교대학원 사학과 문학박사 학위논문.

김성영, 2019, 「보성 현촌 목관묘 출토유물에 대하여」, 『제16회 매산기념강좌 접점 II, 남한 지역 원삼국~삼국시대 마구의 편년』, 숭실대학교 한국기독교박물관.

김새봄, 2015, 「낙랑의 철기문화」, 『낙랑고고학개론』, 중앙문화재연구원.

孫璐, 2012, 『古代 東北아시아 車馬具와 騎馬具의 變遷』, 전남대학교대학원 인류학과 고고학전공 문학박사 학위논문.

신경철, 1995, 「金海 大成洞·東萊 福泉洞古墳群 點描-金官加耶 이해의 一端-」, 『釜大史學』 19, 부산대학교사학회.

안경숙, 2015, 「낙랑의 청동기문화」, 『낙랑고고학개론』, 중앙문화재연구원.

오영찬, 2001, 「樂浪馬具考」, 『古代硏究』 8.

이상율, 1996, 「三韓時代의 鑣轡에 대하여-嶺南地方 出土品의 系統을 中心으로-」, 『碩晤 尹容鎭敎授停年退任記念論叢』, 석오윤용진교수정년퇴임기념논총간행위원회.

_____, 2006, 「三韓時代 鑣轡의 展開」, 『石軒 鄭澄元敎授 停年退任記念論叢』, 釜山考古學硏究會論叢刊行委員會.

_____, 2008, 「삼한시대 표비의 수용과 획기」, 『韓國上古史學報』 62, 韓國上古史學會.

李昌熙, 2007, 「嶺南地方으로의 鐵器文化 流入에 대한 再考-鑣轡를 중심으로-」, 『考古廣場』 창간호, 釜山考古學硏究會.

허미연, 2014, 「三韓時代 嶺南地域 鐵製鑣轡의 硏究」, 『韓國考古學報』 91, 韓國考古學會.

高崇文, 1992, 「西漢諸侯王墓車馬殉葬制度硏究」, 『文物』 第2期.

羅西章, 2002, 「周人車馬坑」, 『周秦社會與文化硏究-紀念中國先秦史學會成立二十周年學術硏討會論文集』, 陝西師範大學出版社.

劉永華, 2013, 『中國古代車與馬具』, 淸華大學出版社.

劉允東, 2008, 「中國古代的車馬坑陪葬」, 『文物世界』 第6期.

劉九生, 2011, 「秦始皇陵銅車馬與中國古代問名—秦政原始」, 『唐都學刊』 第2期.

劉占成·劉珺, 2012, 「秦陵銅車馬埋藏與'銅車馬坑'性質初探」, 『文博』 第6期.

陝西省考古硏究所·秦始皇兵馬俑博物館, 2000, 『秦始皇帝陵園考古報告(1999)』, 文物出版社.

馬永贏·李庫, 2008, 「"木禺馬"及相關問題探析」, 『文博』 第5期.

吳曉筠, 2009, 『商周時期車馬坑埋葬硏究』, 科學出版社.

李自智, 1993, 「殷商兩周的車馬祭祀」, 『考古學硏究-紀念陝西省考古硏究所成立三十周年』, 三秦出版社.

李鉉宇, 2018, 「魏晉馬具與其對東北亞馬具産生的影向」, 『西部考古』 17, 科學出版社.

鄭若葵, 1987, 「試論商代的車馬葬」, 『考古』 第3期.

鄭澣明, 2002, 「西漢諸侯王墓所見的車馬殉葬制度」, 『考古』 第1期.

齊東方, 2015, 「中國古代喪葬中的晉制」, 『考古學報』 第3期.

田中由理, 2007, 「日本·韓国出土轡の法量比較検討-銜と引手の長さに注目して-」, 『待兼山論叢』 41.

3

고고자료로 본 마한 의례

한옥민 대한문화재연구원

I. 머리말

　마한(馬韓)은 『삼국사기』, 『삼국지』 등에서 확인되는 역사적 실체이지만, 백제와 달리 자체의 전승을 남기지 못한 관계로 성립과 소멸 시점을 정확히 알 수 없다. 이러한 한계로 인해 연구자 간 이견이 분분한 상황인데, 정치적 변동이 어떤 양상으로 고고자료에 반영되는지에 관한 논쟁을 이끌고 있다.

　이 글의 대상인 호남지역은 마한[1] 소멸과 관련해 최후의 보루선이라 할 수 있다. 호남지역에 속한 영산강수계의 경우, 문헌 기록에 기초한 역사학적 관점에서는 4세기 중엽경에 백제의 영역화가 진행된 것으로 보는 것이 기왕의 통설이다. 이에 반해 고고학적 관점에서는 옹관고총(소위 성토분구묘) 자료를 근거로 6세기 전반까지 정치적 혹은 문화적인 독자성을 유지한다는 상반된 입장을 보이고 있다. 특히 옹관고총의 존재는 문헌 기록으로는 알지 못했던 사실로, 백제의 완전한 지배관계가 아닌 영향력 정도로 제한적이라는 근거 자료로써 기여한 측면이 크다. 근년의 고고학적 연구에서 마한 문화의 특징은 토기 양식(이중구연호, 양이부호, 조형토기 등), 주거 구조(방형계, 사주식), 무덤 구조(지상식, 성토분구묘) 및 풍습(다

....

1　마한은 백제 영역 확장과 불가분의 관계에 있는데, 이와 연동된 공간적인 변화가 발생되기 때문이다. 마한 변천 과정에 있어서 백제의 국가 형성을 기준으로 2분기(박순발 1997, 25), 목지국의 이동(천안→익산→나주)에 근거한 3분기(최몽룡 1988, 203-206), 고분 변천을 기준으로 4분기(권오영 2018a, 15; 성정용 2018, 16-21), 5분기(임영진 2010, 33-40)로 나누기도 한다. 소멸 시점에 대해서는 연구자 간 견해 차이가 가장 크게 발생되고 있으나, 대체로 한강유역은 3세기 중엽 전후, 금강유역은 4세기 중엽 전후, 영산강유역은 4세기 중엽(5세기 혹은 6세기 전반)으로 보고 있다(이영철 2017, 91). 마한만의 고유한 특징이 가장 잘 발현되는 시기는 3~4세기대라 할 수 있는데 외부와 구별되는 독자성과 표준화와 동시에 지역적 다양성도 보여준다. 예컨대 차령산맥을 경계로 이북은 심발형토기, 시루, 이중구연호의 저부가 원저이지만, 이남은 평저가 많다. 주거의 경우 서해안 일대는 사주식의 방형이 유행하지만, 충청내륙과 호남동부는 비사주식의 원형도 빈번하게 발견된다. 분묘에서도 전자는 분구묘, 후자는 주구토광묘가 유행하는 차이가 있다(김승옥 2017, 259-261).

장) 등에서 백제와 구분하려는 시도가 진행되고 있다.

'마한 의례'는 정치적 색채보다는 정신문화적 색채가 강한 주제어이다. 그러기에 물증자료를 근거로 당대의 문화를 복원하는 고고학 관점에서 의례라는 실체를 가시화하기가 만만치 않다. "당산나무를 함부로 건드리면 동티가 난다"라는 말을 한번쯤은 들은 적이 있을 것이다. 기억의 전승을 통해 마을에서 모시는 나무, 돌 등을 잘못 건드리면 화가 미칠 수 있음을 비유적으로 이르는 말이다. 만약 기록도 없고 당산나무마저 생명을 다해버린 후라면 제단시설, 공헌물과 같은 단편적인 자료만 남게 된다.

이처럼 고고자료는 현재까지 유존하는 유구와 유물을 대상으로 하기 때문에 당시의 관념·사고와 같은 무형의 영역을 충족시키기에 역부족이다. 때문에 본고에서는 마한 의례를 바라보는 관점을 문화적 측면으로 한정지어 논의하고자 한다. 그리고 공간적 범위는 마한의 마지막 유존지인 호남지역을 중심으로 하며, 시간적 범위는 韓의 분화가 시작되는 원삼국시대(기원전 1세기)부터 백제 지방화 시점 이전의 일부 삼국시대까지로 삼았다.

II. 의례 개념

마한 의례를 살펴보기에 앞서 의례에 대한 개념을 정리해 보자. 儀禮는 사전적 의미로 儀式과 典禮(민중서림 1991, 118), 儀式을 차리는 예법 (김정호 2012, 429)을 뜻하고 있다.

의례의 개념에 대해 류정아(1998, 17)는 사람들이 사회생활을 하는 데 최소한의 응집력이 존재하도록 맺고 있는 관계들의 주기적인 재확인을 의미한다라고 정의하였다. 복천박물관(2006, 6)은 의례란 인류학에서

[표 1] 의례 개념(이양수 2007)

구 분	의 례	
	제의(제사)	잔치
형식	있음	없음
사용 도구	특수 용구(제기)	일반 용구
행위 주체	집단적	개인적(집단적)
지향점	목적지향적	만족지향적
염원	행위 이후에 이루어질 일	행위 이전까지 이루어진 일

넓은 의미로 인간에 있어서 정형화되어 반복되는 행위유형으로 대부분 문화적으로 유형화된 집단적 행동이다. 좁은 의미에서는 인간의 형식적 행동 일반 속에 상징적인 성격이 강한 형식적 행동이다. 따라서 제사와 같은 신앙적 성격이 강한 인간 행위는 후자의 좁은 의미에서 의례로 한정하는 것이 좋다고 정리하였다. 이양수(2007, 88 재인용)는 자신보다 우월한 존재에 대하여 인간이 부탁·희망·감사 등을 포함한 일련의 행위로 규정하면서, 크게 제의와 잔치로 구분하였다. 제의와 잔치의 분리는 전문적인 제기의 등장과 관계가 깊으며, 그 틀을 완전히 이룬 것은 삼한시대부터 시작된다고 보았다(표 1). 국립가야문화재연구소(2013, 399)에 의하면 의례는 종교적인 관념과 신앙체계가 일정한 행위의 양식을 통하여 표현된다. 예(禮)라고 한다면, 일반적인 법도와 규범이 개입되어 있어야 하며 정형화된 금기와 규칙이 관습 이상의 존재가 부여된 것이라고 하였다. 조현종(2014a, 7-8)은 세속적 행사를 포함한 문화 속에 내재된 일반 행동까지를 지칭하는 개념으로 정의하였다. 윤호필(2014, 64-65)은 인간의 형식적인 행동으로서 상징성과 사회적 성격이 모두 포함된 행동을 의미하며, 이는 직접 종교와는 관계가 없는 세속적인 행사도 포함된다고 정의하였다. 이형원(2017, 68)은 공동체의 결속과 안녕을 위해서 규범에 따라 행하는 행동이며, 그것이 이루어지는 공간이 의례공간이라고

정의하였다. 연구자들은 의례가 제사(제의)[2]와 상통되지만, 다양한 구성과 복합적 의미를 내포하여 더 포괄적이라는 데는 공통된 견해를 보이고 있다.

이러한 논의 속에서 의례 개념은 크게 사회적 의미, 행위적 의미가 내포된 것으로 인식함을 알 수 있다. "공동체의 안녕"이라는 부분은 사회적 의미로 볼 수 있고, "부탁·희망·감사 등을 포함한 일련의 행위"라는 부분은 목적을 가지고 실행하는 행위적 의미로 구분할 수 있다. 후자의 경우 행위에 대한 즉각적인 결과가 아니라 그것을 바라보는 맥락이 중요한 관건이 된다.

두 가지 의미를 조합할 때 필자는 의례란 사회적으로 누적·획득된 형식적인 의식과 행위로, 개인 및 공동의 안녕을 위하여 사회구성원이 엮어낸 보편적인 상징체계라 생각한다. 한 개인이 언어를 통해 사회와 소통을 하듯이 의례는 그 자체로 의미 전달을 하고, 동시에 자연-사회-개인이 유기적으로 연결된 생명체 역할을 한다. 의례의 주된 관심은 개인보다는 공동, 현재보다는 미래에 지향점을 둔 가치감정의 이익 생산에 있기 때문에 그것을 실행하는 과정에서 형식적인 절차가 필요했을 것이다.

의례의 구성 요소는 장소, 의식, 공헌으로 나누고 있다(윤호필 2014, 66-66). 의례는 비일상적이지 않는 것을 특징으로 하기 때문에 특별한 분위기가 필수적이며, 정기적 혹은 일시적인 '시간'에 대한 개념도 형성되었을 것으로 보인다. 대표적으로 고구려의 동맹(10월), 부여의 영고(12월), 삼한의 계절제(5·10월)를 들 수 있다. 따라서 장소, 의식, 공헌뿐만 아니라 예기되거나 정해진 '시간'도 함께 포함시킬 필요가 있다. 구성 요소 가운데 장소, 공헌은 고고자료를 통해 어느 정도 유추가 가능하지만, 시간이라는 특성상 문헌에 기록이 없는 이상 알기 어렵다. 의례로 추정된

....

2   祭祀는 신이나 죽은 사람의 넋에게 음식을 차려 놓고 의식을 베풀거나 또는 그 의식을 행하던 장소와 의식을 통틀어 말하며(국립문화재연구소 2001a, 1061; 이영철 2014b, 94), 광의적인 의미에서는 신앙 또는 종교적 의례 전반을 포함한 개념으로 볼 수 있다.

유구에서 계절성을 알 수 있는 동식물류의 유존 사례가 전무한 것도 원인 중 하나일 것이다.

III. 마한 의례 유형

의례에 대한 분류안은 다양하다. 생활·농경·생산·장송의례(이상길 2000, 196), 생활·농경·장송·특수의례(국립문화재연구소 2001a, 1061-1064), 생활·수변·특수의례(동진숙 2006, 151-152), 생산·농경·수변·장송·특수의례(김규정 2014, 46-53), 생활·장송·농경·수변·산악의례(윤호필 2014, 64-67), 일상·생산·물·죽음에 관련된 의례(권오영 2018b, 312-322) 등으로 구분하고 있다.

이렇듯 연구자에 따라 다양한 분류안이 제기되는 근본적인 이유는 구분하는 기준이 상이하기 때문이다. 치러지는 장소를 중요시할 경우에는 수변·산악제사와 같은 명칭이 발생하는 반면에, 목적을 중요시하면 생활·농경·장송·항해의례 등의 명칭이 발생한다. 행위를 중시하면 매납의례라는 용어도 나타나게 된다. 체계적인 분류안이 필요하지만 문제는 간단치 않다. 예를 들어 수변에서 항해의 안전을 위하여 청동기를 매납하는 의례를 어떻게 명명할 것인가? 수변의례, 항해제사, 매납행위 모두 가능하므로 통일되고 일률적인 명칭의 합의는 불가능하다(권오영 2018, 311). 의례는 관념과 행위의 결합에 의한 시지각적인 성격이므로 한 가지 기준으로 명확한 선을 긋기에는 어려운 측면이 있다. 정신문화적인 결과물을 물질자료에 그대로 대입하여 관념화하기 쉽지 않다. 연구자가 선입견을 갖지 않더라도 당시와 현재 사이에 느끼는 감도(感度)가 다를 수 있음을 지적할 수 있다. 현재로서는 의례의 제 요소(장소, 시간, 의식, 공헌)를 조합한 성격 규명이 선행될 필요가 있다.

1. 일상생활 속의 의례

일상생활 속에서 이루어지는 의례는 개별 주거지로부터 마을의 공공장소 그리고 경작지와 가마와 같은 생산 공간 등지에서 행해진다. 다만, 당시의 생활 전반을 구체적으로 알 수 없고 동일한 마한사회일지라도 각 소국의 자연환경과 사회적 상황에 따라 다를 수 있으므로 마한 고토지역이 모두 동일한 양태의 의례를 행하였다고는 단정 지을 수는 없을 것이다.

여기에서는 호남지역에서 그간 발굴조사된 유적 내용에서 의례와 관련지을 수 있다고 보는 사례들을 소개하고자 한다. 의례는 참가자의 정도에 따라 가족단위가 참가하는 가내 의례, 마을 공동체 구성원 모두가 참가하는 마을단위 의례로 대별할 수 있다. 그리고 특정 직업군을 갖는 전업단위 의례도 확인된다.

1) 가내(家內) 의례

주거지 관련 의례는 일정한 장소에 머물러 살면서 남긴 흔적으로써 크게 축조-생활-폐기 과정을 거친다. 당시 건축물이 대부분 수혈 구조라는 점을 감안해 볼 때 땅을 굴토하는 행위가 가장 먼저 이루어진다. 이는 인간이 지신(地神)으로부터 공간을 잠시 빌려 쓴다는 의미로, 일종의 의식을 수반하게 된다. 개토제를 행하는 것도 이런 연유에서 찾을 수 있다 (이영철 2014b, 96). 주거 공간별로 안방에 삼신과 조상신, 문 칸에 문신(門神), 부엌의 조왕신 등 공간을 독립적으로 관장하는 신에게 가정의 안녕을 기원하며 금기사항도 지키면서 경건한 마음가짐을 표현했을 것이다.

일상생활 의례 가운데 가장 많은 빈도로 확인되는 고고자료는 가내 의례이다. 인간 생활의 기본적 요소인 의식주 중 사는 곳에 대한 중요성을 감안할 때 의례 행위가 이루어졌을 가능성은 충분히 예견된다. 한 개인이 가족을 이루고 마을 구성원으로서 일상을 이어가던 기초적 공간이

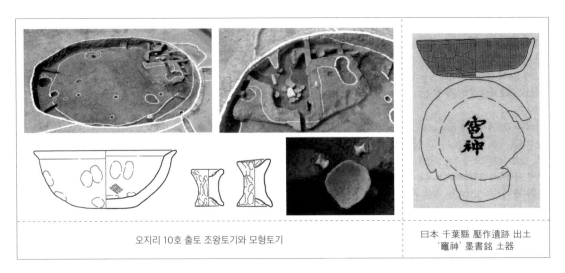

오지리 10호 출토 조왕토기와 모형토기

日本 千葉縣 壓作遺跡 出土
‘竈神’ 墨書銘 土器

[그림 1] 부뚜막 조왕토기(김은정 2017)

기 때문이다. 가내 의례는 주거지의 생명 과정을 알 수 있다는 점에서 여타 의례와 차이가 있다.

가내 의례의 흔적은 부뚜막, 벽면, 연도부, 기둥 구멍, 주거 내 수혈, 출입구 등 확인되는 위치가 다양하다. 가내 활동 중에 진행된 것(①~②)과 이주에 따른 폐기(③~⑧) 과정이 확인된다. 지금도 떡·과일·술·채(현금) 등을 마련해 개토제 및 상량식을 행하는데, 건축의 시작과 골격이 완성되는 단계에 특별한 의미를 부여하는 것을 보면 자연 신앙에 의지하는 정도가 높았던 고대 사회에는 정성이 더했을 것이다. 다만 아쉬운 것은 주거 건축과 관련된 물적 증거를 찾기가 쉽지 않다는 점이다.

가내 활동 중에 진행된 의례는 불씨와 음식조리가 행해지는 노시설에서 가장 많이 보이고 있다. 기둥자리와 출입구 부분에서 드러나는 것은 이주에 따른 폐기 관련 정보이다. 종류별로 구분한 대표 사례를 정리하면 아래와 같다.

① 부뚜막 신앙 의례 관련 출토 사례
• 소형토기: 논산 정지리 64호, 전주 동산동 71호, 담양 태목리

3-333호, 장성 환교 65호, 곡성 오지리 1·10호

- 방추차: 공주 장선리 4호, 청주 봉명동 V-7호, 광주 오선동 107호·213호·쌍촌동 11호·산정동 30호, 나주 장등 23호, 해남 신금 42호, 무안 양장리 96-12호
- 남근형토제품[3]: 고창 황산 942호

② 의례 관련 비실용품 출토 사례

- 조형토기: 군산 여방리 남전 4호, 김제 대목리 1호, 전주 중인동 5호, 전주 송천동 4호, 나주 낭동 7호, 담양 태목리 3-53호, 광양 석정 9호
- 연통형토제품: 순천 덕암동 69호, 화순 운포 2호, 익산 사덕 35호, 고창 황산 20호
- 고리형 꼭지 부착 뚜껑: 광주 외촌 1호
- 모자곡옥[4]: 고흥 방사 39-4호, 광양 용강리 4호

③ 부뚜막 폐기 의례 흔적 사례(토기파쇄와 유물 매납)

- 토기 훼기: 광주 오선동 146호·226호, 해남 신금 5호, 함평 중랑 100호, 무안 양장리 94-5·13호
- 철기류 매납: 해남 신금 4호·40호·43호

④ 주거 해체에 따른 기둥자리 훼기 의례 사례(토기 훼기와 매납)

- 나주 구기촌 3호, 전주 송천동 14호, 함평 표산 61호

....

3　성기 숭배신앙은 인도·동남아·일본 등 세계 전역에 분포한다. 신석기시대에 울산 신암리, 김해 수가리패총 등 여체를 강조하는 것이 출토되다가 청동기시대 후기에 들어오면 남성상의 수가 많아진다. 남근은 성교를 연상함으로써 풍성한 수확 또는 강근한 힘과 활력을 투영하여 시들어 가는 벼의 재생, 사악한 잡귀를 제거하는 의미를 담은 것으로 추정하고 있다(복천박물관 2006, 16)

4　모자곡옥은 대략 10cm 내외의 크기로, 몸체에 작은 자옥(子玉)이 여러 개 달려 있다. 일본에서 고분시대 5~6세기에 성행하며, 제사용 공헌물로 고분, 주거지, 제사유적에서 출토된다. 용도는 패식용(佩飾用)이라기보다는 제사 시의 공양물 또는 부장품으로 추정하며, 모자라는 형태가 상징하듯이 다산·풍요를 기원하는 의미를 담고 있다(복천박물관 2013, 232).

⑤ 출입구 폐기 의례 사례(토기 훼기와 매납)

• 함평 중랑 72호, 나주 동수동 1호

2) 환구 의례

환구(環溝) 의례는 일종의 신성 공간에서 행해진 마을 공동체 단위의 최고 행사라 할 수 있다. 환구는 평면 원형의 형태를 띠는데 바깥으로 단수 혹은 복수의 도랑을 둘러 외부와 내부 공간을 명확히 구분한 의례 시설이다. 환호(環濠), 호구(濠溝)로도 불리기도 한다. 이를 기능에 따라 취락을 감싼 것은 환호로, 의례적 공간을 형성한 것을 환구로 부르자고 제안하였다(이형원 2015, 22). 보령 명천동유적과 익산 영등동유적 등에서 파악된 다중(多重) 환구의 경우, 형태(타원형·원형), 규모(직경 30~40m 내외), 입지(구릉 정상부), 의미(경계외경계)에서 제의적 공간일 가능성에 무게가 실리고 있다(이종철 2018, 18-20). 마을을 뜻하는 한자 읍(邑)은 주위를 방형으로 에워싼 아래에 사람이 무릎을 꿇고 앉아 있는 형상에서 유래되었다는 점은 특정 공간에 대한 구획 또는 경계로 삼고 있다는 것을 시사한다.

환구의 출현은 중서부지역에서 청동기시대에 출현하는 것으로 알려져 있다. 부천 고강동유적, 평택 용죽유적, 안성 반제리유적, 화성 쌍송리유적, 구리 토평동유적 등이 확인되었다. 이들 환구가 모두 청동기~초기철기시대에 속하며(권오영 2014, 36-37), 최근에 청주 오성유적 2지점의 구릉 정상부에서 반구형으로 확인된 바 있다.

원삼국시대에 해당하는 호남지역의 환구는 고창 죽림리유적, 보령 명천동유적, 함평 표산유적, 광주 오룡동유적, 순천 덕암리유적, 나주 동수동유적 등이 있다(그림 2). 환구 내부에 취락이 조성되지 않는 점, 목책열 등 방어 목적의 구조물이 없는 점, 단면 형태가 'ᐯ'자형이 아니라 얕은 'ᑌ'자형을 띤다는 점이 공통적이다. 취락을 감싸지 않고 별도의 의례 공간을 형성하다는 점에서 환구 의례로 부를 수 있다.

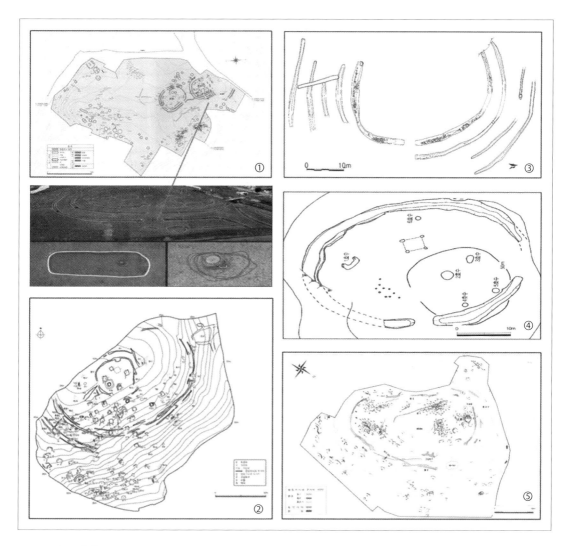

[그림 2] 환구 의례
① 보령 명천동(대한문화재연구원 2018) ② 함평 표산(영해문화유산연구원 2018) ③ 익산 영등동(원광대학교마한백제문화연구소 2000a) ④ 고창 죽림리(원광대학교마한백제문화연구소 2000b) ⑤ 순천 덕암동(마한문화재연구원 2010)

① 환구 유형

- 단일 환구: 고창 죽림리, 해남 군곡리,[5] 보성 조성리[6]

....

5   유적은 백포만을 바라보는 구릉에 자리한다. 보고서에 남서쪽 패각층의 구덩이로 표현된 부
     분으로 열상의 구가 구릉 7부에 남-북으로 연결되고 있어 환호일 가능성이 제기되었다(정일
     2018, 120). 최근 조사를 통해 구릉 정상부에 동시기의 주거지가 없고, 일부는 대목을 세웠던
     수혈이 확인되었다. 이로 볼 때 의례적 공간인 환구로 구분할 수 있다.

- 다중 환구

    2~3중: 보령 명천동, 광주 오룡동, 순천 덕암동, 나주 복암리·동수동

    5~6중: 함평 표산, 익산 영등동 II-1호
② 환구 내부 대목(입대목)흔
- 보령 명천동, 고창 죽림리, 순천 덕암동, 해남 군곡리
③ 환구 내부 면적의 대소
- 30~40m: 익산 영등동 II-1호, 고창 죽림리, 함평 표산
- 40~60m: 보령 명천동
- 100m 이상: 순천 덕암동

3) 광장 의례

취락 단위에서 광장은 취락 내부 공간 중에 일종의 '공터'라 할 수 있다. 광장에서는 취락 운영과 관련된 특정 사안을 논의·결정하거나 놀이 축제나 장례와 같은 다양한 취락 단위의 행사들이 진행된다. 보성 도안리 석평, 순천 덕암동, 함평 소명동 취락유적에서 설정할 수 있다. 이후 5세기 중엽 광주 동림동 중심취락에서는 취락 최고 우두머리가 거주한 65호 건물지군과 일반 주거군 사이에 3~4중으로 둘러진 구획구를 마련하였는데, 일종의 광장과 같은 역할을 수행한 공간으로 볼 수 있다(이영철 2015, 274). 이에 비해 중도유형권의 원삼국시대 취락에서는 별도의 공터로 인식되는 제장은 아직 확인되지 않는다는 견해(박경신 2019, 302)로 볼 때 마한권의 공간적 경관을 그려볼 수 있는 자료라고 생각된다.

광장 의례의 풍광은 입주 의례와 공통점이 많다. 주거 공간뿐만 아니

....

6   조사단은 원시적 방어시설의 기능으로 보아 환호로 명명하였다. 트렌치(라지구의 1·4)조사를 통해 일부가 확인되었지만 구릉 정상부의 평탄면 아래를 일주했을 것이다. 내부에서 관련 유구는 확인되지 않고 의례용의 소형토기로 보아 환구로 추정된다. 주위로 구상유구가 확인되는 점에서 다중환구일 가능성도 배제하기 어렵다.

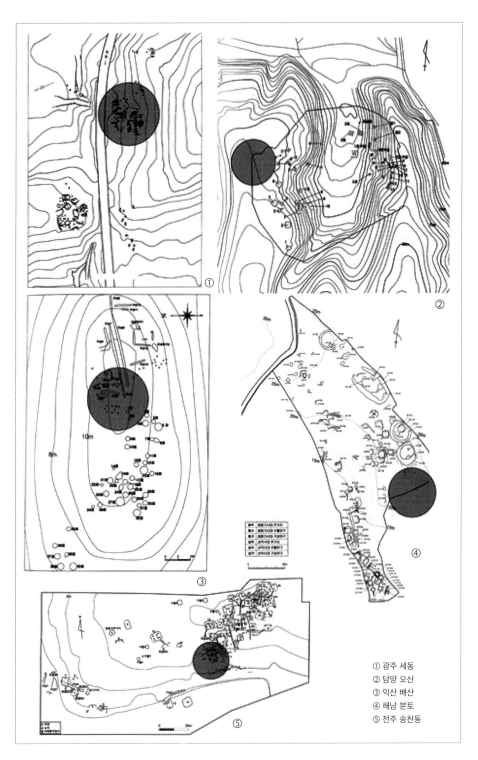

① 광주 세동
② 담양 오산
③ 익산 배산
④ 해남 분토
⑤ 전주 송천동

[그림 3] 광장 의례(이영철 2015)

라 고분 축조에서 공통적으로 확인되는 수혈을 통해서도 추정할 수도 있으나, 의례 장소와 그 대상이 살아 있는 사회 구성원인 점에서 차이가 있다. 다수의 사람이 모일 수 있는 공간성과 의례 장소가 주거지·공동 창고·저장공 등 삶의 공간에서 이루어진다는 점에서 구분이 필요하다. 주거 공간에서 확인된 수혈의 평면 형태는 대부분 원형·타원형계이고, 단면 형태는 고분에서 보였던 계단형보다는 상광하협의 'U'자형을 띤다.

광장 의례는 직접적인 증거 자료가 없다는 한계가 있다. 원삼국~삼국시대에 해당하는 나주 구기촌유적, 광주 세동유적, 담양 오산유적, 익산 배산유적, 전주 송원동유적 등이 있다(그림 3). 이들 유적의 공통점은 충분히 주거지가 들어설 수 있는 공간적 여유가 있음에도 불구하고 취락 내에서 공터로 비워두고 있다는 점이다. 이는 마을 공동의 의례 공간으로 이용되었을 것으로 판단된다. 아마도 평상시에는 모임, 축제, 놀이 등 공유의 장소로 활용되었을 것이다.

4) 수혈 의례

수혈 의례는 타원형, 원형, 부정형 등 형태가 일정하지 않으며 크기도 소형에서 대형까지 다양하다. 내부에서 석기, 토기뿐만 아니라 동물뼈나 패각 등 다양한 유물이 출토되기도 하며 불을 이용한 목탄이나 소토가 확인되기도 한다. 이러한 현상은 폐기, 토기 소성 조리, 저장, 의례, 도구 제작 등 다양한 행위와 관련된다(복천박물관 2011, 152).

수혈은 주거와 분묘 공간에서 다양한 용도와 크기로 확인된다. 일반적으로 수혈로 명명되면서 주거지와 고분 자료 등에 비해 부차적인 자료로 다루어져 왔다. 원삼국~백제시대 수혈에 대한 연구에서도 가장 큰 기능을 저장용도로 보는 데에는 변함이 없지만, 저장기능 이외에 주거지, 폐기 및 제의 공간, 함정, 방어시설 등 다양한 기능이 있기 때문에 기능적인 면에 주목한 용어 사용이 적절하다(허의행·신광철 2010, 238-240). 특히 주거와 분묘 공간의 경계지에 다수의 수혈군 확인(해남 분토), 주거와 이격

되어 구릉 정상부를 중심으로 확인(나주 장등, 해남 군곡리), 다량의 완형급 유물의 출토(익산 사덕 107호의 토제옥 146점), 의례 공간이었던 곳에 확인되는 후대에도 지속된 수혈군(보령 명천동) 등 사례의 양상이 각기 다르다.

보령 명천동유적의 경우, 이전에 환구가 자리했던 공간은 4세기대에 접어들어 다수의 수혈 구덩이(1~38호 등)들이 대신하는데 내부에서 토기류가 훼기되었다는 점에서 작은 의식들이 진행된 흔적임을 알 수 있다. 신성시되었던 이전 공간의 특수성을 작게나마 인지하고 있었던 결과로 이해된다(이영철 2018, 693-694). 해남 군곡리유적은 서남해안이 교차하는 지점에 위치한 원삼국시대 패총유적으로, 구릉 정상부에서 다수의 수혈군이 확인되었다. 평면 방형과 타원형이 있다(목포대박물관 2017, 17). 수혈군에서 유물이 출토되지 않아 정확한 시기를 알 수 없으나 일부는 대목을 세웠던 흔적이 확인된 양상을 참고하고, 백포만을 바라볼 수 있는 곳에 자리하는 입지적 환경으로 볼 때 뱃길의 안녕과 관련된 항해 의례 성격으로 보인다. 익산 사덕유적(호남문화재연구원 2007, 248~249)은 산지성 구릉부에 원삼국~삼국시대 주거지와 함께 다수의 수혈군이 주거지 주변으로 확인되어 양자의 관계 및 기능에 대한 해석이 필요하다. 107호의 경우 부정형 평면으로 276cm 깊이로 깊게 굴착했는데, 내부에서 토제구슬 146점이 출토되었다. 105호는 원문[7]이 시문된 방추차가 출토되었다(그림 4).

상기와 같이 수혈 내부에서 의례용 유물이 확인된 경우는 제의 공간(김두철 2000, 53)으로써 일상생활과 관련된 의례의 일면으로 이해할 수 있다.

....

7   방추차는 방적구라는 본래의 기능뿐만 아니라 고분, 수혈유구, 수변제사 등에서 제의용으로 빈번하게 이용되는 유물 중 하나이다. 고분 출토의 경우 경주 황남대총 북분 출토품은 외면에 채색이 이루어지기도 하고, 화순 천덕리 회덕 3호분 출토품은 대롱으로 찍어 원문을 장식했다. 일반 방추차와 구분하려는 의도가 엿보이는데, 장식성을 추가하여 정성을 쏟은 것으로 추정된다.

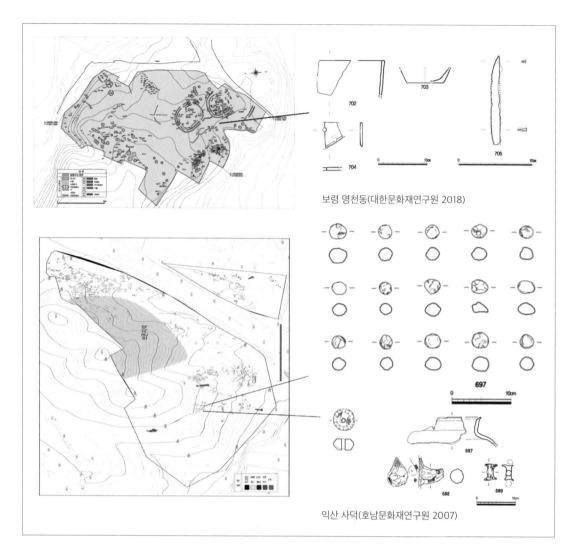

보령 명천동(대한문화재연구원 2018)

익산 사덕(호남문화재연구원 2007)

[그림 4] 수혈 의례

5) 수리 의례

물은 청동기시대 이후 일상생활이나 농경에서 더욱 필수적인 요소
가 되었으며, 물에 대해 감사하는 마음과 그것을 신성시하는 관념, 삶의
터전을 일시에 앗아갈 수도 있는 홍수에 대한 두려움 등 상반된 관념에서
수변제사가 비롯되었다(복천박물관 2006, 111). 수리 시설은 식수 혹은 농
업 생산에 필요한 물을 조절하기 위한 관개용과 방수용 시설을 통틀어 일

컫는 말로, 수전을 중심으로 보, 우물, 저수지, 제방 등이 확인되고 있다. 이와 관련하여 주목되는 것이 삼한 78국 가운데 물둑[牟涿]과 제방[彌離] 의 의미가 포함된 국명(마한의 優休牟涿國, 진한의 難彌離彌凍國, 변한의 弁辰 彌難彌凍國 등)에서도 그 중요성을 시사한다(노중국 2010, 6-7). 국의 성장 과 확대의 기반이 되는 안정적인 농업 생산력 확보를 위해서는 수리 시설 이 필요하다. 개인보다는 집단이나 국가 주도로 진행될 수 있는 시설물인 점에서 관리 및 운영 체계를 시사하는 시설이기도 하다. 이 과정에서 풍 성한 수확과 기원 등을 담은 수리 의례가 이루어졌을 것이다.

호남지역에서 수리 의례와 관련해 주목되는 사례는 보성 조성리유 적을 들 수 있다(그림 5). 유적은 구릉부에 원삼국시대 환구, 주거지, 패총

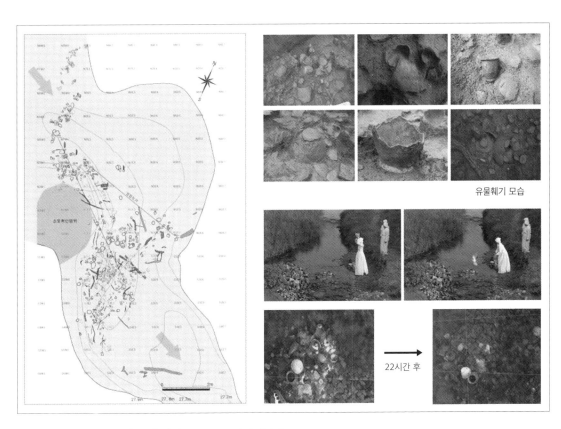

유물훼기 모습

22시간 후

[그림 5] 보성 조성리유적의 수리 의례(박태홍 2011에서 재편집)

등이 형성되어 있고 그 아래의 저습지에 보 3개소와 수변제사지 1개소가 마련되었다. 제사지의 중심부에 불과 관련된 소토알갱이와 탄화곡물이 다량 포함된 목탄층과 함께 주위로 168점의 인공유물이 폐기된 양상이었다(대한문화재연구원 2011, 130). 특히 취락에서 소형토기와 각종 토제품 등이 출토된 바가 있어 제의적인 인식과 함께 농경과 관련된 수변제사가 농경지로 흘러내리는 하도 주변에서 행해졌음을 보여주고 있다(박태홍 2011, 129).

이 외에도 최근 자료에서 광주 행림유적 저수장, 함평 표산유적 우물 사례를 들 수 있다. [그림 6]의 광주 행림유적 저수장은 취락지의 곡간 수로에서 흘러내린 유수를 이용하여 조성되었다. 웅덩이 형태를 갖춘 후 사면 위쪽에서 제의가 이루어졌다. 구덩이 규모는 길이 10m, 너비 3m 범위로 내부에서는 탄화된 재와 초본류, 토기류, 牛齒가 출토되었다(대한문화재연구원 2013, 38-59). 제기 안에 공헌을 위한 음식물과 소머리 등을 담아 의식을 행한 후 구덩이에 기물(5세기대 개배, 기대, 고배 등의 경질토기류와 연질 자비용기류)을 파쇄하고 태워버린 의식이 상정된다. 또한 저수장의 담수 높이가 1m에도 못 미친다는 점에서 실용적인 저수시설이라기보다는 수변제사와 같은 의식을 수행하기 위한 일종의 모형 구조물로 볼 수 있다(이영철 2014, 103).

함평 표산유적 우물은 원삼국시대 환구가 둘러졌던 구릉 정상부에서 확인되었다. 규모 847~878cm, 깊이 200cm이며, 할석재 벽석을 점토와 평적하면서 축조하였다. 유물은 우물 중간 지점에서 6세기 전엽의 개배 1점과 함께 지석 1점이 출토되었다. 우물 아래의 구릉 사면에는 3~6세기 중엽의 삼국시대 고분이 조성되어 있다(영해문화유산연구원 2018, 91). 강가나 큰 하천 변에서 이루어지는 제사는 농경과 관련된 수신이나 농경신에 대해 제사를 지낸 것인데(동진숙 2006, 155) 우물의 위치가 저습지나 곡간부가 아닌 구릉 최정상부라는 입지인 점에서 기우제를 행했던 장소로 추정해 볼 수 있다. 우물 바로 아래의 구릉 사면부에서 확인된 수

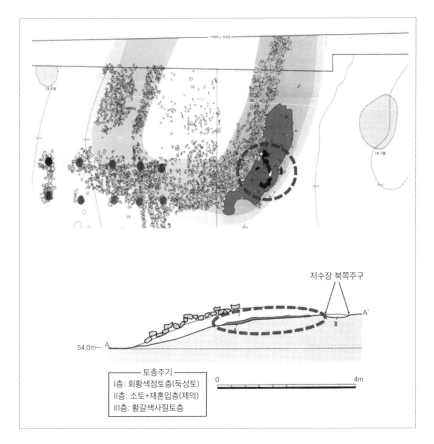

저수장 북쪽주구

54.0m— A

A'

토층주기
I층: 회황색점토층(둑성토)
II층: 소토+재혼입층(제의)
III층: 황갈색사질토층

0   4m

[그림 6] 광주 행림유적 저수장 축조 의례(대한문화재연구원 2013)

혈 7기에서 토기(개배, 호, 기대)가 훼기된 양상에서 의례 공간으로서 명맥
을 6세기대까지 이어갔던 모습으로 이해된다.

6) 생산 의례

토기 가마나 제철 등 생산과 관련된 공간에서 이루어진 의례의 일종
으로, 나주 신가리 당가 가마유적과 광주 행암동 가마유적이 대표적이다
(그림 7). 의례 참가자는 특정 직업군을 갖는 전업단위를 말해준다. 대체로
고총고분이 출현하는 5세기 중엽 이후에 철기와 토기를 생산하는 전업
취락들의 출현이 본격화된 점에서 사회 전반에 기술력 증대 및 확산과 관

련된 일단면으로 볼 수 있다.

생산 의례와 관련한 흔적은 토기와 단야·주조 철기생산이 본격화되는 5~6세기 수공업 생산유적에서 집중된다. 연소실 입구에 토기 매납(광주 행암동 4호 가마), 가마 주변의 수혈에 유물 매납(익산 사덕 2호 가마와 111호 수혈), 소성실 천정에 제사 유물 안치(나주 당가 1-1호·1-2호 가마)를 비롯하여 철기 생산과 관련하여 제사 유물을 매납한 수혈(광양 도월리 폐기장), 단야 관련 매납 수혈(광주 오선동 단야공방지의 북쪽 수혈) 사례를 들수 있다(이영철 2014, 99).

나주 신가리 당가유적은 삼국시대 토기 가마 7기를 비롯하여 주변에서 공방지 1기, 수혈 2기 등이 조사되었다. 6세기 중엽의 개배류, 고배류, 유공광구소호, 삼족토기 등이 출토되었다. 이 중 마형토제품은 성공적인 조업을 기원하기 위해 불의 신에게 의례를 행한 것으로써 가마 천정에 두

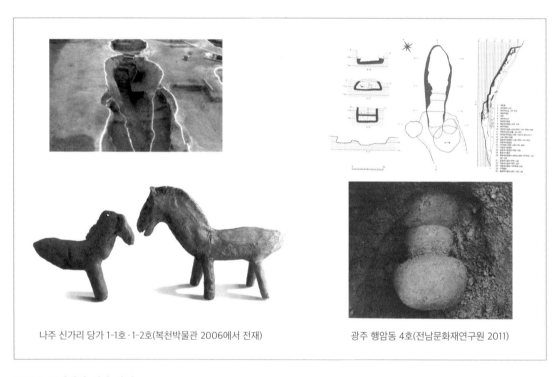

나주 신가리 당가 1-1호·1-2호(복천박물관 2006에서 전재)　　　광주 행암동 4호(전남문화재연구원 2011)

[그림 7] 토기가마 생산 의례

었던 것으로 추정된다. 광주 행암동 4호 가마는 5세기 중엽~6세기 전후까지 조업이 이루어졌다. 가마 연소실 입구에 장경호와 유공광구소호가 포개진 상태로 눕혀 있어 조업 시작과 관련된 의례로 추정된다(전남문화재연구원 2011, 57).

7) 농경 의례

마한의 농경 의례는 『삼국지』 한조의 기사에 비교적 상세하게 묘사되어 있다.[8]

> "항상 5월에 파종을 마치고 귀신에게 제사 지낸다. 떼를 지어 모여 노래와 춤추며 술 마시는데 밤낮을 가리지 않는다. 그 춤은 수십 인이 모두 일어나서 뒤를 따라가며 땅을 밟았다가 치켜들면서 손과 발로 서로 장단을 맞추는데, 가락과 율동은 (중국) 탁무와 유사하다. 10월에 추수 후에도 이렇게 한다. 귀신을 믿기 때문에 국읍에 각각 한 사람씩을 세워서 천신 제사를 주관하는데, 이를 천군이라 부른다."

이 기록은 농경 의례의 풍광을 묘사한 것으로 파종기(5월)와 수확기(10월)에 정기적으로 이루어졌음을 말해준다. 연례적으로 파종-수확이라는 식물의 성장 주기 및 계절 변화에 맞춰 의례를 지냈고, 그 과정에서 공동의 집단유희가 주야를 쉬지 않고 진행되었다. 이 과정에서 집단유희가 이루어지는데 그 광경은 여럿이 모여 노래와 춤을 추고 서로 장단을 맞추는 것이 마치 탁무(鐸舞)와 같은 축제의 분위기를 전한다.

이때의 귀신은 농경신과 관련된 지신으로 볼 수 있다. 땅을 밟으며 춤추는 행위 자체는 대지신(大地神)을 즐겁게 하고 농사의 풍요를 기원하

....

8   常以五月下種訖 祭鬼神 群聚歌舞 飮酒晝夜無休 其舞數十人俱起相隨 踏地低昂 手足相應 節奏有似鐸舞 十月農功畢 亦復如之 信鬼神 國邑各立一人 主祭天神 名之天君(『三國志』券30, 魏書30, 烏丸鮮卑東夷傳 30)

는 의식의 일환이며(문창로 2017, 26), 이러한 답지(踏地) 풍속은 북방지역과 구별되는 마한 등 삼한의 생산과 문화 기반의 중요한 특징으로 볼 수 있다(이현혜 1997, 290).

농경 의례 풍광은 탁무를 통해서 그려볼 수 있다. 이를 광서장족자치구의 좌강암화(左江岩畵)에 묘사된 장면에서 찾으면서 2개체의 동고(銅鼓)와 일치되어 땅을 밟고 춤추는 동고의례로 이해하기도 하며(조현종 2014b, 17), [그림 8]과 같이 입대목현령고를 갖춘 제장의 풍경과 부합되는 고고학적 사례로 보기도 한다(이종철 2018, 12-13). 의례가 열리는 제장의 요소는 모임이 가능한 정도의 공터(광장), 대목, 음악(북), 신물(방울류), 춤, 음식(술 등)이 필요한 요건임을 알 수 있다.

이와 관련시켜 볼 수 있는 사례는 광주 신창동유적의 구릉 말단부에서 확인된 수혈, 구를 주목할 수 있다. 다수의 수혈군 중 2호·8호·26호에서 신의 뜻을 알고자 했던 복골과 함께 다량의 유물(옹, 발, 시루, 방추차 등)이 출토되었다. 또한 5호 구의 경우 26호 수혈과 동일 층에서 조성되

[그림 8] 중국 동고의례(이종철 2018)

는데 소형토기, 대부토기, 방추차 등이 출토되어 의례용 유물로 추정할 수 있다(고경진 2018, 136-136). 조사지역 남쪽부에 자리한 경작유구와 바로 인접한 수혈군이라는 점에서 경작지 부근에서 일정한 농경 의례가 행해졌을 가능성을 시사한다.

2. 죽음에 수반되는 장송 의례

장송 의례[9]는 생을 다한 주검이 지하에 묻히는 무덤 공간에서 진행된 내용으로 한정해 살펴보고자 한다.

1) 분구 성토 의례

분구는 장례 의식과 절차 과정을 고스란히 보여주는 외부시설이다. 분구 성토 의례는 무덤 주인공인 피장자가 안치된 이후에 이루어진다. 보통 분구 및 주구와 그 주변에서 확인된다. 주구를 두르고 지상에 융기된 분구를 만드는 전통은 원삼국시대 주구묘로부터 이어지는 전통이다. 분묘 축조 과정에서 이루어졌던 의례는 분구(봉토)로 덮이게 되므로 완성과 묘사[10] 과정에서 이루어진 행위가 분구와 주구에 남게 마련이다. 일반적으로 1개체분의 토기류를 훼기와 투기하는 양상이 빈번하다. 피장자의 부장품보다 시간상 후행하므로 후손에 의해 지속된 의례임을 알 수 있다.

....

9   흔히 상장(喪葬)과 장송(葬送)을 동일시하거나 혼동하는데 상장은 장송을 포괄하는 더 넓은 개념이다. 상(喪)은 죽은 이에 대한 애도를 표하는 행위를, 장(葬)은 매장행위를 지칭한다. 일본 고분시대의 경우 상장 의례는 사람이 죽은 직후부터 본장까지의 빈염(殯斂) 의례, 묘소에서의 장송(葬送) 의례, 매장이 끝난 이후의 묘전(墓前) 의례 등 3단계로 구분할 수 있다(권오영 2000, 6).

10   묘사(墓祀)는 분묘 축조 완료 후 후대에 정기·비정기적으로 이루어진 제의를 말한다(복천박물관 2006, 102).

분구 성토 의례는 3세기 후엽에 조성된 무안 인평 1호분 사례에서 찾아진다. 성토부에 단경호 1점을 매납하였는데, 단경호는 1호 토광묘 안치 후 분구 성토 과정에서 행해진 지신에 대한 의례로 볼 수 있다. 분구 상에 유물을 매납한 의례는 5세기 3/3/분기~4/4분기에 걸쳐 조성된 영암 자라봉고분(前方後圓形墳)에서도 확인된다. 전방후원형분의 방부와 원부를 연결하는 지점에 호형토기 1점을 매납한 내용에서도 볼 수 있는데, 장례 절차와 관련하여 분구 성토 과정에서 이루어진 토기 매납행위라는 공통점이 있다.

분구 성토 의례를 가장 잘 보여주는 자료는 백제 중심부에서 보이지 않는 독특한 매장시설로 대표되는 옹관고분에서 확인된다. 옹관은 목관과 함께 매장시설로 이용되지만 분구 성토 과정에서 지신에 대한 의례용으로 이용되기도 한다. 나주 신촌리 9호분 己甕棺, 영암 자라봉 옹관,[11] 나주 정촌 5·6호 옹관은 묘광 없이 성토 중에 매납되는 양상이 공통적이다. 필자(한옥민 2016, 169-170)는 새로운 장송관념과 관련되는 것으로써 이를 가야지역[12] 순장 성격의 장법으로 추정한 바 있다. 순차적으로 재굴착 후 조성되는 전통의 다장법 및 매장시설로 이용된 옹관과 구분할 필요가 있다고 생각한다.

피장자를 분구 속에 안치 후 최종적으로 분구에 원통형토기(또는 분주토기)를 수립한 사례는 5세기대의 옹관고분, 석실분에서 주로 확인되는 내용인데, 직전의 묘제인 제형분(군산 축동 3호분, 나주 장등 4호분·복암리 2호분)에서도 보인다. 특히 옹관으로 쓰였던 대옹을 이용한 사례는 원통형토기의 기능과 상통될 가능성이 있다. 나주 용호 1·14·18호분,[13] 나주

....

11 후원부 동남부에서 분구 마지막 성토 과정과 함께 합구식 옹관을 매납하고 그 주변에 개배, 호, 직구호를 훼기하는 의례가 이루어졌다.

12 가야지역에서 마한고분의 특징인 분구묘적 원리로 조성된 사례가 고성 송학동·율대리고분 등에서 확인됨으로써 물질적인 것 이외에도 장송의례와 같은 정신문화적인 공유를 엿볼 수 있다.

13 나주 용호 14호분 14-2호 옹관의 경우 직치된 옹관 아래에 소형 할석이 채워진 상태로 3세기

영동리 4호분에서 찾아진다(이영철 2007, 93-94).

이들 옹관은 고식 전용옹관(소위 선황리식)으로 3세기 중·후엽에 해당하는 형식이다. 옹관 바닥을 의도적으로 깨뜨린 후 세워 놓은 점은 원통형토기와 형태적 유사성이 인정된다. 나주 영동리 4호분의 경우는 1~3호·7호·8호 옹관이 분구 라인을 따라 서로 마주보는 열 배치 양상인 점도 원통형토기의 역할과 상통됨을 시사한다. 고총고분에 비해 분구 유존 상태가 불량한 제형분에서 확인되는 점에서 주목되는데, 분구 장식 및 종결에 대한 관념을 반영하기 때문이다. 현재의 자료에서는 열 배치 양상이 뚜렷하지 않는 점에서 의문이 남지만, 매장과 구분되는 다른 양상이므로 의례 행위일 가능성이 크다.

2) 매장 의례

매장주체부는 피장자를 보호하는 것이 1차 목적이지만, 분구와 주구로 경계함으로써 산자와의 단절의 의미도 포함한다. 피장자의 처리방법(매장, 두향 등), 부장품, 피장자 안치 후 그 상면과 주위에서 출토된 유물을 통해 사후세계의 일면을 보여준다. 이 중 부장품의 종류는 피장자의 사회적 위치를 반영한다.

묘광을 조성 한 이후 피장자를 직접 안치하는 과정에서 의례는 시상대 마련 이전에 유광광구소호와 같은 토기 매납(나주 신흥고분), 관 아래에 숯[14]을 깔아 매장주체부의 보호 및 사기 차단(영암 금계리 15-1호 토광묘), 관 위에 길(吉)한 흙을 놓는 취토 의례(나주 용호 7·9호분 목관묘), 호류·개배 이외에도 와형토제품[15]에 재물을 담아 의례 용기로 이용(화순 회

....

말에 조성되었는데 조사단(호남문화재연구원 2003, 118-119)은 "관의 용도로 단정하기 어렵다"라고 기술하는 점도 일반 옹관묘와 다르게 인식했음을 알 수 있다.

14 중국 명나라 『주자가례(朱子家禮)』 상례에 "숯은 땅에서 천 년 동안 변하지 않으며(炭入地千年不變) 나무뿌리를 막고 물과 개미를 피하게 한다(炭禦木根辟水蟻)"고 기록하고 있다.

15 와형토제품은 한성기 백제 기와의 영향으로 출현한 것으로 고분의 분정부에서 주로 출토되는 양상을 통해 분구 수립용으로 보고 있다. 화순 회덕 3호분의 경우 71점 가운데 현실 내에서

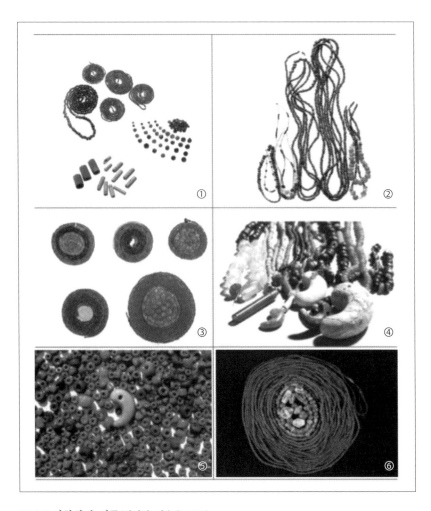

[그림 9] 마한의 옥 각종(김미령·김승옥 2018)
① 김포 운양동 ② 충주 문성리 ③ 서산 예천동 ④ 완주 상운리 ⑤ 고창 남산리 ⑥ 고창 선동

덕 3호분), 사후세계에 필요한 토기류를 부장하거나 주위에 매납하는 양
상(나주 복암리 3호분 4호 옹관)[16]을 통해서 보여준다. 매장 의례는 땅 지신

....

13점, 현실 바닥과 연도에서 분리되어 출토된 것 5점, 연도 문비석 앞에서 13점이 출토되었다.
출토지점이 현문의 문비석, 연도의 문비석에서 집중된 점에서 일부는 재물을 담았던 용기로
쓰였음을 알 수 있다(한옥민 2019, 145).

16 소옹 서편에 부장된 개배와 병 내부에서 제물로 생각되는 멸치, 가자미 등의 생선뼈가 담겨
있었다(국립문화재연구소 2001b, 76-77). 이 음식들은 옹관 내부가 비좁아 밖에 두어서 피장
자의 영혼이 배불리 먹기를 바라는 기원으로 볼 수도 있지만, 관외라는 출토 위치로 볼 때 지

에 대한 토기 매납을 시작으로, 피장자의 안식을 위한 벽사물과 내세관을 반영하는 다양한 부장품에 그 흔적을 남겼다.

특히 벽사의 방법은 다양할 것인데, 색조[17] 선택에서 서로 다른 계통 차이를 보여주고 있다. 경기지역에서 영산강유역에 걸치는 분구묘에서 출토된 적갈색 일색의 옥류도 이와 관련된 양상으로 이해할 수 있다(그림 9). 모형토기와 조형토기에서 보이는 적색 계열의 산화소성품도 맥락상 동일하다(김은정 2019, 104). 즉 마한 옥류는 적색계가 표상인 데 비해, 남색 위주로 발견되는 진·변한, 백제와 대비되고 있다(김미령·김승옥 2018, 298-299). 흔히 오방색(청·적·황·백·흑색) 가운데 적·청색이 가장 많이 이용되는데, 마한권역은 적색을 선호하였다. 마한권역에서 적색계 옥류가 우세한 지역은 고창 만동 1호·9호 옹관 등을 비롯하여 영암 내동리 초분골·와우리고분, 해남 안호리고분 등 3~4세기 대 고분에서 공통된다. 이는 옥이 갖는 색조의 차이를 벽사적 효능이란 측면에서 다르게 인식했음을 의미하는 것이다. 벽사에 대한 관념 차이를 말해준다.

3) 묘역 입주 의례

묘역 입주 의례는 일종의 솟대와 같은 기물(입주)을 세워 놓은 성역 공간에서 진행된 의식으로, 문헌기록이나 조형토기(목기)가 출토되는 시기라는 점에서 의례의 한 면을 보여준다. 특히 특정 공간에 다수의 무질서한 주혈군이 드러난 경우로 보아 솟대와 같은 기물을 세워 진행한 의례는 마한계 취락 단계에 일반화된 의례 유형이다(이영철 2015, 276-277).

묘역 입주 의례는 일반적으로 거대한 나무를 세워 표식하는 대목(大

....
　　신에게 올리는 공헌물일 가능성도 배제하기 어렵다. 비슷한 시기의 5호 옹관묘의 경우 관내
　　(대옹쪽)에서 완, 평저호, 철도자가 출토된 차이가 있다.
17　주거지 출토 팥은 먹거리뿐만 아니라 벽사색을 띠고 있어 대귀(對鬼)행위에 적극 활용된 것
　　으로 볼 수 있다. 원삼국시대 이후에 다량의 팥이 전주 송천동 8-1호·11호, 군산 관원리 11호,
　　완주 용흥리 1호·2호, 강진 양유동 6호 등의 주거지에서 출토되고 있다(김은정 2017, 114).

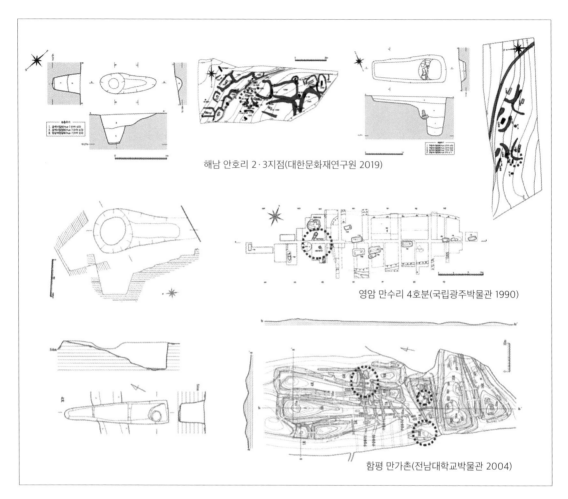

해남 안호리 2·3지점(대한문화재연구원 2019)

영암 만수리 4호분(국립광주박물관 1990)

함평 만가촌(전남대학교박물관 2004)

[그림 10] 묘역 입주 의례

木) 신앙과 관련된 것으로써 기물을 세웠던 흔적이 남게 마련이다. 대목을 수립하는 과정이 구덩이의 평면과 단면 형태에 그대로 반영된다. 구덩이의 평면 형태는 장타원형 또는 올챙이 형태를 띠고 있으며, 단면 형태는 대목을 밀어서 세우는 과정에서 한쪽 단변에 턱이 진 계단 형태를 띠게 된다(그림 10).

입주 의례는 일반적으로 주거구역과 이격된 지형상 높은 지점, 주거구역과 무덤구역의 경계지점, 무덤구역의 중앙부, 개별 고분의 초입부 등으로 다양하게 확인된다. 입주 의례는 사회 구성원의 안녕을 기원하는 의례의 기능과 더불어 주거구역 등 공간배치의 단위가 된다. 일본 요시노가리유적 분구묘 복원 사례에서도 찾을 수 있다(그림 11).

묘역 입주 의례와 관련된 고고자료의 경우, 발굴보고서에는 대부분 수혈, 주혈로 보고되고 있다. 내부 충전토를 기준으로 노란진흙구덩이로 보고되기도 하며(국립광주박물관 1990, 60-63), 평면 형태 및 바닥의 경사도를 기준으로 토기가마나 이형토갱으로 보고되기도 한다(전남대학교박물관 2004, 131-141). 조성 위치와 단변 한쪽에 치우쳐 깊어지는 경향을 보이는 단면형의 공통성에서도 기물을 세우기 위한 것임을 대변한다. 근대까지 존속하고 있는 마을 초입에 솟대신앙이나 당산나무가 위치하는 공간성 역시 동일 맥락에서 이해할 수 있지 않을까 생각한다.

입주 의례가 확인된 유적은 나주 용호 고분(9·12호분 수혈), 해남 안호리유적(2지점 1호 수혈, 3지점 1호 수혈), 영암 만수리 4호분(노란진흙구덩이 ①~②), 함평 만가촌고분군(1호 토기가마, 1~9호 이형토갱), 광주 하남 3지구유적(2지점 45~51호 수혈) 등이 있다.

이들 유적 중 입주 의례일 가능성을 인지하면서 발굴조사가 이루어졌던 해남 안호리유적의 경우, 3지점 1호 수혈은 길이 200cm, 너비 57~72cm, 깊이 24~100cm로 확인되었다(대한문화재연구원 2019, 205). 내부에서 석재가 확인되는데 주혈 내 기둥을 세우고 보강석으로 사용되었다. 수혈 내부에서 유물은 출토되지 않았으나, 고분 부장유물로 볼 때 중심 연대는 3세기 중후엽~4세기 전반대로 볼 수 있다. 수혈 1개의 위치가 고분군의 중앙부에 위치하고, 평면 형태가 일반 수혈과 다른 점으로 보아 입주 의례로 추정하였다. 이 외에도 고흥 한천 지석묘군 19-2호와 43-2호 수혈(이영문 2016, 286; 이종철 2018, 16)에서도 보이고 있어 청동기시대로부터 연속되었을 가능성도 배제하기 어렵다. 43-2호 수혈의 단면이 한쪽이 비스듬히 경사지는 점에서도 대목을 세우는 과정이 연상된다. 최근 학계에 보고된 공주 송산리고분군에서 방형의 석축시설 중앙에서도 이와 유사한 입주혈이 확인되어 주목된다.

[그림 11] 일본 요시노가리유적의 입주 복원(필자 촬영)

① 입주혈 평면 형태

- 원형: 고창 만동 9호분, 나주 용호 9·12호분
- 장타원형: 영암 만수리 4호분, 함평 만가촌고분군, 해남 안호리 2·3지점

② 조성 위치

- 고분군 중앙: 함평 만가촌 6·8·9호분 사이, 해남 안호리 2·3지점, 광주 하남 3지구 3·4호분 사이
- 단일 분구의 중앙: 함평 만가촌 12호분
- 단일 분구의 두부: 영암 만수리 4호분
- 단일 분구의 미부: 나주 용호 9·12호분

IV. 마한 의례 성격

　　호남지역 마한 의례 관련 자료를 정리해보면 선명도가 가장 높은 시기는 기원후 3~5세기이다. 이 시기 호남지역 마한 세력들은 백제의 영역 확장이라는 정치적 상황 속에서 다소 혼란스런 정세를 겪고 있었다. 고고 자료는 사주식 주거지의 출현과 확장, 분구묘 성행, 다장법 유행, 대형옹관고분 출현, 타날문토기 확산, 마한토기―이중구연호, 양이부호, 조형토기 등―양식 유행 등으로 변화를 설명할 수 있다. 앞서 살핀 마한 의례 유형의 많은 사례들이 이에 해당된다.

　　마한 의례 유형 분류와 내용 검토에서 드러난 주요 성격을 정리하면 아래와 같다.

　　마한 사람들은 사람과 초자연 간의 관계를 맺고자하는 의지에서 의례 행위와 형식을 갖추어 나갔다. 하늘, 땅, 인간 삼재(三才)의 관계를 중요시했던 것이다. 입주 의례와 관련한 大木 내용, 조형토기의 제작과 사용, 토기와 철기 같은 기물의 매납 행위를 통해 숭배의 대상이 '하늘-땅-인간'으로 이어지는 합일적 개념을 가졌음을 알 수 있었다. 개별 가옥으로부터 마을 공동 장소 혹은 특정한 신성 장소 등을 선정하고, 작게는 식구라는 범주에서 마을 공동체 구성원 전체, 나아가서는 지역 단위 내의 여러 대표자들이 참여하는 광역적 범위의 의례까지 장소와 참가자의 정도가 다양하다. 이 같은 현상은 마한 사회가 자연 신앙적 의례에 의존도가 높았음을 보여주는 것이다.

　　고고자료에서 근거를 찾아내기가 쉽지는 않지만, 개별 가옥을 건축하는 과정에서 땅을 굴착하는 행위는 가족 구성원 모두에게 매우 중요한 행사였을 것이다. 이러한 추측은 주거 용도가 폐기되는 과정에서 행해진 의례 내용을 보면 이해된다. 주거 생활에서 식주(食住) 관련의 가장 중요한 시설인 노지와 안과 밖의 생활을 구분해주는 출입구에서 행해진 가옥

폐기 의례는 땅과 불을 빌려준 신에 대한 감사 의례가 그것이다.

식구나 구성원들의 안정된 정주에 대한 감사 행위는 특정 집단의 경제활동 내용에서도 확인된다. 토기나 철기를 생산해내던 전업 집단은 생산의 안정화를 기원하였으며, 말을 사육[18]하던 집단은 대상물의 안정을, 바다를 무대로 활동하는 어촌 집단은 식구의 무사 귀환과 만선을 염원하는 의례를 진행하였다.

특히 마한 의례는 마을 구성원 모두가 참여하는 행위에서 더욱 빛을 발휘하고 있었다. 공동 의례는 천신, 지신, 조상신을 숭배코자 하는 다양한 형태로 전개되었다. 마한은 문헌상(삼국지) 정기적인 농경 의례(5월, 10월)가 이루어지며, 귀신을 믿기 때문에 국읍에 한 사람씩을 세워서 천신 제사를 주관하는 천군이 있었다. 귀신과 천신의 관계나 위계 정도에 대해 정확히 알 수 없지만 천신 제사를 지냈음을 기록하고 있다. 땅을 밟으며 농사의 풍요를 기원하는 과정에서 지신에 대한 관념을 가지고 있었음을 알 수 있다. 농경 의례의 답지(踏地)하는 풍속을 기록한 내용이 이와 관련된 것이다. 답지는 북방지역과 구별되는 마한을 포함한 삼한의 공통된 풍속으로(이현혜 1997, 290), 무용학계에서는 지금의 농악과 강강술래로 변형되었다고 보기도 하며(이병옥 1993, 86), 마한 때부터 내려온 농경적 집단 무용으로 해석하고 있다(정병호 1984, 40). 원무 형태의 답지 풍속을 마한과 연결시키기에는 시공간적인 연속성이 설명되어야 하겠으나, 현재 전수지가 마한의 영역이었던 해남·진도지역을 중심으로 한 전남 해안 일대인 점은 시사하는 바가 적지 않다고 생각한다.

한편 구릉 정상이나 특정 공간에 외부와 내부를 차폐하는 시설을 두르고 신성한 의례를 행한 환구시설은 마한 공동 의례를 보여주는 대표적 사례라 할 수 있다. 보령 명천동 2호 환구 사례를 『삼국지』 한조 기사

....

18 해남 흑천리 마등유적은 삼국시대 주거지, 고분, 수혈, 구 등이 조사되었다. 유적 내에서 가장 많은 점유율을 보이는 70여 기의 수혈 유구에서 호, 발, 고배, 개배, 마구(재갈) 등이 매납되어 말과 관련된 의례로 추정된다. 호 기면에 새겨진 사람과 말 그림도 이를 뒷받침한다.

인 소도와 천군의 실상을 보여주는 자료로 해석(권오영 2018b, 315)할 수 있다. 환구 개구부에서 한대(漢代) 사유팔금경(四乳八禽鏡)과 옥이 부장된 토광묘와 세트 관계로 확인되어 천신 제사를 주관한 천군의 실체를 짐작케 하였다. 기원후 3세기 전후, 마한 고토지역에서 공히 성행한 환구 의례는 공동체 구성원 모두의 결속과 일체를 요구하는 의례라는 점에서 마한 의례의 일면을 이해하는 데 중요하다고 볼 수 있다.

마한 지역에서는 특정 신성 공간이 아닌 곳에서도 공동 의례는 행해졌다. 마을 공터에서 행해진 광장 의례가 한 사례이다. 공터는 의례뿐만 아니라 휴식, 놀이 등 공동 공간으로도 이용되었는데, 집단의 결속과 운영 원리를 시사하는 장소인 점에서 의미가 있다. 주거지 등 생활 관련 유구가 충분히 들어설 수 있는 공간임에도 불구하고 취락 내에서 공터로 비워진 경관이 광주 세동유적, 담양 오산유적 등에서 확인되었다.

삶의 공간에서 드러난 의례 내용들은 고스란히 죽음의 공간에서도 확인된다. 마한 사람들에게 장송 의례는 주검의 영혼이 하늘을 건너 다른 세상으로 안녕히 가도록 기원하는 의식이었다. 호남지역 분묘유적 고고자료에서 이와 관련된 내용이 늘어나고 있다. 하나의 고분에서도, 수기의 무덤이 조성된 묘역에서도 주검과 하늘을 이어주는 입주 의례가 행해졌다. 높은 기둥을 세워 죽은 이의 영혼이 하늘로 오르는 길을 안내한 입주 의례는 마한 지역뿐만 아니라 일본 열도에서도 확인되고 있어 변·진한 지역에서도 행해졌을 것으로 추정된다. 『삼국지』 변진조에 큰 새의 깃털을 사용하여 장사를 지냈다는 기록이 있는 것을 보면 알 수 있다. 조형토기나 조형목제품[19] 등 솟대 관련 기물은 입주 의례와 연관된 고고자료이다.

최근 호남지역에서는 마한 장송 의례와 관련된 신 자료가 보고되고

....

19 광주 신창동유적 저습지 I기층에서 조형목제품 2점이 출토되었다. 이 중 1점은 몸체에 착장공이 있어 장대에 장착했던 것으로 추정되고 있다.

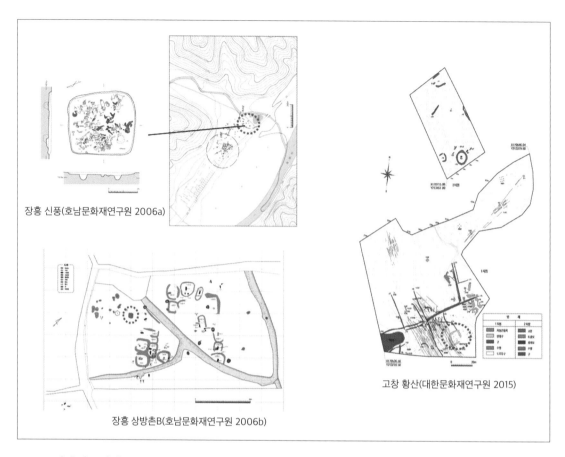

[그림 12] 빈 추정 주거지

있다. 묘역 가까이에서 확인되는 빈(殯) 관련 자료가 그것이다. 장사를 지내기 전에 시신을 임시 보관하던 마한 시기의 빈 경관이 나주 동수동유적에서 확인되었다. 마한의 빈 관련 기록은 확인하기 어렵지만 백제나 고구려에서는 관련 기사가 있다. 가족이 죽으면 일정 기간 상복을 입는 기간을 가지며, 산에 빈을 설치하였다는 내용 등이 있다. 그러한 기록은 앞선 마한 시기부터 이어져 오던 장례 풍습의 일면이었을 것이다. [그림 12]의 장흥 신풍·상방촌B유적과 고창 황산유적 5구역에서도 빈[20] 관련 경관으

....

20   발굴조사보고서에 주로 주거지로 기술되고 있는데, 이들 주거지는 고분군으로부터 지근거리

로 볼 수 있어 호남지역 마한 사회의 전체적 정황으로 이해된다.

이상의 내용을 통해, 마한 사회 속에서 행해진 의례는 당대 사람들의 삶의 시작부터 죽음에 이르는 순간까지 모든 여정 속에서 함께하였음을 확인할 수 있었다. 의례의 주체는 개인으로부터 가족, 마을 공동체, 지역사회라는 범주가 밝혀졌으며, 객체는 자연·신앙적인 초월적 존재로 볼 수 있었다. 또한 의례의 목적은 산 자의 안녕과 평화가 우선시되었지만 죽은 자의 영혼에 대한 염원도 중시되었다. 이 외에 사회 구성원의 결속과 통치자의 지배력을 정당화하기 위한 목적도 더해졌을 것이다.

V. 맺음말

고고학에서 의례 연구는 불분명한 성격으로 인해 현상 기록에 그치는 경향이 많았다. 발굴조사 보고서에 수혈유구, 구상유구, 주혈군 등 형태적 특징으로 구분하면서 의례 관련 가능성 정도를 간단하게 언급하곤 한다.

의례는 사회구성원들의 필요에 따라 일상과 구분된 특별한 의미가 부여되면 공간(space)이 아니라 장소(place)로 탈바꿈하는 특징이 있다. 즉 모셔지는 우월적 존재-인간과의 상호관계 속에서 의미와 가치를 재생산한다. 따라서 어떤 일이 발생되는 장소는 현재의 우리 눈에 공터에 불과하지만, 취락과 분묘 자료를 통합 검토함으로써 공·감각적으로 시야를 확대시킬 필요가 있다.

....

에 자리하면서 1~3기 이내로 존재하는 공통점이 있다. 장흥 신풍 2호 주거지의 경우 50점의 유물이 출토되기도 하였다. 주거지의 양상이 일상 주거지와 차이를 보이고, 무덤 중심 구역에서 고분군 조성 시기에 존재했던 일반 주거지로 보기 어렵다. 고분군과 주거지의 공간적 구도를 염두하여 세트관계로 보는 것이 설명하는 데도 자연스럽기 때문이다.

의례는 형식화된 말과 행동 중심으로 수행되고, 당시의 사고·관념·공동체관 등 정신문화적 요소가 반영되어 있기 때문에 아주 작은 고고학적 단서로 유존할 가능성이 많다. 고고학의 궁극적 목적인 문화 복원에 있어서도 의례의 비중은 결코 적지 않을 것이다. 의례 관련 자료는 마한의 발자취를 보여주는 또 하나의 역사적 기록일 수 있다는 인식 및 관심이 절실하다.

참고문헌

고경진, 2018, 「유구 고찰」, 『광주 신창동유적』 III, 대한문화재연구원.

국립가야문화재연구소, 2013, 「2. 용어 정리」, 『가야고분 기법기법』 II.

국립광주박물관, 1990, 『영암 만수리 4호분』.

국립문화재연구소, 2001a, 「제사유적」, 『한국고고학사전』.

_____, 2001b, 『나주 복암리 3호분』.

권오영, 2000, 「고대 한국의 상장의례」, 『한국고대사연구』 20, 한국고대사학회.

_____, 2014, 「마한의 제의와 의례」, 『마한의 소도와 의례광간』, 제28회 백제학회 정기학술대회.

_____, 2018a, 「마한제국의 출현과 동북아정세」, 『영산강유역 마한제국과 낙랑·대방·왜』, 진인진.

_____, 2018b, 「3. 의례」, 『마한고고학개론』, 진인진.

김규정, 2014, 「호남지역 청동기시대 취락의례」, 『호남지역 선사와 고대의 제사』, 호남고고학회.

김두철, 2000, 「제사고고학의 연구성과 과제-수혈식제사유구를 중심으로-」, 『고고학의 새로운 지향』, 복천박물관.

김미령·김승옥, 2018, 「5). 장신구」, 『마한고고학개론』, 진인진.

김승옥, 2017, 「마한(계)토기의 사회학과 연구 쟁점」, 『동북아시아에서 본 마한토기』, 학연문화사.

김은정, 2017, 「호남지역의 마한 토기-주거지 출토품을 중심으로-」, 전북대학교 박사학위논문.

_____, 2019, 「호남지역 마한 주거지 출토 의례용기에 관한 소고-모형토기와 조형토기를 중심으로-」, 『호남고고학보』 61, 호남고고학회.

김정호, 2012, 『글로벌 새국어사전』, 예림미디어.

노중국, 2010, 「한국 고대의 저수지 축조와 역사적 의미」, 『고대 동북아시아의 수리와 제사』, 대한문화재연구원.

대한문화재연구원, 2011, 『보성 조성리 저습지유적』.

_____, 2013, 『광주 양과동 행림유적』 II.

_____, 2015, 『고창 봉산리 황산유적』

_____, 2018, 『보령 명천동유적』.

_____, 2019, 『해남 안호리·석호리유적』.

동진숙, 2006, 「고대 제사유구와 유물」, 『선사·고대의 제사 풍요와 안녕의 기원』, 복천박물관.

류정아, 1998, 『전통성의 현대적 발견』, 서울대학교 출판부.

마한문화연구원, 2010, 『순천 덕암동유적』 II.

목포대학교박물관, 1995, 『광주 오룡동유적』.

_____, 2017, 「2017 해남 군곡리 패총 발굴조사 약보고서」.

문창로, 2017, 「문헌자료를 통해 본 삼한의 소도와 제의」, 『백제학보』 22, 백제학회.

민중서림, 2018, 『한한대자전』, 1991.

박경신, 2019, 「원삼국시대 중도유형 취락의 편년과 전개」, 숭실대학교 박사학위논문.

박순발, 1997, 「전기 마한의 시·공간적 위치에 대하여」, 『마한사의 새로운 인식』, 충남대학교 백제연구소.

박중환, 2014, 「복합고분과 제사-나주 복암리 3호분의 제사자료」, 『호남지역 선사와 고대의 제사』, 호남고고학회.

박태홍, 2011, 「보성 조성리 저습지유적 수변제사」, 『고대 동북아시아의 수리와 제사』, 대한문화재연구원.

복천박물관, 2006, 『선사·고대의 제사 풍요와 안녕의 기원』.

_____, 2013, 『선사·고대 옥의 세계』.

성정용, 2018, 「I. 마한의 시간과 공간」, 『마한고고학개론』, 진인진.

영해문화유산연구원, 2018, 『함평 마산리 표산유적』 I.

원광대학교마한백제문화연구소, 2000a, 『익산 영등동유적』.

_____, 2000b, 「서해안고속도로(군산-고창간)건설구간 내 문화유적발굴조사 약보고서」.

이병옥, 1993, 「고대 한국무용사 연구」, 경기대학교 박사학위논문.

이양수, 2007, 「고고자료로 본 가야인의 정신세계에 대한 토의」, 『가야의 정신세계』, 김해시.

이영문, 2016, 「고흥지역 고인돌의 특징과 성격」, 『고흥의 고인돌』, 고흥군·마한문화연구원.

이영철, 2007, 「호형분주토기 등장과 시점」, 『호남고고학보』 25, 호남고고학회.

_____, 2014a, 「백제의 지방지배-영산강유역 취락자료를 중심으로」, 『2014 백제사 연구 쟁점 대해부』, 백제학회.

_____, 2014b, 「고대 취락의 제사」, 『호남지역 선사와 고대의 제사』, 호남고고학회.

_____, 2015, 「영산강유역 고대 취락 연구」, 목포대학교 박사학위논문.

_____, 2017, 「주거유적 출토 마한토기」, 『동북아시아에서 본 마한토기』, 마한연구원.

_____, 2018, 「보령 명천동유적 시대별 경관 변천」, 『보령 명천동유적』, 대한문화재연구원.

이종철, 2018, 「입대목·솟대 제의의 등장과 전개에 대한 시론」, 『한국고고학보』 106, 한국고고학회.

이현혜, 1997, 「V. 삼한」, 『한국사』, 국사편찬위원회.

이형원, 2015, 「춘천의 청동기시대 취락」, 『고고학과 문헌으로 본 춘천문화의 정체성』, 한림대학교박물관·한림고고학연구소 학술세미나.

_____, 2017, 「한강유역의 청동기~원삼국시대 의례공간-환구유적을 중심으로-」, 『마한의 소도와 의례공간』, 제28회 백제학회 정기학술대회.

임영진, 2010, 「묘제를 통해 본 마한의 지역성과 변천과정-백제와의 관계를 중심으로-」, 『백제학보』 3, 백제학회.

전남대학교박물관, 2004, 『함평 예덕리 만가촌고분군』.

전남문화재연구원, 2011, 『나주 행암동 토기가마』.

정병옥, 1984, 「부녀자의 대표적 집단무용」, 『전통문화』 142호.

정일, 2018, 「해남반도 마한취락의 특징과 변화」, 『해남반도 마한 고대사회 재조명』, 해남군·백제학회·대한문화재연구원.

조현종, 2014a, 「제사고고학-선사·고대의 제사-」, 『호남지역 선사와 고대의 제사』, 호남
　　고고학회.

＿＿＿, 2014b, 「광주 신창동유적의 농경제사」, 『도작농경사회의 제사와 의례-한·중·일
　　비교-』, 국립광주박물관.

최몽룡, 1998, 「반남면 고분군의 의의」, 『나주 반남고분군』, 국립광주박물관.

허의행·신광철, 2010, 「수혈유구의 조사와 분석방법」, 『야외고고학』 9, 한국문화유산협회.

한옥민, 2016, 「영산강유역 고분의 분형 변천과 내용」, 『한일의 고분』, 제4회 한일 공동연
　　구회.

＿＿＿, 2019, 「화순 천덕리 회덕 3호분 출토 주요 토기유물 검토와 분석」, 『화순 천덕리 3
　　호분』, 대한문화재연구원.

호남문화재연구원, 2006a, 『장흥 신풍유적』 II.

＿＿＿, 2013b, 『장흥 상방촌B유적』.

＿＿＿, 2007, 『익산 사덕유적』.

4

진·변한의 신앙과 의례

나희라 경남과학기술대학교 교양학부

I. 머리말

　기원전 1세기를 전후한 시기에 한반도 영남지방에서 일어난 정치적 변동은 진·변한사회를 성립시켰고, 이후 진한사회는 신라로, 변한사회는 가야로 통합·전환되었으며 이는 다시 신라로 통합되었다. 그리고 신라사회의 경험은 고려를 거쳐 현재 한국인의 생각과 삶의 근간이 되었다. 적어도 신라사회가 한국인의 역사 경험의 근간임을 인정한다면, 신라사회가 성립하고 성장하는 데 바탕이 된 진·변한사회의 경험 역시 주목해야 할 것이다.

　이 글은 진·변한사회의 종교적 경험을 정리해본 것이다. 그러나 기본적으로 안고 있는 자료의 한계를 넘어서지는 못하였다. 문헌자료가 가지고 있는 근본적 문제점과 고고학 자료의 난해함을 넘어설 새로운 자료의 발굴이나 참신한 해석의 시야, 이를 위한 다양한 관련 자료의 섭렵이 부족한 상태에서는 기존의 연구 성과를 참조하여 이를 정리하는 수준에 그쳐야 했다. 정리 수준이라 하더라도 기존에 논의된 문제와 관점을 어떤 시각과 기준에서 체계적으로 정리하는가에 따라 새로운 문제가 도출될 수도 있고 새로운 해석이 가능해질 수 있는 시야를 제공할 수도 있을 것이다.

　진·변한의 종교 내용을 알 수 있는 기본 자료는 역시 삼한에 관한 많은 내용을 담고 있는 『삼국지』 위서 동이전의 韓條이다. 이 자료는 늦어도 3세기 중엽까지의 사실을 전하는 민족지적 성격의 것으로 보고 있다 (주보돈 2013, 83). 사실이 있었던 시기와 사실을 서술한 연대가 접근한 동시대적 자료라는 점(서영대 1991, 11)에서 『삼국지』 동이전의 가치는 충분하다. 그러나 그 서술 내용이 단편적이며 체계적이지 못할 뿐 아니라 외부자의 관찰과 기록에 기반한 자료라는 점에서 진·변한의 종교 내용을 충분히 설명하기에는 한계가 있다(서영대 1991).

이러한 한계를 보충하기 위해 다음과 같은 자료를 활용할 수 있을 것이다. 단편적이며 체계적이지 못하다는 점에서는 마찬가지이지만, 관찰자적 시각을 보완해줄 수도 있다는 점에서 내부자 기억의 흔적인『삼국사기』와『삼국유사』에 기록된 삼국 초기의 기술을 참고할 필요가 있다. 또한 기록 자료가 충분하지 않기 때문에 고고학적 물질자료가 주는 정보 또한 소중하다. 뿐만 아니라 사회 발전에 따라 주류로 진입하지 못한 오래된 문화가 저변에 깔려서 민속으로 전승되었다는 것을 부정하지 않는다면 삼한 사회와 연속성을 가진 한국의 민속자료를, 인간의 사고방식과 생활양태의 보편성을 인정한다면 다른 사회의 민족지 자료들도 요긴하게 이용할 수 있을 것이다.

이러한 입장에서 이 글에서는 진·변한인의 종교적 관념과 그 의례를 정리하는 데에『삼국지』의 자료를 비판적 시각에서 검토해보고, 그 자료적 한계를 보충하기 위해『삼국지』자료에서 포착한 작은 흔적을『삼국사기』와『삼국유사』의 신라와 가야 건국신화와 종교의례의 자료들과 비교하고 보완하려고 하였다. 그리고 그 과정에서 한국의 민속자료와 동서양의 다양한 민족지적 자료들도 참고하였다.

II. 자료 읽기, 관찰과 기록

진·변한의 신앙과 종교의례의 내용을 단편적이나마 전하고 있는 것은『삼국지』위서 동이전(이하『삼국지』동이전)의 韓條이다. 그런데『삼국지』동이전은 分傳이 아니라 내용상의 구분이라는 체제를 통해 기술하면서 생긴 구분의 모호함, 원래 분전 형식이 아닌데 宋本에서 분전과 표제 설정이 이루어짐으로써 생긴 문제(전해종 1980, 53, 149), 轉寫 과정에서 裴松之가 주석을 달면서 생긴 혼란(윤용구 2013, 52) 등의 여러 문제를 가지고 있다.

한편『삼국지』의 찬자 진수(陳壽)는 오환선비동이전의 서문에서 '그 나라들을 순서대로 찬술하고 그 같고 다른 점을 열거하여[列其同異] 前史의 미비한 점을 보완하였다'고 하여[1] 기술 대상의 여러 사회의 모습을 비교 서술한다는 원칙을 분명히 하였다. 그 비교 서술의 원칙에 의해 같은 범주로 묶이는 사회들의 경우, 예를 들면 부여와 고구려의 경우, 동일한 내용의 경우는 처음에만 기술하고 이후로 적절히 축약하여 기술하는 경향을 보였고(전해종 1980, 142; 여호규 2013, 156), 그럼으로써 비교 대상인 두 사회의 서술에서 유사성보다는 차이점을 부각시키는 서술을 하기도 했다(여호규 2013, 200).

이러한 문제가 종합적으로 드러나는 부분이 韓條를 구성하는 삼한, 특히 진한과 변한의 기술에서이다.『삼국지』동이전 한조의 기술에서 진한과 변한의 위치는 '동이 〉 한 〉 삼한(마한, 진한, 변한)'으로서 '한'이라는 중간 범주와 '동이'라는 더 큰 범주에 속하는 단위체로 정리되었다. 그렇다면 진한과 변한은 '동이'와 '한'의 범주에서는 일정 정도 유사성을 가지면서 최종 단계에 와서 차이점이 분명해지는 기술 단위가 된다. 삼한이야말로 같고 다름을 비교해보기 좋은 대상이었을 것이다. 동이전이 통전 체제이며 비교 서술의 원칙에 의해 기술된 것이라고 전제를 하면, 그렇게 해서 이루어진 삼한의 기술은 상당히 복잡한 문제를 가지게 되었음을 인정할 수밖에 없다.

송본 이후 진한과 변한이 분전되었으나, 기술 체제상으로나 내용상으로도 진한과 변한의 구분이 모호하다(문창로 2018, 84). 분전에 의하면 ①은 마한, ②는 진한, ③이 변진이다.[2] ① 마한의 시작과 ② 진한의 시작에서 모두 맨 처음에 '마한', '진한'을 들어 기술을 시작하는 것으로 본다

....

1   "故撰次其國, 列其同異, 以接前史之所未備焉."(『三國志』卷第30 魏書30 烏丸鮮卑東夷傳 序)
2   말미에 첨부한 〈자료:『삼국지』동이전 한조〉 참고. 분전 형식은 송본 이후 한조 체제를 그대로 따른 것이며, 번호와 알파벳 기호, 밑줄은 필자가 붙인 것이다.

면 ③이 '변진'으로 시작하는 것은 여기부터 변진의 기술임을 보여주는 것 같다. 그러나 ③-2에서 다시 '변진'으로 시작하고 있어서, 기술 형식상으로도 무언가 이상하다.[3]

③-1이 변진 기술의 시작일까? 형식적으로는 ③-2가 본격적 변진 기술이라 할 수 있다. 그렇다면 ③-1을 어떻게 보아야 할까. 여기서 문제가 되는 것은 ③-1.c의 기술인 것 같다. 이를 바로 앞의 ②.b '稍分爲十二國'에 이어 '12국'을 비교하여 보충하는 설명주와 같은 것으로 본다면 어떨까. 진한이 원래 6국이었는데 이후 12국이 되었다는 기술에 대해 '변진도 12국이다'라고 하여 진한 12국과 변진 12국을 비교하여 보충적으로 설명하는, 즉 본문의 흐름과 직접 연결이 되지 않는 주석과 같은 기술로 보는 것은 어떨까. 진한 12국을 언급하면서 '변진도 12국'이라고 한 것은 뒤에 언급하겠지만 비교 서술의 원칙을 적용한 결과로 보여진다. 그리고 뒤에 이어지는 소별읍이 있고 거수가 있으며 진한과 변한을 구성한 24국을 나열한 부분까지는 진한과 변한을 아우른 전반적인 정치적 존재 양태를 기술한 부분으로 볼 수 있다. 서술의 흐름을 따라가 보자면 진한을 설명하면서 12국을 언급한 김에 변한도 12국이 있다고 비교 설명해주고, 이어 진한과 변한의 정치적 존재 양태에서 유사함을 인식하고 있었던 기록자에 의해 정리된, 진한과 변한을 묶어서 언급할 수 있는 정치적 존재 양태의 여러 사항을 기술한 것이 ③-1의 변진한이 모두 합해 45만 호가 된다는 부분까지가 아닌가 생각해볼 수 있다.

그 다음 ③-1.e의 '其十二國屬辰王'는 의 '其'는 ③-2.g '十二國亦有王'의 기술 구조와 비교하면, 진한을 가리키는 것이 분명하다. 또 ③-1.f에서 편두 습속을 진한의 내용으로 설명하였다. 그렇다면 ③-1은 별도의 변진 항목의 시작이 아니라, 앞부분은 ②의 뒷부분과 이어지는 기술로서 그 내용은 진·변한을 묶어서 설명할 수 있는 정치적 존재양태에 대한 것

....

3   ③-1을 변진전, ③-2를 (제2)변진전으로 구분하기도 했다(전해종 1980, 28-37).

이고, e부터는 원래 ②에서 시작한 진한 항목의 구체적인 내용 서술로 다시 돌아온 것이라 볼 수 있다.

이러한 몇 가지 기술 구조상의 문제로 볼 때,『삼국지』동이전 한의 서술에서 ③-1과 ③-2라는 두 개의 변한 항목을 두었던 것이 아니라, 먼저 진한을 기술하는 가운데 진·변한의 공통점이나 구분이 힘든 사항을 아울러서 설명하고, 끝부분에 변한을 두어 진한과 다른 차이점만을 부각시키면서 기술한 것으로 파악하는 것이 좋을 듯하다.[4]

이렇게 보면 새 깃털로 장례한다는 습속, 철을 생산하여 여러 지역으로 수출하는 상황, 편두 습속 모두가 진한 부분에서 기술한 것이다. 그러면 이는 진한에만 한정되는 내용인가? 영남지역 원삼국기 분묘에서 새 모양 토기가 부장된 예가 많은 사실이라든지, 김해 예안리 고분에서 편두 습속의 흔적을 보이는 두개골이 출토되었던 사실은 새와 관련된 상장례 습속이나 편두 습속이 진한과 변한에 공통적으로 있었음을 말해주는 고고학적 증거이기도 하다(권주현 2002; 권오영 2013).[5] 이러한 고고학적 증거를 확신할 수 있다면 이 문제는 다음과 같이 설명할 수 있다. 즉 한조의 체제상에 이러한 습속이 진한 부분에서만 기술되어 있는 것은 변진 부분에서 '변진은 진한과 의복과 거처가 같고 언어와 법속이 비슷하다'고 서술함으로써 진한 부분에서 이미 자세히 설명해준 습속에 대해서는 생략을 했기 때문일 것이다.[6]

종교습속과 관련하여 살펴볼 것은 '又有諸小別邑'이라는 기술이다. ① 마한의 a에서 '又諸國各有別邑'이라 하여 이미 '별읍'이 기술되었었

....

4   『삼국지』 이후에 찬술된『後漢書』와『晉書』의 찬자들은 이 부분의 혼란을 정리하려고 했던 듯
     하다. 내용 서술에서 약간의 차이는 있지만 대체적으로 보면 ②와 ③-1의 내용을 진한에서,
     ③-2의 내용을 변한의 것으로 구분하여 기술하고 있다.
5   철 수출 지역에 대해서는 대개는 변한이 그 중심이 되었을 것이라 보고 있으나, 강봉원은 사
     로국을 비롯한 진한 소국들의 철 수출을 주목한다(강봉원 2015).
6   이는 뒤에 보겠지만『삼국지』동이전이 가졌던 비교 서술의 원칙과 관련이 된다. 그러나 이것
     이 한조, 나아가 동이전 전체에 세세하게 적용된 철칙이었던 것은 물론 아니다.

다. 여기서 별읍은 소도라고 하는 특별한 종교적 공간이라고 설명했다. 그런데 ③-1 진한 항목에서는 종교습속이 아니라 정치적 존재 양태를 설명하는 부분에서 '소별읍'이 언급되고 있다. 이 때문에 진한조의 '소별읍'은 마한조의 '별읍'과 달리 소국에 통합되지 않은 독자적인 읍락을 가리킨다고 보기도 한다(이현혜 1997, 267). 그런데 동이전의 서술 구조가 기본적으로 비교 서술의 체제를 갖추고 있다는 점을 상기하여 다음과 같이 해석할 수도 있을 것이다.

①의 마한 항목을 보면 마한의 종교습속을 기술하는 가운데 '又諸國各有別邑'이라 하여 여러 나라에 각기 별읍이 있다고 하였다. 이를 진한조의 '稍分爲十二國 弁辰亦十二國 又有諸小別邑' 기술과 비교하여 보면, '國에 별읍이 있다'는 서술 구조가 일치한다. 韓條 전체를 놓고 보았을 때 마한에서 별읍을 설명한 것을 진·변한 부분을 기술하면서 이를 특기할 만한 공통점으로 여겨 다시 기술한 것이라 할 수 있다. 다만 마한의 별읍보다는 규모 등의 여러 측면에서 작다는 점에서 '小別邑'이라고 그 차이점을 기술한 것이다. 물론 '별읍'이 마한에서는 종교습속을 설명하는 부분에, 진·변한에서는 정치적 존재양태를 기술하는 부분에 위치하고 있다는 차이는 있다. 그러나 '별읍' 자체가 국, 읍락과 함께 정치적 존재양태의 구성단위이기 때문에, 별읍이 가지는 특별한 종교적 공간으로서의 내용과 의미의 기술을 생략하면 '國에 별읍이 있다'는 기술은 정치적 존재양태의 구성을 설명하는 부분에 위치하는 것도 이상하지 않다.

『삼국지』 찬자는 동이전을 기술할 때 비교 서술의 원칙을 가지고 각 사회의 공통점과 차이점을 드러내고자 했다고 하였다. 軍事에서 점복을 했던 부여와 고구려의 습속을 부여전에서는 언급을 했지만 고구려전에서는 생략을 했던 것으로 보아, 동이전의 비교 서술의 원칙에 의해 重出 기사의 경우 初出 時에 상세히 서술하고 再出 時에는 생략하거나 간략하게 서술하는(전해종 1980, 142) 경우도 있었던 것 같다. 그렇다면 하나의 단위로 묶인 마한, 진한, 변한의 서술에서도 마한조에서 별읍으로서 소도가 초출하였기 때문에 뒤에 오는 진·변한조에서는 간략하게 서술한 것이라 볼 수도 있다.

그러나 이러한 비교서술법이 일관하여 반드시 지켜진 것은 아니었다. 문신 습속의 기술에서 그렇다. 마한 부분에서 '其男子時時有文身'이라 하고 다시 진한 부분에서 '男女近倭亦文身'이라 하여 중복 서술하였다. 분명 『삼국지』 찬자는 마한과 진한은 韓의 범주로 함께 묶었지만, 문신 습속의 기술에서는 부여와 고구려의 경우와 같은 생략을 하지 않았다. 마한과 진한의 문신 습속의 차이(남자가 하는가, 남녀가 모두 하는가)에 주목했기 때문일까? 아니면 마한과 진한의 문화 계통이 달랐다고 인식했기 때문일까? 그런데 또 변진 부분에서는 문신에 대한 기술이 없다. 진한에서 기술했기 때문에 중복을 피한 것인가? 그렇다면 잠깐 잊고 있었던 비교서술 원칙을 찬자가 여기서 다시 생각해내었다는 것인가? 『삼국지』 동이전 기사를 원칙을 가지고 체계적으로 읽는 것이 쉽지 않은 이유이다.

이 문제를 장황하게 언급한 것은 한의 세 부분인 마한, 진한, 변한의 문화 계통이나 풍습의 異同을 어디까지 설정할 수 있는가 하는 문제 때문이다. 진한은 마한과의 정치적 관계가 성립시기부터 밀접한 것으로 설명하고 있지만, 그 언어가 마한과 같지 않다고 분명히 하였다. 그러나 변한에 대해서는 진한과 잡거하고 의복거처가 진한과 같고 언어법속도 유사하다고 하였다.[7] 그렇다면 외부의 시각에서 하나의 韓으로 범주화한 삼한의 문화적 계통은 기본적으로 유사한 것으로 보아야 할까, 아니면 각 사회를 기술하면서 언급한 습속은 그 사회에만 해당하는 것으로 보아야 할까? 마한과 진·변한조에 각각 나오는 '별읍'은 같은 것을 지칭

....

7   『후한서』에서는 변진은 진한과 잡거하고 성곽과 의복은 거의 같으나 언어와 풍속이 다르다고
     하였다(『後漢書』 卷85 東夷列傳 第75 弁辰). 여기서는 『삼국지』 동이전을 주된 분석 대상으로
     하였으므로, 다른 사서와의 차이는 따로 언급하지 않겠다.

하는 것인가, 아니면 전혀 다른 성격의 것을 지칭한 것인가? 소도는 마한에만 한정되는 종교습속인가, 아니면 韓 전체를 포괄하는 보편적인 것인가?

『삼국지』 동이전의 원래의 分傳하지 않은 서술 체제와 그러면서도 비교 서술하겠다는 찬자의 의도가 서로 충돌을 일으키면서 이러한 문제를 생각하는 데 어려움을 준다. 이에 대해서는 이미 문제 제기가 있었다. 이에 의하면 소도의 종교현상과 민속의 솟대를 연결시킬 수 있다면, 민속에서 전국적 분포를 보이는 솟대의 경우를 미루어 보아 소도 기술이 한 전체에 걸리는 것으로 볼 수 있지 않을까 추정하였다(서영대 1991, 21). 고대의 종교 현상이 어떻게 민속으로 내재화하고 확산되는지는 무척 복잡한 문제이지만, 『삼국지』에서 설명하는 소도의 종교현상과 솟대는 고대부터의 보편적 종교현상으로 볼 수 있는 것이고, 앞서 분석해본 바와 같이 동이전 한조의 기술 체제상에서 '별읍'의 문제를 이해하면 소도의 기록이 마한 부분에만 있지만 그 내용은 한 전체에 해당하는 것으로 추정할 수도 있지 않을까.

진·변한의 종교 습속과 관련하여 『삼국지』 동이전의 자료적 문제를 또 하나 지적하자면, 그것은 관찰자(또는 최초 기록자)와 정보제공자, 그리고 동이전 찬자[8] 사이의 간극에서 발생할 수 있는 어떤 문제들이다. 관찰자는 중국 군현 관계자와 교역 담당자였을 것이고(남혜민 2018, 28), 정보제공자는 기본적으로 삼한 원주민으로서 군현 관리나 상인들과 접촉하는 사람들이었을 것이다. 관찰자와 정보제공자 사이에는 언어의 문제가 있었다. 통역을 거쳐 의사소통을 하는 경우 통역의 잘못으로 정보 전달의 오류가 생기기도 했다.[9] 외부인인 관찰자가 현지인의 문화를 내부적 관

....

8   『삼국지』 동이전은 찬자 자신의 직접적인 견문에 의한 것이 아니라, 간접으로 얻어진 자료를 토대로 기술한 것이다(서영대 1991, 18-19).

9   마한조에서 "部從事吳林以樂浪本統韓國, 分割辰韓八國以與樂浪, 吏譯轉有異同, 臣智激韓忿, 攻帶方郡崎離營."라 하여 통역 과정에서 정보 전달의 잘못이 가져온 큰 사건이 있었음을 기술

점에서 읽어 내리라고는 기대할 수 없다. 훈련받은 현대 인류학자의 참여 관찰도 정보의 정확성이나 해석에서 논란이 있을 터인데, 일정한 목적과 의도를 가지고 타자를 접촉하여 가지게 된 정보에는 더 많은 오류가 있을 가능성이 크다. 삼한 사회와 접촉했던 중국인의 경우, 두 사회의 문화적 차이로 인해 중국인 입장의 주관이 더 많이 개입되었을 가능성 또한 크다.[10] 더군다나『삼국지』동이전은 저자 자신의 직접적 견문에 의한 것이 아니라 간접으로 얻어진 자료를 토대로 기술한 것이므로 거듭 중국인의 관점이 개입하였을 것이다(서영대 1991, 18-19).

이렇게 볼 때『삼국지』동이전 한조의 기록은 여러 가지 문제를 가지고 있다. 그래서 우리가 진·변한의 종교 습속을 설명하고자 할 때『삼국지』동이전의 기록을 절대적 근거 자료로 삼을 필요는 없다고 생각한다. 『삼국지』동이전 기록과 함께『삼국사기』와『삼국유사』같은 내부자적 경험과 기억을 토대로 한 자료들이 활용될 필요가 있다.

III. 신앙과 종교의례 양상의 몇 가지

1. 샤머니즘과 소도의 문제

진·변한 시기와 이어져 있는 시기의 유물들과 기록 자료들로 볼 때, 그리고 한국 종교사 서술에서 불교 수용 이전의 종교문화현상으로 샤머니즘을 위치시키고 있는 것으로 볼 때, 진·변한의 종교신앙의 큰 흐름으

....

하였다.

10   이와 관련하여 종교인류학에서 유럽인 선교사나 탐험가, 관리에 의해 수집된 원시종교 자료에 서구인의 편견이 들어간 잘못이 많아서 이를 토대로 한 원시종교 연구 역시 왜곡된 것이었음을 지적한 것은 매우 중요한 것이라 하겠다(서영대 1991, 19).

로 샤머니즘을 언급하지 않을 수 없다. 샤머니즘은 인간이 살아가는 현실 세계가 자연적 세계 외에 그것을 본질적으로 움직이는 초자연적 존재의 세계와의 교류를 통해 존재한다는 세계관에 입각하여, 초자연적 존재와 직접적으로 교류할 수 있는 종교전문가인 샤먼을 중심으로 형성되는 신념체계와 의례행위, 그리고 샤먼을 둘러싼 사회적 관계를 포함하는 복합적인 종교문화현상이다(나희라 2000, 200-205). 인류 초기 수렵문화 단계에서 형성된 샤머니즘은 사회가 복잡하게 분화되고 농경문화가 발달하면서 그 전형적인 모습은 약해지지만 오랜 수렵생활 동안 내재되었던 것의 흔적은 현재까지도 인간의 생활문화와 심리상태의 기저에 흐르고 있을 정도로 영향력 있는 종교문화이다.

청동기시대의 청동방울이나 거울 등은 현재 무속에서도 사용하고 있는 것들과 유사한 점에서 샤머니즘의 흔적을 말해주는 의례용 유물로 분류된다. 또 농경의례에서 사용했을 농경무늬청동기에 새겨져 있는 나무는 샤머니즘 세계관에서 흔히 나타나는 인간계와 신계(神界)를 잇는 우주나무(cosmic tree)를, 그 나무에 앉아 있는 새는 두 세계를 이어주는 영혼의 전달자로서의 새를 표현한 것으로 보고 있다. 삼국 초기 단계의 문헌 기록에서도 샤먼[巫]은 중요한 사회적 역할을 담당하는 존재로 등장한다.

『삼국지』동이전의 마한 부분에서 묘사하고 있는 소도는 당시 샤머니즘을 표현한 문화현상으로 이해되고 있다. 앞서 언급한 대로 진·변한의 종교문화를 설명하는 데 소도의 종교습속을 빌려 와도 크게 문제가 되지는 않을 것이다. 소도에서는 큰 나무를 세우고 방울과 북을 걸어 귀신을 제사한다고 하였다. 샤머니즘에서 나무는 여러 세계를 이어주는 우주나무로 여겨져 샤머니즘이 전형적으로 이어졌던 북아시아 지역에서 샤먼이 의례를 거행할 때 의례 장소에 세웠던 타계 비상을 위한 중요한 매개체였으며, 방울과 북 역시 샤먼이 다른 세계로 영혼 여행을 하거나 신령과 접촉할 때 사용하는 주요 도구였다[Uno Harva 1938(2014), 488-

536]. 그래서 소도에서의 이러한 의례는 巫가 주관하는 巫儀였다고 보고 있다(문창로 2017, 28).

그런데 소도와 관련하여 문제가 되는 것은 소도라 불린 별읍과 국읍의 관계이다. 국읍에는 천신 제사를 주관하는 천군이 있었다고 기록되어 있다. 국읍에서의 종교의례와 별읍인 소도에서의 종교의례의 관계에 대한 여러 의견이 제시되었는데(문창로 2017), 일반적으로 이들은 성격을 달리하는 종교의례로 여겨지고 있다(이현혜 1997; 문창로 2017; 박대재 2018). 다만 이때 생각해볼 점은 귀신을 믿어 국읍에서 제천하는 것과 소도에서 큰 나무를 세워 귀신을 제사하는 것이[11] 확연히 구분될 수 있는 신앙과 의례의 양태인가 하는 것이다.

고대 한국의 종교문화에서 나무는 하늘(혹은 천신)과 인간을 연결하는 중요한 매개체였다. 단군신화에서 환웅은 신단수를 통해, 신라 김씨의 시조 알지는 계림을 통해 하늘로부터 지상으로 내려왔다. 민속의 마을 단위의 공공의례에서도 인간이 천신과 교류하는 데에는 신성한 나무가 중심이 되는 경우가 많다(김태곤 1987, 78-152). 나무를 통해 지상에 내려오는 신성한 존재에 대한 신화를 가지고 있는 집단은 그것을 의례화할 때 나무를 행위의 중심에 놓기 마련이다. 이는 주변 사회에서도 마찬가지였다. 흉노인들은 제천을 할 때에 신성한 나무를 중심으로 선회하는 의례를 행했고,[12] 탁발선비는 제천을 할 때에 천신이 강림하는 나무 기둥을 세워 제사했다.[13] 중국의 白族, 赫哲族, 滿族, 羌族도 최근까지 나무 아래에서 혹은 나무 기둥을 세우고 제천을 했다(何星亮 1992, 75-77). 국읍에서 천군이 제천할 때의 의례 모습이 어떠했는지 알 수는 없지만, 고대인의 신앙

....

11   "信鬼神, 國邑各立一人, 主祭天神, 名之天君. 又諸國各有別邑, 名之爲蘇塗, 立大木, 縣鈴鼓, 事鬼神."(『三國志』卷30 魏書30 烏丸鮮卑東夷傳30 韓)

12   "歲正月, 諸長小會單于庭, 祠. 五月, 大會蘢城, 祭其先天地鬼神. 秋, 馬肥, 大會蹛林, 課校人畜計"(『漢書』卷94上 匈奴傳第64上)"匈奴俗, 歲有三龍祠, 常以正月五月九月戊日, 祭天神"(『後漢書』卷89 南匈奴列傳第79)

13   "天賜二年夏四月, 復祀天于西郊, 爲方壇一, 置木主七於上."(『魏書』卷108-1 禮志1 祭祀上)

을 잘 표현한 신화와 주변사회의 제천의례에 관한 기록들을 통해볼 때 소도의 立大木 의례가 제천의례와 본질적으로 다른 종교의례라고 확언하기에는 조금 복잡한 문제가 있다.

이는 또한 고고학에서 종교의례와 관련이 있는 것으로 추정되는 유적과 유물을 분류할 때 생기는 문제와 연관이 있다. 고고학에서 청동기시대 이래의 종교의례를 분류할 때 생활의례, 농경의례, 생산의례, 장송의례, 수변의례, 매납의례, 파쇄의례, 산악의례 등 다양한 분류를 하고 있다. 이미 지적되었듯이 이러한 명칭은 의례가 거행된 장소에 의한 것인지, 목적에 기준한 것인지, 의례 과정이나 행위에 중점을 둔 것인지, 분류와 칭명의 일률적 기준을 잡을 수 없다(권오영 2017, 36). 한 사회에서 지켜진 의례의 체계적인 분류는 그 사회 구성원들의 사고방식과 그에 의해 형성된 문화를 이해하는 데 중요한 근거가 된다. 또한 내부적으로도 복잡한 사회를 질서화하고 그 의미를 부여하는 데, 종교적 신앙과 의례의 체계화가 중요한 역할을 한다. 따라서 가능하다면 한 시대·한 사회의 종교의례를 일정한 기준에 의해 체계적으로 분류할 수 있으면 좋다. 그러나 고고학적 유적과 유물만으로 선사시대 내지 초기 역사시대의 종교의례를 체계적으로 정리하는 것은 어려운 점이 많다.

다만 생각해볼 것은, 유적의 입지에 따라 의례를 분류하고 명칭을 붙이더라도, 특정 장소에서의 종교의례가 단일한 목적과 성격을 가지는 것은 아니라는 점을 고려할 필요가 있다. 유적의 입지에 따라 수변의례, 산악의례, 해양의례 등의 명칭을 붙이고 그 의례의 성격을 분류하는 데에 유의할 것이다. 고구려 동맹제의 경우 이것은 제천이자 수확제이며 수신과 시조왕과 시조모에 대한 제사이고 그 거행 장소도 동굴에서 시작하여 강가를 따라 행진을 하며 강가에서 마무리가 된 국가적 공공의례였다. 선비, 탁발, 돌궐에서는 제천대회나 즉위의례와 같은 왕권의례를 물가에서 거행하였다.[14] 물가에서 거행된 고구려 패수의례 역시 신년의례이며 왕권의례였다(나희라 2015). 고고학적 의례 분류 명칭인 '수변의례'는 물의 생명력과 관련하여 풍요를 기원하는 종교의례의 성격으로 이해되고 있다. 그래서 수변의례를 물과 연관이 있는 농경의례나 기우제와 직결시키는 경우가 많다. 물론 이는 일반적으로 타당한 연결이나, 물의 생명력 때문에 그것을 하나의 구성 요소로 집어넣은, 보다 복잡한 종교의례들이 물가에서 거행되었던 것도 고려되어야 한다.

2. 시조신화에 나타난 신앙과 의례

이렇듯 고고학 유적 유물로 고대 종교의례의 모습을 복원하는 것은 매우 어려운 일이다. 더군다나 인간 의식의 문제인 신앙을 설명하는 것은 더욱 어렵다. 그러나 의례는 신앙에 바탕을 두고 있으며 신앙에 의해 의례는 더욱 구체화하고 지속될 수 있다. 고대인이 자신들의 세계관과 그에 입각한 신앙을 잘 표현한 것이 신화이다. 특히 자기 집단의 기원을 설명하는 기원신화, 즉 시조신화 내지 건국신화는 그것이 국가신화로서 완전한 정체성을 갖추는 과정을 거치면서 지배집단의 의도적 왜곡이 있었다 할지라도, 그 이야기의 기저에는 자신들의 초기 경험과 집단의식이 깔려 있다. 진한과 변한의 주요 소국에서 출발하여 중앙집권국가를 이루거나 연맹체장 역할을 했던 신라와 금관가야가 남긴 건국신화를 통해 진한과 변한의 신앙과 의례에 대해 더 풍부하게 접근할 수 있으리라 생각한다.

현재 전해지고 있는 형태의 신라와 금관가야의 건국신화가 진·변한

....

14   "魏書曰, 鮮卑亦東胡之餘也, 別保鮮卑山, 因號焉. 其言語習俗與烏丸同. 其地東接遼水, 西當西城. 常以季春大會, 作樂水上, 嫁女娶婦, 髡頭飲宴"(『三國志』卷30 魏書30 鮮卑) "又以五月中旬, 集他人水, 拜祭天神"(『周書』卷50 列傳第42 異域下 突厥) "太祖登國元年, 卽大王位於牛川, 西向設祭, 告天成禮"(『魏書』卷108-1 禮志1) "登國元年, 春正月戊申, 帝卽大王位, 郊天, 建元. 大會於牛川"(『魏書』卷2 太祖紀)

시기에 이미 완성되었다고 할 수는 없다. 그러나 사로국이나 구야국을 비롯한 여러 소국들이 나름대로의 자기 집단의 기원에 관한 서사를 가지고 있었을 것은 분명하다. 『삼국지』 동이전에는 진한인들이 자기들을 진의 전란을 피해온 유망인이라고 외부인에게 설명했다는 기록이 있다. 자기 집단의 과거 경험을 기억하고 자기의 근원을 타자에게 설명하는 것은 자기 정체성을 확립하려는 노력의 하나이다. 진한인이 스스로를 '秦役의 亡 人'이라고 한 것의 사실 여부를 떠나[15] 자기 근원을 설명할 정도의 '이야기'를 갖고 있었다는 것이며, 이 문제는 시조신화(내지 건국신화)의 형성과 연관이 된다.

혁거세신화와 수로신화는 두 신화의 구조와 주요 모티브, 그리고 신화가 표현하는 의례의 모습 등에서 공통점을 찾아볼 수 있다는 점에서 흥미롭다. 고대 한국의 건국신화 유형화를 시도했던 연구자들은 신라의 시조신화와 가야의 시조신화의 유사성에 주목하여 고대 한국의 건국신화를 북방계와 남방계로 구분하기도 하였다. 부모의 결혼이 있고 나서 시조가 출생하며 시조의 결혼이야기가 없는 건국신화는 북방형이며, 시조가 하늘에서 내려와 탄생하고 즉위를 하고 결혼을 하여 건국을 하는 신라와 금관가야의 건국신화는 남방신화에 속한다고 분류한다던지(서대석 2001, 18), 시조왕이 천상적 존재인 父와 지상적 존재인 母의 神聖婚에 의해 탄생하는 단군신화나 주몽신화와 같은 天父地母型 신화는 대개 북방 지역에서 널리 전승되었던 데 반해, 하강한 운반체에 의해 自

....

15 진한이 진역을 피해온 유이민 집단에서 비롯된 것인지는 잘 모른다. 고고학 자료상으로도 직접적 증거가 확인되지 않으며(이현혜 1997, 275), 신라의 기원에 대해서는 조선 流民이라 하기도 하고(『三國史記』 卷第1 新羅本紀第1 赫居世居西干) 고구려라고 한 기록도 하였다(『隋書』 東夷列傳 新羅). 기원에 관한 여러 이야기가 기록에 전해지게 된 것은 그것을 신라 측에서 직접 설명한 것인가, 관찰자가 여러 정보를 통해 타자의 입장에서 설명한 것인가에 따라 달랐기 때문일 수도 있고 또 근원을 설명해야 할 어떤 시기의 역사적·문화적 배경에 따라 과거 경험에 대한 기억의 구성이 달랐기 때문일 수도 있다. 여기서는 어떤 이야기가 맞고 틀리냐가 아니라, 진한인들이 자신의 근원을 설명하려고 시도했었다는 데에 의미를 두려고 한다. 그리고 이러한 시도가 바로 건국신화 형성의 문제와 연관이 된다는 것이다.

生하여 결혼을 하는 신라와 가야의 天男地女型 신화는 주로 남방 지역에서 전승되었다고 보는 것이(이지영 1995, 15-17) 그러하다. 신라와 가야의 건국신화 구조의 공통성은 신라와 가야인이 역사경험을 기억하고 상기하는 방식을 비롯한 세계관이 유사했음을 말하는 것이 아닐까. 두 신화는 9촌장이나 9간에 의해 하늘에서 내려오는 신성한 존재를 왕으로 추대한다는 일종의 신맞이굿의 형태를 갖추고 있는 것도 유사하다(나경수 1993, 61-63).

고대 한국의 건국신화들이 의례의 상관관계물로서, 의례의 행위적 표현이 신화화한 측면이 있다는 것은 누차 지적되어 왔다(황패강 1972; 三品彰英 1975; 현용준 1986). 혁거세신화와 수로신화에는 이것이 더욱 분명하게 나타나 있다. 여기에는 물에 의한 정화의례, 신을 맞이하기 위한 협의 과정, 降神과 迎神, 신과 인간의 和通과 歡樂, 그리고 마지막으로는 신의 歸還이라는[16] 의례 과정이 잘 드러나 있다.

이 가운데 신화와 의례가 어떻게 연관하고 있는지를 잘 보여주는 것이 수로가 허왕후를 맞이하는 이야기이다. 여기에 나타나는 신앙과 의례의 요소는 신라의 초기 자료를 통해서도 확인을 할 수 있어서, 이 이야기를 통해 신라와 가야의 성립과 성장기, 즉 진·변한기의 신앙과 의례를 이해하는 데에도 도움이 되리라 생각한다.

신라와 가야의 신화에는 천상과 산상, 그리고 해양을 타계로 설정하고[17] 그곳으로부터 신성한 것, 풍요로움이 초래한다고 여긴 세계관이 깔려 있다. 신라와 가야의 시조들은 모두 하늘로부터 산상(또는 구릉)으로 내려온 신성한 존재들이다. 가야의 건국신화에는 바다 저편의 타계

....

16   원래 시조신화는 신이 지상에 강림하였다가 다시 神界로 귀환한다는 연속적 이야기였을 것이나, 이것이 연대기로 전환될 때에 『삼국사기』나 『삼국유사』의 기록처럼 시조왕이 오랫동안 나라를 다스리다가 죽어서 하늘로 돌아갔다는 '역사적 사실'로 기록되었다.

17   타계는 현실세계의 문제를 회피하거나 해결하기 위해 설정된 곳이다. 타계는 현실세계에 대한 반대어이며, 그렇기 때문에 원초적으로는 理想世界(神界, 仙境), 死後世界(來世) 등을 모두 포함한다. 타계로부터 인간의 문제를 해결할 수 있는 무언가를 기대할 수 있다고 여겼다.

에서 많은 보화를 가지고 오는 신성한 여성이 있어 이 여성과 시조가 혼인하여 나라의 성립이 완성되었다고 하였다. 신라의 혁거세신화에는 해양타계관은 보이지 않는다. 그러나 탈해가 허왕후처럼 바다 저편에서 보물을 싣고 왔다는 이야기가 있어 신라인들 역시 해양타계관을 가지고 있었음을 말해준다. 뒤 시기이지만 문무왕이 바다의 용이 되어 나라를 수호하겠다고 한 이야기나(『三國遺事』卷第2 紀異第2 文武王法敏), 신문왕이 바다의 용왕으로부터 옥대를 얻고 만파식적을 받았다는 이야기들은(『三國遺事』卷第2 紀異第2 萬波息笛) 신라인의 해양타계관 전통을 말해준다.

타계에서 인간세계를 방문한 신격은 대개 인간에게 필요한 무언가를 건네준다. 고대인들은 흔히 그것이 인간의 생존에 절대적으로 필요한 창조와 풍요라고 여겼다. 그래서 혁거세와 알영, 수로왕과 허왕후의 결합은 국가의 창조였고 이들은 왕실의 유지를 통해 풍요를 계속해서 보증할 필요가 있었다.[18] 이렇듯 시조신화는 자기 집단의 근원을 설명하면서 또한 창조와 풍요와 안녕을 기원하는 세계관을 표현하는 이야기였다.

시조신화에 나타난 이러한 세계관은 풍요와 안녕을 기원하는 다양한 종교의례를 거행하던 습속의 바탕에 깔려 있는 신앙을 표현한 것이다. 그리고 혁거세와 수로신화에 보이는 의례 구조는 진·변한 시기 제천의례이자 농경의례이자 조상제사이기도 한 공공의례의 과정과 내용이었을 것이다. 『삼국지』 동이전 한조에서 풍요를 기원하는 농경의례의 기술이 있다. 마한 부분에서 5월과 10월에 많은 사람들이 모여 며칠씩 음주가무하는 축제적 공공의례를 거행했다는 것이다. 이 관찰과 기록이 마한에만 한정하는 것인지 아니면 한 전체에 해당하는 것인지는 확신할 수 없다.

....

18   알영이 시조왕과 함께 국가의 생산 활동에 책임을 져야했던 것은 이러한 이유에서였다. "王巡撫六部, 妃閼英從焉, 勸督農桑, 以盡地利."(『三國史記』卷1 新羅本紀第1 始祖 17年)

그러나 앞서 별읍과 소도를 한 전체의 종교문화현상으로 볼 가능성도 있음을 생각해보면, 한조에 소도 기사 바로 앞에 언급된 이 농경의례 역시 그렇게 볼 수도 있겠다. 혁거세와 수로신화에 나타난 의례 과정이 풍요를 기원하는 공공의례의 일반적 과정을 잘 반영하고 있다고 볼 때, 『삼국지』 동이전의 농경의례에 대한 묘사는 그 가운데 일부분만을 관찰하고 기록한 것에 불과하다고 할 수 있다.

3. 풍요기원 의례와 편싸움

여하튼 진·변한 지역에서 풍요와 안녕을 기원하는 다양한 의례가 거행되었던 것은 분명하다. 이를 확인해주는 것이 수로신화에서 큰 비중을 차지하고 있는 허왕후 도래와 그를 기념해서 거행했다는 의례에 관한 흥미로운 기록이다. 『삼국유사』에 실린 수로신화 말미에 고려시대에 김해지역에서는 수로왕과 허왕후 이야기를 기념하는 민속의례가 전승되고 있었다는 기록이 있다.

이 무렵에 다시 함께 놀고 즐기면서 옛일을 사모하는 행사[戱樂思慕之事]가 있으니, 매년 7월 29일에 이 지방 사람들과 향리, 군졸들이 승점으로 달려가 장막을 치고 술과 음식을 먹으면서 환호한다. 동서로 우두머리를 보내어 장정들을 좌우편으로 가르고는, 망산도로부터 말들을 세차게 몰아 뭍에서 질풍처럼 달리고, 바다에서는 뱃머리를 나란히 한 채 북쪽으로 옛 포구를 향하여 다투어 나아간다. 대체로 이것은 옛날 유천간과 신귀간 등이 왕후가 오는 것을 바라보고 급히 임금께 달려와서 보고한 것이 후대까지 남아 전한 흔적일 것이다(『삼국유사』권제2 기이제2 가락국기).

이 행사의 기원에 대해서는 흔히 문자기록 그대로 허왕후 도래를 기넘하여 시작된 것으로 이해하고 있다. 이 행사를 보고 관찰한 사람의 표현에 의하면 이때에 사람들이 두 편으로 나뉘어 뭍에서는 말을 달리고 바다에서는 배를 몰았다고 하는데, 그 내용이 양편의 사람들이 다투어 경주를 하는 모습을 상상하게 한다. 그런데 허왕후 도래를 기념하여 행했다는 행사에서 왜 이렇게 사람들이 양편으로 나뉘어 앞다투어 달리고 배를 몰아야 했을까. 이 행사의 관찰기록자는 이 행사가 허왕후를 맞이했던 오랜 역사를 재현하는 것이라는 의견을 제시했다. 이는 관찰기록자만의 생각은 아니었을 것이고 당시 이 행사를 거행하던 고려시대 김해지역민들의 생각을 반영한 것일 것이다. 이 기록 앞에 허왕후 도래 때에 유천간과 신귀간이 사람들을 거느리고 말을 달리고 배를 몰아 왕후를 맞이했다는 이야기가 있으므로 이러한 설명은 나름대로 합리적 근거를 가지는 셈이다.

그러나 과연 이 행사가 허왕후 도래 때문에 만들어진 김해지역의 특수한 행사였을까? 이와 관련하여 흥미로운 것은 이러한 모습과 유사한 행사가 아주 오랜 역사에서도, 또 최근까지의 우리 민속을 비롯한 세계 여러 지역에서도 행해졌던 흔적을 찾아볼 수 있다는 것이다. 여러 민족지의 사례로 보았을 때 이 행사는 단순히 역사적 사건을 기념하여 만들어진 것은 아니었던 것으로 보인다. 특히 사람들이 양편으로 나뉘어 배를 몰아 이기고 지는 것을 겨루는 놀이에 대한 오키나와나 중국 운남성 등 아시아 동남부 지역의 사례들이 많이 알려져 있다(鳥越憲三郎 1986; 허남춘 2003). 고려시대 김해지역 사람들이 행했다는 이 행사는 단순한 놀이나 역사적 사건을 기념하기 위한 행사만은 아니었던 것 같다.

사람들이 두 편으로 나뉘어 경주를 하였다는 점에서 이 행사는 세계 여러 지역에서 이른 시기부터 거행되었던 일종의 편싸움(또는 제의적 싸움)[19]으로서의 의미를 지녔던 것으로 보인다(김택규 1985; 허남춘 2003; 나

....

19   편싸움은 말 그대로는 무리가 양편으로 나누어 싸우는 것이다. 그런데 종교민속학의 관점에

희라 2009). 편싸움은 세계 창조 시의 카오스와 코스모스의 싸움에서 코스모스가 승리를 거둠으로써 창조가 이루어진다는 신화적 사고에서 출발한 것이다. 세계 각지의 많은 곳에서 신년(新年)의 시작 또는 봄철이나 수확기에 주기적으로 행해지는 편싸움은 우주의 에너지를 증대하고 강화시킨다는 고대 관념에 그 기원을 두고 있다. 편싸움의 과정에서는 성적 결합을 통한 풍요다산의 유감주술, 오르기의 상태가 지니는 생명의 갱신성, 재액 구축 과정 재현 등의 주술종교적 요소들이 충족되면서 풍요에 대한 기원이 구현된다(한양명 1993). 가장 오래되고 전형적인 제의적 싸움의 예는 바빌로니아인들이 행했던 아키투 페스티벌에서 행했던 것을 들 수 있는데, 이는 마르둑이 티아마트를 퇴치하고 국가를 창조했다는 바빌로니아의 창조신화, 에누마 엘리쉬에 그 근거를 두고 있었다. 아키투 페스티벌에서는 여러 종류의 주술종교적 의례들이 복합적으로 거행되었는데, 연기자들로 이루어진 두 집단 간에 의식적인 싸움이 행해졌고 집단적인 오르기가 벌어졌으며, 마르둑의 화신인 왕과 사원의 여사제 간의 신성한 결혼의식이 치러졌다(Eliade 1976, 78-93).

한반도에서도 줄다리기, 석전(石戰), 차전(車戰), 횃불싸움 등이 편싸움으로 많은 지역에서 전승되었다. 대표적인 편싸움의 하나인 줄다리기는 정월 보름이나 팔월 보름에 사람들이 양편으로 나뉘어 겨루기를 하고 그 결과에 따라 한 해의 풍흉을 점치는 놀이이다. 싸움을 하는 시기가 대

....

서 편싸움은 단순한 싸움이 아니다. 양편으로 나누어 싸우는 과정에서 실제의 격렬한 싸움이 있다 하더라도 싸움을 하는 이유, 결과는 종교의례적인 의미에 충실하다. 편싸움은 模擬戰, 擬戰, mock(mimic) battle이라고도 한다. 우리 민속에서는 줄당기기[索戰], 팔매싸움[石戰], 횃불싸움[炬火戰], 차전(車戰) 등이 편싸움으로 행해졌다. 이들은 대개 재액의 구축을 통해서 풍요다산을 불러오게 하는데 그 제의적 목적을 두고 있으며, 농경에서의 기풍과 점풍의 성격을 지니면서 전승되어왔다고 여겨지고 있다(한양명 1993). 그러나 여성들의 놋다리밟기[踏橋]와 신라시대 적마회(績麻會), 가야의 배 경주도 편싸움의 일종으로 볼 수 있으며, 바빌로니아시대 아키투 축제에서의 태초의 신과 괴물과의 싸움, 폴리네시아 추장의 매장의식에서 치러진 'the friends' 편과 악령 편의 싸움의 예 등으로 볼 때, 편싸움은 농경에서의 풍요를 기원하거나 점을 치기 위해서만 치러진 것은 아니고, 더 넓은 의미에서 여러 종류의 의례 과정에서 거행되었다. 나희라(2015, 10) 참조.

개 보름과 관련이 있다든지, 줄의 결합을 남성과 여성의 결합으로 생각한다든지, 양편의 대결을 남녀의 대결로 상징화한다든지, 여성편이 이겨야 풍년이 든다고 생각한다든지 하는 데서 줄다리기는 농경의례이며 풍요의례임을 알 수 있다(김택규 1985, 223-236).

이로 미루어 볼 때 양편으로 나누어 말과 배로 경주를 했다는 김해지역의 행사에 대한 기록은 분명 편싸움의 모습을 말하는 것이다. 편싸움에서는 사람들을 양편으로 나누며 각 편에는 대장이 있어 그 놀이를 이끈다. 가야 건국신화에서 유천간과 신귀간으로 하여금 사람들을 거느리고 허왕후를 맞이하도록 하였다는데, 유천간과 신귀간은 편싸움에서 설정되는 대장에 해당한다. 고려시대 김해의 배 경주 놀이에서도 동서로 양편을 나누고 각기 우두머리를 두었다고 하여 이 놀이가 명확히 편싸움임을 알 수 있다. 이렇게 볼 때 이 행사는 바다에 접하여 생활하였던 김해지역민들이 오랫동안 거행하며 전승해왔던 풍요의례로서의 편싸움에 그 기원을 둔 것이 아닌가 생각한다.

고대 한반도에서 편싸움의 흔적은 여럿 찾아볼 수 있다. 신라의 적마대회(積麻大會)와 고구려의 석전(石戰)이 자료에 나온다. 신라에서는 7월부터 8월 보름까지 성 안의 여성들이 왕녀(王女)가 이끄는 두 패로 나뉘어 길쌈을 하여 그 결과를 놓고 겨루었다는 기록이 있다. 『수서』에 의하면 고구려에서는 매년 초에 패수 가에서 왕이 참여한 가운데 사람들이 두 편으로 나누어 돌을 던지며 싸움을 했다 한다. 석전은 조선시대까지도 여러 지역에서 거행되었던 민속놀이였고, 신라의 적마대회는 이후 관련 기록은 없지만 여성들의 민속놀이로 전승되는 다리밟기나 강강술래에서 그 흔적을 찾아볼 수 있다. 이로써 볼 때 편싸움은 고대부터 현재까지도 장구한 세월 동안 지속된 민간전승임을 알 수 있다. 여성들의 집단적 풍요기원의 제의적 놀이인 다리밟기나 강강술래는 보름달을 상징하는 원무(圓舞)를 추고 성행위를 상징하는 놀이들이 행해짐으로써 여성성과 달, 성행위가 품어내는 풍요를 확보하는 것이었는데, 지금은 희박해졌지만 원래는 편싸움적인 요소와 길쌈의 요소를 가지고 있었던 것으로 파악된다(임재해 1992).

신화상으로나 의례의 관찰 기록으로 볼 때 김해에서는 바다에서는 배를 저어, 그리고 육지에서 말을 달려 경주를 했었던 것 같은데, 그것이 육지 편과 바다 편의 싸움이었는지, 아니면 육지에서 말을 달리는 편싸움과 바다에서 배를 몰아오는 편싸움을 모두 행하는 것이었는지는 확실히 알 수 없다. 현재 남아 있는 편싸움의 사례들로 보아서는 육지에서의 편싸움과 바다에서의 편싸움이 모두 있었던 것이 아닌가 여겨지기도 하나, 황해도 장연의 편싸움에서는 마을 청년들이 산 쪽과 해변 쪽으로 나눠서 윷놀이를 했다는 기록도 있어서(김택규 1985, 126), 육지 편과 바다 편의 편싸움의 가능성도 배제할 수는 없다. 또한 신화에서 수로왕이 육지를, 허왕후가 바다를 대표하여 결합한 것으로 보면 육지 편과 바다 편 간의 싸움과 그 결합을 생각해볼 수도 있다. 오늘날 줄다리기에서 나눠진 양편이 남성 편과 여성 편을 상징하고 줄다리기 과정에서 양편의 줄이 성행위를 상징하는 방식으로 겨루는 것과 신화에서 수로와 왕후의 결합을 연관지어 생각해볼 수도 있다. 고려시대에 배 경주를 했다는 김해지역의 편싸움은 조선시대에 오면 배 경주에 대한 관찰 기록은 없고 대신 정월 대보름이나 4월 8일, 단오 때에 깃발을 세우고 북을 울리며 석전을 했다는 기록이 있다.[20] 조선시대에도 배 경주가 계속해서 전승되었는지는 확실히 알 수 없다.

김해지역에서 편싸움의 전통은 상당히 오래된 것이고 또한 지속적으로 전승되었던 것 같다. 가야시대 김해지역에서 편싸움의 전통이 있었다는 것은 수로신화 중에 탈해와 수로가 싸워 탈해가 져서 배를 타고 달아나니 수로가 쫓았다는 이야기를(『삼국유사』 권제2 기이제2 가락국기) 통

....

20 "安東金海二府之俗 每遇正月十六日 聚居人 分爲左右 投石爲戲 以較勝負"(『稗官雜記』卷2),
    "好石戰 每歲自四月八日 兒童群聚 習石戰于城南 至端午日 丁壯畢會 分左右 堅旗鳴鼓 叫呼踊
    躍 投石如雨 決勝負乃已 雖至死傷 無悔"(『新增東國輿地勝覽』卷32 金海 風俗)

해서도 짐작할 수 있다. 수로와 탈해 양편의 싸움과 배로 쫓고 쫓겼다는 점에서 김해의 '희락사모지사'에서 행했던 배 경주와 유사하다. 이 이야기는 김해지역의 전통적인 편싸움 의례에 가야와 신라 사이의 성장기의 어떤 역사 경험에 대한 기억이 개입되어 만들어진 것이 아닌가 생각된다. 여기서 수로가 이기는 것은 편싸움의 원리에 의하면 당연한 결과이다. 편싸움에서는 창조와 풍요를 가져다주는 선이 악을 이겨야 하기 때문이다.[21] 금관가야와 신라의 경쟁과 갈등에 대한 역사적 기억이 편싸움의 주체로 수로와 탈해라는 두 시조를 설정하도록 하고 선의 상징인 수로가 악의 상징인 탈해를 물리쳤다는 이야기를 구성하도록 한 것이 아닐까. 가야시대부터 이러한 이야기가 구성되어 전승이 되었다면, 매년 이러한 이야기를 근거로 한 편싸움을 함으로써 가야인들은 경쟁국을 물리치고 자국의 안녕을 기원하는 심리적인 위안을 얻었을지도 모른다. 여하튼 수로와 탈해의 겨루기와 탈해의 패주 이야기는 김해지역 가야인들이 거행하였던 편싸움의 오랜 의례적 전통을 말해주는 또 하나의 증거라 할 수 있겠다.

허왕후 도래 자체가 풍요를 가져오는 신격의 도래를 말하는 것이고, 또 그를 기념한다는 편싸움이 풍요를 기원하는 의례였다는 것으로, 우리는 허왕후 설화와 관련 의례가 창조와 풍요를 기원하는 가야인들의 세계관과 관습을 기반으로 만들어진 것이었음을 이해할 수 있다.[22]

수로와 허왕후의 결혼 이야기는 이러한 창조와 풍요의 완결이라고 할 수 있다. 건국신화에서 시조왕과 왕비의 결혼 이야기는 일종의 신성혼

....

21 유대인들은 신년제에서 카오스를 구체적으로 표현하고 있는 신과 바다 괴물과의 싸움, 그리고 신의 승리를 표현하였는데, 매년 행해지는 이 우주 창조적 승리가 히브리인들의 의식 속에서는 그 당시 현존하고 있는 이방의 왕뿐만 아니라 장차 왕이 될 모든 이방의 군주들에 대한 승리로 부각되어 있다고 한 연구는 수로와 탈해의 싸움이 왜 편싸움의 형식을 가지고 있고 수로의 일방적 승리로 끝났다고 이야기가 구성되어 있는지에 대해 힌트를 주고 있다[Eliade 1959(1976), 90-91].

22 이와 관련하여 창원 다호리 원삼국시대 저습지유적에서 대량으로 수습된 木劍을 模擬戰[편싸움]의 흔적으로 보는 해석이 있다(조현종 2014).

(神聖婚)을 말하는 것인데, 이는 남성성과 여성성의 결합이 세계의 창조와 풍요를 보증한다는 신화적 관념에 기반을 두고 있는 것이다. 금관가야의 건국신화에서는 시조왕과 왕비의 만남과 결합을 비중 있게 풀어내고 있으며 더군다나 '산에 임시로 설치한 침전에서 함께 이틀 밤을 지내고 또 하루 낮을 지냈다'고 하여 그들의 성적 결합을 상당히 강하게 표현하고 있다. 풍요로운 생산과 무사안녕을 기원하는 민속의 공공의례에서 남성신과 여성신을 함께 사당에 모셔놓고 그들을 위한 의례 과정에서 성행위를 상징하는 여러 행위가 연출되는 것과(조용기 1987) 비교할 수 있다.

이러한 요소들은 신라의 건국신화에서도 마찬가지이다. 혁거세도 알영과의 신성혼을 통해 건국을 완성시켰다. 신라의 건국신화에는 편싸움의 요소는 들어가 있지 않으나, 혁거세에 이은 2대 유리왕 대의 기사로 여성들의 직물짜기 편싸움이 나오고 화랑의 기원과 관련하여 여성들이 두 편으로 나뉘어 싸움을 하는 이야기가 전해지고 있어서, 신라 지역에도 신성혼과 편싸움을 풍요와 안녕을 기원하는 신앙과 의례로 여기고 행하는 종교적 전통이 있었음을 짐작할 수 있다.

4. 암각화의 신앙과 의례

풍요와 안녕을 기원하는 고대인의 신앙과 의례의 물질적 흔적으로는 암각화가 있다. 영남지역에서 집중적으로 발견되는 소위 방패형(혹은 검파형) 암각화는 진·변한 시기까지 연결되는 이 지역 종교 전통의 내용을 알려준다고 생각된다. 이 유형의 암각화는 방패형, 검파형, 神面 등으로 다양한 명칭이 제기된 만큼 그 성격에 대해서도 다양한 견해가 있다(서영대 2008). 검파형 문양이 남성 상징의 석검에 여자 성기가 결합되어 여성신상의 의미를 가진다고 보기도 하나(송화섭 1993), 이로써는 양쪽으로 벌어진 사각형 문양이 어디서 출발하였으며 그 의미가 무엇인지, 그리고 남성의 상징이 왜 검파형으로 귀결되었는지 설명이 되지 않는다. 이와 관련해서는 어떤 특정한 실용의 물건을 모방하여 만든 형상이라기보다는 물과 농경과 관련된 神像을 표현한 것이라는 견해나(서영대 2008), 어떤 뜻을 가진 사실적인 것이거나 물체를 상징하는 것은 아니고 선을 갈아낸 흔적과 성혈로 봐야 하는 것으로 풍요주술과 감응주술에 의한 생산을 기원하는 신앙행위에서 만들어진 것이라 보는 견해가(황용운 1987, 229-243) 더 상상의 근거를 제공할 여지가 많다. 이 암각화의 문양이 무엇을 모방하거나 나타냈든지 간에, 이러한 암각이 이루어진 바위의 입지가 주로 물가라는 것 그리고 그 문양이 성혈과[23] 함께 만들어졌다는 점에서, 진·변한 전후 시기에 이 지역에서 조성된 것으로 보이는 방패형(혹은 검파형) 암각화는 이 시기 풍요를 기원하는 농경의례의 거행과 관련이 있는 것으로 해석되고 있다(신대곤 2017; 전호태 2017).

특히 대가야의 중심지였던 고령의 장기리 암각화는 선사시대부터의 종교전통이 어떻게 의례로 전승되고 이후 대가야의 신화와 어떻게 결합되었는지를 알 수 있게 해주는 흥미로운 자료이다. 장기리 암각화에는 동심원 문양과 방패형(혹은 검파형) 문양, 그리고 알구멍이나 알바위로도 불리는 성혈이 다수 새겨져 있다. 이 지역에서는 암각화가 있는 곳을 '알터', 암각화를 '알터암각화'라고 불렀고, 가야산신이 알터에서 알을 낳았다고 하고 천신과 감응하여 금관가야와 대가야의 시조를 낳았다는 이야기 등이 전승되어왔다(나희라 2009, 127-130; 전호태 2017, 139-140). 바위, 성혈, 여신, 새, 알 등의 풍요와 연관된 여러 종교적 요소들이 복합적으로 구성된 이야기와 이러한 신앙을 바위를 중심으로 표현하였던 의례행위

....

23 성혈은 대개 여성 성기에서 시작하여 생산의 상징으로 여겨졌다(황용운 1987, 238-241, 244). 선사시대 성혈이 집중적으로 만들어졌던 지역은 조선조에 와서는 알터 혹은 알바위라는 새로운 이름으로 알려지고 자식을 얻길 원하는 부녀자들이 소망을 기원하는 성지로서 계속해서 사용되어 왔다.

의 흔적을 볼 수 있다. 이로써 추정해볼 때 변한 시기 고령지역에서는 오래전부터의 주술적 풍요의례의 흔적이 남은 바위를 중심으로 풍요를 기원하는 종교의례를 공공의례로 거행하던 전통이 있었는데, 그 신앙과 의례의 전통이 대가야의 건국신화를 구성할 때 녹아들어갔던 것이 아닐까.[24]

IV. 맺음말

이상에서 진·변한의 신앙과 의례에 관한 몇 가지 문제를 살펴보았다.

먼저 삼한 시기의 기본 자료인 『삼국지』 동이전의 진·변한 자료에서 자료 읽기의 문제를 생각해보았다. 진한과 변한을 분명히 구분하여 읽는 것이 어려운 상태에서 찬자의 기술 태도와 그것이 가져다 준 혼란을 일부분 인정하면서 조정을 해보려고 하였다. 그러나 여전히 문제는 있으며 또는 이렇게 조정한 것 때문에 생기는 문제도 있다. 그리고 별읍과 소도는 마한 부분에서 기술하였지만 진한과 변한의 내용으로도 이해할 수 있다고 추정해보았다.

진한과 변한의 구체적 신앙과 의례의 내용은 내부자의 기록인 『삼국사기』와 『삼국유사』의 신라와 금관가야의 초기 기록, 특히 시조신화를 통해 살펴보려고 하였다. 혁거세신화와 수로신화는 그 이야기 구조나 내용에서 유사한 점이 많다. 외부자들이 진한과 변한이 의복과 거처, 언어

....

24 이러한 풍요기원의 신앙과 의례 습속의 흔적은 최근의 민속에서도 희미하게나마 발견된다. 전북 부안읍 서외리 서문안 당산의 할아버지 당산 기대석에는 10여 개의 작은 구멍이 파여 있는데, 이를 꼭대기에 앉아 있는 오리의 '알받이구멍'이라 하여 당산제를 지낼 때 여기에 쌀을 소복하게 담아 놓고 제사를 지냈다고 한다(김형주 1986, 147). 이필영의 현지조사에 의하면 할아버지 당산의 기대석은 성혈이 있는 고인돌의 덮개돌 부분을 이용한 것으로 이것이 오리 알받이 구멍으로 여겨졌던 것이라 한다(이필영 1994, 327).

와 법속이 비슷하다고 관찰한 것처럼, 이들 사이의 문화적·역사적 경험의 공통점이 신화에도 반영된 것인지 모른다. 이들 신화에는 하늘과 산악 그리고 해양에서부터 창조와 풍요를 가능하게 하는 신성성이 온다는 세계관이 공통적으로 나타나 있다. 수로신화에 자세한 편싸움 요소를 신라의 기록에서도 찾아볼 수 있어서, 편싸움과 같은 고대적 풍요기원 의례가 농경의례의 일부분으로 진·변한의 여러 지역에서 행해졌을 가능성도 제시해보았다. 또 영남지역에서 특징적으로 발견되는 방패형(또는 검파형) 암각화를 통해 진한과 변한 시기에 이러한 암각화를 중심으로 혹은 배경으로 해서 행해졌을 풍요기원 의례도 상상해보았다. 『삼국지』 동이전 한조에서 외부의 관찰자는 단체로 모여 술 마시며 群舞를 추는 농경의례를 묘사하였다. 그러나 삼한 시기 전후의 여러 자료들을 통해 우리는 진·변한인의 풍요기원 신앙과 의례를 훨씬 더 다양하고 풍부하게 그려볼 수 있다.

이상에서 볼 때 진한과 변한은 종교문화의 측면에서도 많은 공통점이 있었던 것 같다. 『삼국지』 동이전 찬자도 이렇게 보았다. 그러나 진한과 변한은 '祠祭鬼神有異'라고 하여 귀신을 제사하는 데서 차이가 있다고 하였다. 『삼국지』 동이전에서 귀신은 人鬼나 조상신을 포함하여 天神地祇와 같은 자연신도 아우른 신격을 가리킨 용어로 파악된다(서영대 1991, 14). 외부인의 입장에서 제사 대상이 되는 귀신이 차이가 난다고 본 것은 어떤 의미일까? 혁거세신화와 수로신화를 통해 볼 때 초기 신라와 가야인들은 공통적으로 天, 산악(또는 구릉), 나무, 물(우물, 바다)의 신성성을 믿고 그로부터 풍요의 힘을 기원했던 것이 분명하다. 그런데 이러한 신성성과 풍요의 힘을 발현하고 드러낸 것은 혁거세신화에서는 혁거세와 알영이며, 수로신화에서는 수로와 허왕후였다. 이들은 각기 신라와 가야의 근원을 설명하는 조상신(시조신)이었다. 사로국을 이룬 6촌인들은 모두 하늘로부터 산을 통해 신성성이 구현된다고 믿었다. 그러나 6촌을 구분해준 것은 각기 다른 이름을 가진 산천과 그곳으로 하강한 인격적 시조들이었다. 이처럼 자기 집단의 근원을 설명하는 데 개별적 성격과 이름을 가진 산천을 근거로 한 인격적 시조를 내세우는 것은 각 정치적 집단 간의 구분을 분명히 해주는 것이었다. 진·변한의 대표자들과 접촉했던 중국인은 그들이 자기 집단의 근원을 설명하는 가운데 드러냈던 시조신의 차이에 주목했던 것은 아닐까.

자료: 『三國志』東夷傳 韓條

① 韓在帶方之南, 東西以海爲限, 南與倭接, 方可四千里. 有三種, 一曰馬韓, 二曰辰韓, 三曰弁韓. 辰韓者, 古之辰國也. (中略) 常以五月下種訖, 祭鬼神, 羣聚歌舞, 飮酒晝夜無休. 其舞, 數十人俱起相隨, 踏地低昂, 手足相應, 節奏有似鐸舞. 十月農功畢, 亦復如之. 信鬼神, 國邑各立一人主祭天神, 名之天君. a又諸國各有別邑, 名之爲蘇塗. 立大木, 縣鈴鼓, 事鬼神. 諸亡逃至其中, 皆不還之, 好作賊. 其立蘇塗之義, 有似浮屠, 而所行善惡有異. (中略) 其男子時時有文身. (下略)

② 辰韓在馬韓之東, 其耆老傳世, 自言古之亡人避秦役來適韓國, 馬韓割其東界地與之. 有城柵. 其言語不與馬韓同, 名國爲邦, 弓爲弧, 賊爲寇, 行酒爲行觴. 相呼皆爲徒, 有似秦人, 非但燕·齊之名物也. 名樂浪人爲阿殘, 東方人名我爲阿, 謂樂浪本其殘餘人. 今有名之爲秦韓者. 始有六國, b稍分爲十二國.

③-1 c弁辰亦十二國. d又有諸小別邑. 各有渠帥, 大者名臣智, 其次有險側, 次有樊濊, 次有殺奚, 次有邑借. 有已柢國·不斯國·弁辰彌離彌凍國·弁辰接塗國·勤耆國·難彌離彌凍國·弁辰古資彌凍國·弁辰古淳是國·冉奚國·弁辰半路國·弁[辰]樂奴國·軍彌國(弁軍彌國)·弁辰彌烏邪馬國·如湛國·弁辰甘路國·戶路國· 州鮮國(馬延國)·弁辰狗邪國·弁辰走漕馬國·弁辰安邪國(馬延國)·弁辰瀆盧國·斯盧國·優由國. 弁辰韓合二十四國, 大國四五千家, 小國六七百家, 總四五萬戶. e其十二國屬辰王. 辰王常用馬韓人作之, 世世相繼. 辰王不得自立爲王. 魏略曰, 明其爲流移之人, 故爲馬韓所制. 土地肥美, 宜種五穀及稻, 曉蠶桑, 作縑布, 乘駕牛馬. 嫁娶禮俗, 男女有別. 以大鳥羽送死, 其意欲使死者飛揚. 魏略曰, 其國作屋, 橫累木爲之, 有似牢獄也. 國出鐵, 韓濊倭皆從取之. 諸市買皆用鐵, 如中國用錢, 又以供給二郡. 俗喜歌舞飮酒. 有瑟, 其形似筑, 彈之亦有音曲. 兒生, f便以石厭其頭, 欲其褊. 今辰韓人皆褊頭. 男女近倭, 亦文身. 便步戰, 兵仗與馬韓同. 其俗, 行者相逢, 皆住讓路.

③-2 弁辰與辰韓雜居, 亦有城郭. 衣服居處與辰韓同. 言語法俗相似, 祠祭鬼神有異, 施竈皆在戶西. 其瀆盧國與倭接界. g十二國亦有王, 其人形皆大. 衣服絜淸, 長髮. 亦作廣幅細布. 法俗特嚴峻.

참고문헌

강봉원, 2015, 「진한의 원거리 무역: 토착사회의 내재적 발전과 관련하여」, 『신라사학보』 35.

권오영, 2013, 「『삼국지』「동이전」 한조의 고고학」, 『삼국지 동이전의 세계』, 서울: 성균관 대학교 출판부.

_____, 2017, 「마한의 제의와 의례」, 『제28회 백제학회 정기학술회의 발표집, 마한의 소도와 의례공간』, 백제학회.

권주현, 2002, 「진·변한인의 생활과 문화」, 『진·변한사연구』, 경상북도·계명대학교 한국 학연구원.

김태곤, 1987, 『한국민간신앙연구』, 서울: 집문당.

金宅圭, 1985, 『韓國農耕歲時의 硏究』, 대구: 嶺南大學校出版部.

김형주, 1986, 「부안지방의 석간당산」, 『비교민속학』 2.

나경수, 1993, 『한국의 신화연구』, 서울: 敎文社.

나희라, 2000, 「고대 한국의 샤마니즘적 세계관과 불교적 이상세계」, 『한국고대사연구』 20.

_____, 2009, 「대가야의 신화와 의례」, 『대가야의 정신세계』, 고령군대가야박물관·계명 대학교 한국학연구원 대가야학술총서 제7호.

_____, 2015, 「고구려 패수에서의 의례와 신화」, 『사학연구』 118, 한국사학회.

남혜민, 2018, 「三韓 소국 네트워크의 위계 구조와 斯盧國」, 『한국고대사연구』 92.

문창로, 2017, 「문헌자료를 통해 본 삼한의 소도와 제의」, 『백제학보』 22.

_____, 2018, 「'변한과 가야' 연구의 동향과 과제」, 『한국고대사연구』 89.

박대재, 2018, 「삼한의 '국읍'에 대한 재인식」, 『한국고대사연구』 91.

서대석, 2001, 『한국신화의 연구』, 서울: 집문당.

서영대, 1991, 「韓國宗敎史 資料로서의 『三國志』東夷傳」, 『한국학연구』 3, 인하대학교.

_____, 2008, 「한국 암각화의 신앙과 의례」, 『한국암각화연구』 12, 한국암각화학회.

송화섭, 1993, 「한반도 선사시대 기하문 암각화의 유형과 성격」, 『선사와 고대』 5.

신대곤, 2017, 「고령 장기리암각화의 고고학적 위상」, 『한국암각화연구』 21.

여호규, 2013, 「『삼국지』「동이전」의 「부여전」과 「고구려전」의 비교 검토」, 『삼국지 동이전의 세계』, 서울: 성균관대학교 출판부.

윤용구, 2013, 「『삼국지』 판본과 「동이전」」, 『삼국지 동이전의 세계』, 서울: 성균관대학교 출판부.

이지영, 1995, 『韓國神話의 神格 由來에 관한 硏究』, 서울: 태학사.

이필영, 1994, 『마을신앙의 사회사』, 서울: 웅진출판.

이현혜, 1997, 「삼한」, 『국편 한국사 4권 초기국가』, 국사편찬위원회.

임재해, 1992, 「강강술래와 놋다리밟기의 지역적 전승 양상과 문화적 상황」, 『민속연구』 2, 안동대 민속학연구소.

전해종, 1980, 『동이전의 문헌적 연구』, 서울: 일조각.

전호태, 2017, 「한국의 검파형 암각화와 문화유산 스토리텔링」, 『역사와 경계』 105.

조용기, 1987, 「河回別神굿 탈놀이 硏究」, 서울대학교 석사학위논문.

조현종, 2014, 「광주 신창동유적의 농경제사」, 『도작농경사회의 제사와 의례』, 국립광주박물관.

주보돈, 2013, 「삼한 관련 기본사서의 문제」, 『삼국지 동이전의 세계』, 서울: 성균관대학교 출판부.

한양명, 1993, 「편싸움의 유인변화」, 『한국민속놀이의 종합적 연구』 22, 한국민속학회.

_____, 1993, 「편싸움의 誘因 變化: 祈豐에서 占豐으로」, 『한국민속놀이의 종합적 연구』 22, 한국민속학회.

허남춘, 2003, 「수로전승의 희락과 제의 비교 고찰」, 『동아인문학』 4, 동아인문학회.

현용준, 1986, 「韓國神話와 祭儀」, 『月山任東權博士頌壽紀念論文集』(國語國文學篇), 集文堂 ; 1992, 『巫俗神話와 文獻神話』, 서울: 集文堂 재수록.

황용운, 1987, 『동북아시아의 岩刻畵』, 서울: 民音社.

황패강, 1972, 「朴赫居世神話論考」, 『韓國敍事文學硏究』, 서울: 단국대출판부.

三品彰英, 1975, 『三國遺事考証』, 東京: 塙書房.

鳥越憲三郎, 1986, 「倭族の他界觀」, 『村構造と他界觀』(鳥越憲三郎博士古稀祈念論文集), 東京: 雄山閣.

何星亮, 1992 『中國自然神與自然崇拜』, 上海: 上海三聯書店.

Williamson, Robert W., 1911, "Polynesia," *Encyclopedia of Religion and Ethics* (James Hastings ed.) Vol.10, New York: Charles Scribner's sons.

Eliade, Mircea, 1976, 『宇宙와 歷史-永遠回歸의 神話』, 정진홍 역, 서울: 現代思想社.

Harva, Uno, 2014, 『샤머니즘의 세계 – 알타이 민족들의 종교적 표상』, 박재양 역, 서울: 보고사.

5

변한지역 목관묘의 편년과
사회변동 양상

이양수 국립중앙박물관

I. 머리말

변한은 삼한 중의 하나로 청동기시대와 삼국시대 사이의 시기 한반도 남부 부산·경남에 존재하던 정치체이다. 변한에 대해서는 『三國志』 魏書 東夷傳 한전조에 12국이 있었다고 기록되어 있는데, 그 중 강력한 세력으로 구야국과 안라국이 기록되어 있다.

변한 시기의 대표적인 묘제는 목관묘인데, 전대의 청동기시대부터 단초가 보이다가, 단면원형점토대토기문화에서부터 크게 성행한다. 이후 기원후 2세기 후반 중국의 '桓靈之末' 韓濊가 강성하던 시기 후기와질토기로의 변화와 함께 김해 양동리 162호묘를 시작으로 목곽묘로 바뀌게 된다.

여기에서는 단면원형점토대토기문화에서부터 전기와질토기문화까지의 시기에 목관묘에서 출토된 청동기를 바탕으로 당시 변한 사회를 살펴보고자 한다. 논지 전개를 위하여 앞 시기와 뒤 시기의 유물이나 목관묘가 아닌 유구에 대해서도 일부 포함하여 논의를 진행한다.

결국 이를 통하여 밝히고자 하는 것은 첫 번째로 재지문화와 새로운 도래문화가 어떻게 융합되어 가는지, 두 번째로 이웃한 마한과 진한과의 비교─특히 중국 한경과 한식토기, 왜계토기 등의 분포를 기초로 실용재와 위신재 교역망의 차이와 변한세력의 성장에 대해서 논하고 싶다.

II. 종합편년

I기(기원전 4세기~기원전 3세기 중엽)

I기는 청동기시대가 끝나고 새롭게 국이 형성되는 시기이다. 이 시

기에 속하는 무덤은 김해, 창원, 사천 등지에서 발견되는데, 그 문화 내용은 상당히 복잡하다. 대체적으로 전대의 청동기시대의 잔상에 새로운 시대의 묘제, 부장품, 이념 등이 합쳐진 경우가 많다. 세분하여 보면 아래와 같다.

① 청동기시대의 부장품+새로운 묘제·부장품-목관묘·유리소옥 (김해 대성동 84호묘)
② 청동기시대의 묘제+새로운 문화의 형태적 모방-변형요령식동검(김해 신문동 1호 석관묘, 창원 진동리)
③ 청동기시대의 묘제와 부장품+새로운 이념(사천 이금동, 창원 덕천리)

이 외에도 재지문화의 잔존이 지석묘 등에서 확인된다. 이런 양상은 결국 도래문화에 의해 급격한 변화가 아닌 재지문화의 선택적 수용의 양상이 더 강한 점을 느낄 수 있다.

다음 단계에는 단면원형점토대토기문화가 성행하는데, 다른 지역과 달리 단면원형점토대토기가 부장된 목관묘는 찾아보기 힘들다. 다만 김해 율하 B-9호 목관묘에서는 한국식동검과 석제 검파두식이 짝을 이루어 출토되었는데, 단면원형점토대토기는 출토되지 않았지만, 동검과 검파두식으로 보아 동 시기로 생각된다. 무덤이 위치한 구릉의 정상부에는 묘역식 지석묘군이 자리 잡고 있다. 동일 시기 진한에서는 김천 문당동 목관묘가 최초로 확인되는데, 변형요령식동검의 형태가 개천 용흥동 출토품과 유사해서 서북지역의 청동기문화의 영향으로 보인다. 새로운 묘제인 목관묘에 새로운 토기문화인 단면원형점토대토기, 그리고 재지적인 옥류와 석창의 결합이다. 최종규(2008) 역시 김천 문당동 무덤을 변형요령식동검과 천하석제 곡옥은 송국리문화, 목관묘는 괴정동문화의 요소로 보고 두 문화가 복합된 것으로 보았다. 신구의 혼합이기는 하지만 김천이나 한반도 남부의 입장에서 본다면 변형요령식동검은 송국리문화보다는 더 북쪽의 문화 요소로 보인다. 이에 반해 변한은 요령식동검의 형태를 한국식동검처럼 세형화시키는 것이어서, 좀 더 재지적인 문화와 신문화가 혼합되는 양상이 강해 보인다.

이 시기에는 무덤 이외에 합천 영창리 마을 유적의 주거지에서 한국식동검, 산청 백운리에서 의례와 관련되어 한국식동검, 동사 등이 출토된 바 있다.

II기 (기원전 3세기 후엽~기원전 2세기 중엽)

전고(2012)에서는 진한 목관묘 II기를 1·2·3기로 세분한 바 있지만, 변한에서 목관묘 II기는 점토대토기 단순기와 점토대토기와 철기가 공반하는 시기 정도밖에 구분을 할 수 없다. 단면원형점토대토기 단순기의 무덤은 보이지 않으며, 단면삼각형점토대토기문화의 무덤만이 확인된다. 김해 양동리 (동)70호묘, 창원 다호리 16·41호묘 등지에서 점토대토기, 흑색마연장경호 등 토기가 출토되었으며, 기장 방곡리 가-2·4호 목관묘에서는 두형토기가 여러 점 출토된 바 있다.

점토대토기와 철기가 동반하는 경우는 김해 양동리 (동)52호, 창원 다호리 18호묘가 대표적이다. 철기는 철겸, 철모, 철부 등인데 처음부터 완전한 형태의 것들이 부장되는 점은 철기 제작기술이 재지에서 발전했다기보다는 완성된 형태의 제작기술을 가진 집단의 이주를 상정해야 할 것이다. 특히 창원 다호리 18호묘에서는 판상철부가 처음으로 확인된다. 이러한 철기는 부산 동래 내성 유적 주거지와 마찬가지로 단면삼각형점토대토기문화에서 철기의 제작이 이루어졌던 증거를 보여주는 사례이다.

사천 월성리 목관묘에서는 다뉴세문경, 동사 등이 출토되었으며, 다뉴세문경 중에서 마지막 단계의 정형성이 떨어지는 것으로 보인다. 이 외에

전 마산으로 알려진 다뉴세문경이 일본 도쿄국립박물관에 소장되어 있다.

기장 가동 가-1호묘에서는 철검과 청동검파, 입주부십자형검파두식이 출토되었다. 다만 이 무덤은 폭이 상당히 좁아서 무덤이 아니라 제사유구일 가능성도 있다. 청동검파는 평양, 경주 입실리 등지에서 출토된 것과 동일한 형식으로 위만조선의 성립과 준왕 남하 시기에 유입된 유물로 판단된다.

김해 회현동 D지구 3호 옹관묘에서는 한국식동검 2, 동사 7점 이상이 출토된 바 있다. 이 무덤은 일본 북부 규슈의 묘제로 긴카이식(金海式)으로 불리는 옹관이다. 한국식동검 중 1점은 주조된 상태 그대로 마연이 되지 않은 상태이며, 동사 중에는 마모된 부분이 상반되는 것들이 섞여 있어 오른손잡이, 왼손잡이와 같이 전혀 다른 사람들이 쓰던 것을 함께 부장한 것으로 해석된다.

사천 늑도에서는 옹관묘를 비롯한 많은 무덤이 확인되었는데, 목관묘는 아니지만 가-100호 토광묘에서 한국식동검이 부장된 무덤이 확인되었다. 신분적인 격차가 크다고 할 수는 없지만 외지의 청동기를 입수한 점은 주목된다.

진한의 경우 이 시기부터 경산 임당동과 같이 삼국시대의 고분까지 연결되는 목관묘 군집이 시작된다. 또한 경주 입실리·죽동리·구정동, 대구 팔달동 90호묘, 울산 교동 1호묘 등 청동기를 다량 부장한 분묘가 진한지역을 중심으로 눈에 띄게 증가하게 된다. 변한에서는 이런 양상은 그다지 확인되지 않는다.

III기 (기원전 2세기 후엽~기원전 1세기 중엽)

III-1기(기원전 2세기 후엽)는 정형화된 주머니호가 출현하는 시기이다. 창원 다호리 28·73호묘, 함안 도항리 (경)63호묘가 대표적인 유구이다. 창원 다호리 34·73호 목관묘에서는 주머니호, 조합식우각형파수부호, 단면삼각형점토대토기 등과 함께 철검, 철사, 청동제검파두식이 출토되었다. 검파두식은 십자형인데 유사한 형태의 것이 황해북도 은파군 갈현리에서 출토된 바 있다. 대동강유역과 관련성을 보여주는 자료이다. 특히 이 무덤에서는 판상철부가 출토되는데, 변한과 관계가 있을 것으로 생각된다.

이 시기에 함안에서 목관묘가 처음으로 등장한다. 철검, 철모, 철부 등 철기가 완성된 형태로 등장하는 점에서 김해 양동리나 창원 다호리와 마찬가지로 외부에서 철기 제작기술이 이입된 것으로 판단된다. 진한의 경우 경주 조양동 5호묘, 성주 예산리 1호묘가 여기에 속한다.

목관묘 출토품은 아니지만 마산 가포동 제사유구에서 출토된 청동기 중 동과의 연대는 이 시기에 해당할 가능성이 있다.

III-2기(기원전 1세기 전엽)로는 기장 방곡리 가-3호, 밀양 교동 9호, 부산 노포동 나지구 1호, 창원 다호리 12·34·40·58호, 함안 도항리(창)23·(경)48·59호묘 등이 여기에 해당한다. 이 시기부터 밀양 교동에서 목관묘 축조가 시작된다. 함안 도항리의 경우 토기의 부장이 중심이 되고 철기 부장은 그다지 많지 않다.

III-3기(기원전 1세기 중엽)는 漢式文物이 다량 확인되는 시기이다. 가장 주목되는 무덤은 창원 다호리 1호 목관묘이다. 이 무덤에서는 星雲文鏡을 비롯해 曲棒形帶鉤, 小銅鐸, 五銖錢, 銅劍과 劍鞘, 鐵劍과 劍鞘, 부채, 漆器 등이 확인되었다. 특히 함께 발견된 붓과 削刀는 이 무덤의 피장자의 성격을 보여주는데, 문자 생활을 영위하는 사람이었다는 것을 알 수 있다.

편년과 연관하여 가장 중요한 것으로 성운문경과 오수전을 들 수 있다. 이 둘은 같이 동반하여 출토되는 경우가 많아 주목되는데, 최근 진한의 경산 양지리 1호 목관묘에서도 성운문경·이체자명대경과 함께 과초에 26점의 오수전이 장식되어 있다.

다호리 24호에서는 단봉의 동모가 출토되었고, 48호묘에서는 재갈이 출토되었다. 61호묘에서는 鐵鋤가 출토되었다. 63호묘에서는 동검과 검파두식이 짝을 이루어 출토되었다.

밀양 교동에서는 이 단계의 무덤이 가장 많다. 3호묘에서는 성운문경과 닻형철기, 철서, 철겸, 철부 등이 출토되었다. 17호묘에서는 이체자명대경과 함께 다량의 가락바퀴가 출토되었는데, 철기가 부장되지 않은 점이 주목된다. 이 외에 8호묘에서는 성주 예산동 3호묘 출토품과 유사한 경부에 돌대가 돌아가는 고배가 출토되었고, 13호묘에서는 동검과 검파두식, 반부선금구 등이 출토되었다. 변한에서 목관묘가 가장 많은 시기가 이 시기이다. 이 시기에 한정하여 눈에 띄는 무덤들이 증가하는데, 창원 다호리, 밀양 교동과 같이 내륙의 위신재 네트워크와 관련된 유통망을 상정할 수 있다. 하지만 진한에 비하면 눈에 띄는 유적은 많지 않으며, 마한의 양상을 보더라도 한군현 설치 이후 선택적인 위신재 교역과 분배의 양상이 있었다는 것을 알 수 있다.

IV기(기원전 1세기 후엽~1세기 전엽)

IV-1기(기원전 1세기 후엽)는 와질토기가 주류를 이루는 시기이다. 창원 다호리 37·47호, 함안 도항리 (경) 30·70·74호, 밀양 교동 1호묘 등이 여기에 속한다. 앞 시기에 비해 눈에 띄는 무덤은 없다.

IV-2기(1세기 전엽)는 기장 방곡리 가-1호, 창원 다호리 19·32·68·71호, 함안 도항리 (창)22호묘 등이 여기에 속한다. 창원 다호리 19호묘에서는 동검, 검파두식, 반부선금구, 초금구 등과 함께 변형된 닻형철기가 출토되었다. 토기가 없어서 정확한 시기를 알 수 없지만 반부선금구에 돌선이 들어 있는 문양이 있는 형식으로 연대의 하한을 잡을 수 있다. 함안 도항리 (창)22호묘에서는 철검과 짝을 이루는 촉금구가 출토되었다.

IV-3기(1세기 중엽)는 김해 대성동V-60호·가야의 숲 3호·양동리 17
호, 창원 다호리 49·69·70호, 함안 도항리 (창)26·(경)65·(동)1호묘가
여기에 속한다. 이 단계는 김해 가야의 숲 3호묘가 가장 대표적인 무덤이
다. 무문경, 철과형동과, 부채, 철검, 칠기 등 다양한 유물이 출토되었는
데, 동 시기의 경주 사라리 130호묘와 비교하면 철기 부장이 빈약하다.
이 무덤을 시작으로 김해 시내에서 눈에 띄는 목관묘가 확인되기 시작하
며, 금관가야의 중심 묘역인 대성동에서 84호묘 이후 최초로 목관묘가 확
인되기 시작한다. 아마도 조사를 통해 그 간격은 채워질 가능성이 있다.

진한에서는 IV기에 경주 탑동·조양동·사라리, 대구 평리동, 영천 어
은동 등 여러 지역에서 III기와 마찬가지로 한경을 비롯한 한식문물을 위
신재로 사용하는 것이 계속적으로 확인되는 반면 변한에서는 그리 눈에
띄는 한식문물은 없다. 아마도 III기에 군현이 설치되면서 정치적인 목적
이 강하게 분배되었던 한식문물이 IV기에는 진한에 독점적으로 분배되
는 양상이라 생각된다. 다만 김해 회현리패총에서 훼룡문경편이 출토되
는 것과 같이 실용재 교역망을 통한 한식문물의 유통은 계속되었던 것을
알 수 있다.

V기(1세기 후엽~2세기 전엽)

V-1기(1세기 후엽)는 창원 다호리 36호, 김해 구지로12·25호·양
동리 (문)2·(동)55·(동)427·대성동V-11호·내덕리 19호, 함안 도항
리 (경)25호묘 등이 여기에 속한다. 가장 눈에 띄는 무덤은 김해 양동
리(동)55호묘와 (동)427호묘와 내덕리 19호묘이다. 먼저 김해 양동리
(동)55호와 (동)427호묘에서 가장 눈에 띄는 것은 韓鏡인데, 진한의 韓鏡
이 한반도에서 제작된 것이라면 변한의 韓鏡은 일본에서 제작되어 역수
입되는 것으로 볼 수 있다. 이와 함께 왜와의 교류의 중심이 김해 양동리

로 집중되는 경향이 확인된다. 그리고 김해 내덕리 19호묘에서 가장 눈에 띄는 것은 후한경인 박국경이다. 후한경은 삼한 중 진한에서는 확인되지 않으며 변한과 마한에서만 출토되는 특징이 있다. 또한 이 무덤에서는 양동리 (동)427호묘에서 출토된 것과 동일한 양동리식동검이 출토되고 있어 양 분묘 간에 동질성을 느낄 수 있다. 또한 양동리식동검의 출현 과정에는 앞선 IV기의 김해 가야의 숲 3호묘 출토 철과형동과의 영향과 관련 지을 수 있을 것이다.

V-2기(2세기 전엽)는 창원 다호리 31호, 김해 양동리 (동)99·(동)151·대성동 13·67호·부산 복천동 154·158호, 함안 도항리 (경)21호·(경)24호묘 등이 여기에 속한다. 김해 대성동 13호 묘에서 조합식우각형파수부호에 대각이 붙은 형태가 확인되는데 이 시기에는 김해 양동리 162호묘와 같은 목곽묘가 등장한 이후라고 생각된다. 대성동 67호묘에서는 호형대구가 출토되었는데, 대성동 목관묘 중에서 출토된 청동기 중에서는 가장 눈에 띄는 유물이다. 아마도 이 시기를 전후하여 김해 양동리 162호묘와 같은 목곽묘로의 전환이 이루어지기 시작하였을 것으로 생각된다.

III. 청동기 부장과 의미

1. 재지세력의 발전과 신문화의 흡수

먼저 지석묘는 고인돌이라고도 불리며, 이전의 청동기시대를 대표하는 무덤의 형태이다. 청동기시대의 무덤이지만 이어지는 초기 철기시대에도 일부 남아 있다. 김해에서는 내동 2호와 3호 지석묘 등이 여기에 속한다. 이 두 지석묘는 전형적인 남방식으로 지하에 할석으로 석관을 만

들고 개석 위에 여러 겹으로 돌을 쌓은 뒤, 큰 돌을 얹은 형태이다. 내부에서는 일본 야요이시대 전기 말에서 중기로 추정되는 돌대문토기가 출토되었다. 또한 주위에서 한국식동검이 수습되기도 하였다. 이 외에 김해 구산동 A2-1호 지석묘의 경우 청동기시대 후기의 송국리문화에 속하는 A2-1호 주거지를 파괴하고 만들어졌다. 보고자는 단면원형점토대토기문화인 괴정동문화의 조기에 만들어진 것으로 보고 있으며 일본의 야요이시대 조노코시(城ノ越)식에 병행하는 시기로 생각하고 있다.

석관묘는 신문동 석관묘와 율하 B-9호 석관묘가 알려져 있다. 이 중 율하 B-9호 석관묘는 목관이 안치되고 그 바깥에 돌을 채워 넣은 형태의 목관묘일 가능성이 높다. 신문동 석관묘는 변형요령식동검과 함께 송국리 단계의 적색마연토기와 장신촉이 출토되었다. 특히 동검은 진동리식 동검으로 원래 비파형의 동검에 돌기부를 갈아서 세형화시킨 형태이기 때문에 한국식동검의 영향을 받아 변형된 것으로 보인다(이양수 2017). 좀 더 연구를 해봐야겠지만 진동리 출토 동검은 한국식동검의 영향을 받아 직선적으로 마연하여 형태를 바꾼 것이지만, 신문리 출토 동검은 원래부터 이러한 형태로 제작하였을 가능성도 있다.

율하 B-9호묘는 할석을 쌓아 석관을 만들었는데, 측벽의 상태가 엉성한 점에서 원래는 목관이 있었고, 그 주위를 할석으로 충전한 형태로 추정된다(이재현 2015). 개석은 12개를 사용한 점이 주목된다. 내부에서는 한국식동검과 응회암질의 검파두식이 출토되었는데, 동검은 등대에 단이 있어서 주조할 때, 거푸집이 깨졌던 것으로 추정된다.

목관묘로 가장 대표적인 것은 대성동 84호묘이다. 상부에 적석이 되어 있는데, 마제석촉, 마제석검과 함께 유리구슬이 출토되었다. 마제석촉과 석검으로 보아 청동기시대의 유구로 생각되지만, 유리구슬이나 적석목관묘라는 묘제로 보아 삼한 전기의 유구로 보는 것이 안정적일 것 같다(김해대성동고분박물관 2013). 김해 양동리에서는 다량의 목관묘와 목곽묘가 확인되었는데, 단면삼각형점토대토기가 출토되는 (동)52 · (동)70호

목관묘는 삼한 전기에 해당한다. 양동리 (동)52호 목관묘에서는 단면삼
각형점토대발과 두형토기의 대각, 철부와 철겸, 수정제 다면옥, 유리소옥
등이 출토되었고, 양동리 (동)70호 목관묘에서는 흑색마연장경호와 단면
삼각형점토대옹이 출토되었다. 모두 와질토기로 넘어가기 직전 단계의
무덤으로 편년되지만 점토대토기는 와질토기 초기에도 잔존하고 있으므
로 하한은 기원전 1세기대로 편년할 수 있을 것이다.

옹관묘는 김해패총으로 유명한 회현동패총 D지구 1~3호 옹관묘가
해당한다. 둘 다 일본 야요이시대 김해식옹관으로 3호 옹관묘에서는 관
옥, 한국식동검, 동사 등이 출토되었다(국립김해박물관 2015). 1호는 김해
식 신상, 3호는 김해식 고상으로 약 30년 정도 시기 차이를 가지는 것으
로 알려져 있지만 최근 일본의 연구에서는 고상과 신상의 구분은 무의미
한 것으로 논의되고 있다. 일본 북부 규슈의 묘제가 한반도 남부에서 발
견되는 점은 상당히 이채롭다.

이렇게 김해에서 발견되는 청동기시대에서 삼한시대 전환기의 묘제
로 알 수 있는 점은 ① 이전 시기의 전통이 이어져 오는 지석묘와 석관묘
가 존재하는 점에서, 청동기시대 김해 사회가 연속성을 가지고 초기철기
시대로 연결되고 있는 것을 알 수 있다. 또한 신문리 석관묘에서 변형요
령식동검이 출토된 점은 기존의 청동기시대의 지배자가 영속성을 가지
고 초기철기시대의 지배자로 위치 지어졌다고 볼 수 있다. ② 새로운 시
대, 새로운 묘제인 목관묘가 등장한다. 이웃한 지역에서 최고 수장의 묘
제인 적석목관묘가 대성동 84호에서도 확인되지만, 다량의 청동기가 부
장되는 금강유역의 무덤과 달리 내부의 부장품은 빈약한 점이 특징이다.
또한 석검, 석촉 등 이전 청동기시대의 전통을 보여주는 유물이 출토되
는 점도 주목된다. 새로운 시대의 묘제를 채용했지만 부장품은 재지적인
석검·석촉과 신시대의 유리소옥이 결합되는 양상이다. 이러한 점은 김
해 대성동 세력의 성격을 나타낸다고 할 수 있다. 즉 새로운 묘제의 수용
에 적극적인 점은 청동기시대의 대성동 세력이 새로운 시대인 삼한 전기

에 들어서면서도 목관묘나 유리소옥 같은 신문물을 받아들이는 데 적극적이었다는 것을 알 수 있다. 향후 다각적인 분석이 필요하겠지만 84호 목관묘 출토 유리소옥의 제작지는 인도를 중심으로 한 동남아시아일 가능성에 대해 주목해야 할 것이다. ③ 일본 북부규슈에서 유입된 긴카이식 옹관을 활용한 옹관묘가 확인되는 점에서 당시 김해가 일본 북부규슈와 교류를 하고 있었다. 특히 3호 옹관묘에서는 한국식동검을 비롯하여 동사가 다량으로 출토된 점을 보면 지배층의 묘제로 채용되었고, 아마도 장례가 보수적인 문화라는 점에서 왜인의 무덤일 가능성이 높다고 생각된다. 그렇다면 지배자급의 왜인이 김해에 상주하고 있었다고 생각되며 반대로 북부규슈에도 삼한의 지배자가 상주하고 있었을 가능성이 높다. 대표적으로 후쿠오카 요시타케타카키(吉武高木) 3호 목관묘 등이 가능성이 있을 것이다. 또한 왜인―그 중에서도 지배자급의 사람이 변한에 상주하고 있는 이유는 무엇일까? 결국 한반도 남부에서 얻을 수 있는 철의 수급을 위해서였다고 생각한다. 그렇다고 한다면 한군현이 설치되기 이전부터 변한은 철을 생산하고 수출하였을 가능성이 높다. ④ 지석묘의 경우 한반도의 묘제에 왜계의 야요이토기가 출토되는 반면, 옹관묘의 경우 묘제가 김해식옹관으로 왜계인 반면, 출토되는 유물은 한국식동검, 동사 등 한반도적인 것이다. 이러한 양상은 앞서 언급한 청동기시대의 문화와 단면원형점토대토기문화가 융합하는 양상과 별반 다르지 않다. 결국 당시 변한이라는 사회를 말할 때 가장 중요하고 특색 있는 것은 이전과 이후의 문화, 자문화와 타문화가 공존하고 융합되고 있었다는 것이다.

2. 서해안루트(실용재 교역)와 영남내륙루트(위신재 교역)

변한을 중심으로 목관묘 단계의 교역을 살펴보면 크게 두 개의 루트로 구분되는 것을 알 수 있다. 첫 번째는 고김해만을 중심으로 하는 서-

남해안루트인데, 중국 화폐가 출토되는 대동강유역을 중심으로 인천 운북동, 광주 신창동, 보성 금평패총, 사천 늑도, 김해를 연결하는 길이다. 이 루트에서 발견되는 것은 낙랑토기, 야요이토기, 중국 화폐, 동경 등이 중심인데, 대부분 완형이 아니라 파편으로 발견된다. 신안해저선 출토품과 같이 아마도 이것들 역시 두 가지 범주로 구분이 되는데 첫 번째는 교역품을 담은 것으로 술이나 향료와 같은 값비싸고 귀한 것들이었을 것이다. 두 번째는 항해를 하는 선원들의 생필품으로 물이나 곡식을 담는 등으로 사용된 것이라 생각된다. 대체적으로 발형의 소형토기는 선원들의 일상생활용구였을 가능성이 높으며 대형의 옹 종류나, 야요이 대상구연호와 같은 특별한 토기들이 교역품을 담는 용도로 사용되었을 것이다. 함께 발견되는 동경은 사천 늑도 주거지나 고성 동외동 패총, 김해 회현동 패총의 사례와 같이 파편이 중심이다. 귀한 동경이 파편으로 발견되는 점은 의례를 상정하게 하는데, 항해의 안전을 기원하는 등의 의미 부여가 될 것이다. 동전 역시 같은 의미를 부여할 수 있는데, 함께 중국의 화폐가 한반도 남부에서도 교환의 척도로 사용되었을 가능성이 높음을 보여주는 것이다.

두 번째로 영남내륙루트로서 충청북도 청주, 충주, 보은을 통해 낙동강으로 이어지는지, 아니면 문경새재를 넘는 것인지, 아니면 대전, 영동, 김천으로 이어지는 것인지는 명확하지 않지만, 내륙을 통하는 루트와 관련이 있다. 상주 낙동리를 근거로 한다면 아마도 청주와 보은을 통해 낙동강으로 연결될 가능성이 높아 보인다. 이 교역망은 성주 예산동, 경산 임당·신대부적, 영천 어은동·용전리, 경주 조양동·사라리 130·탑동 목관묘, 울산 교동리 1호묘, 밀양 교동, 창원 다호리로 연결되는 교역망이다. 이 교역망에서는 주로 중국계 동경·개궁모·화폐, 재지계의 동검과 부속구, 동모·동과 등의 무기 등이 주류를 이룬다. 대부분 무덤에서 발견되며, 완형의 좋은 상태를 유지하고 있는 것들이 많다. 이것들은 처음부터 지배자들의 위신재로서 유입된 것이다.

그런데 이 위신재의 교역루트는 변한의 경우 김해와 직접 연결되는 것은 아직 확인이 되지 않고 있다. 물론 김해에서도 회현동 패총 11층 출토 훼룡문경과 같은 동경 등 위신재라고 할 수 있는 것들이 확인되지만, 파편이라는 점에서 앞서 실용재 교역망에서 살펴본 바와 같이 항해의 안전을 기원하는 의례와 같은 일반적인 생활의 부산물로 판단하는 것이 옳다고 생각된다. 결국 현재까지의 상황으로 본다면 위신재 교역망에서 III기까지 김해는 배제되어 있으며, 실용재 교역망을 운영하는 주요한 집단으로 보인다. III~IV 양상을 진한과 비교해보면 변한의 경우 창원 다호리 1호묘를 제외하면 그리 눈에 띄는 무덤이 없는 반면 진한에서는 영천 용전리, 경산 양지리 1호묘, 경주 조양동·탑동·사라리 등 변한과 비교가 되지 않을 정도로 많은 수의 무덤들이 눈에 띈다. 이는 일본 북부규슈의 양상과도 일맥상통하는 바와 같이 위신재 교역망을 이용하여 자신들이 중국 중원의 문물을 독점하는 상황이었다고 생각할 수 있다. 그리고 그 교역망은 IV단계 이후 급속도로 쇠퇴하게 된다.

이에 반해 IV기의 김해 가야의 숲 3호묘에서 위신재의 부장이 점차 눈에 띄게 되는데, 출토된 유물은 왜와 관련성이 깊은 유물―무문의 韓鏡이나 철과형동과 등이 발견된다. V기에는 진한을 뛰어넘는 위신재의 부장이 이루어지는데, 김해 내덕리 19호묘에서 중국 중원계의 박국경을 비롯한 후한경과 왜와 관련된 韓鏡과 양동리식동검 등이 확인된다. 주목되는 것은 V기부터는 진한과 비교하여 위신재의 부장 격차가 벌어지게 되는 것이다. 이는 이전에 지적한 바와 같이 내륙루트를 관장하는 경산의 쇠퇴, 해안루트를 관장하는 김해의 성장을 말해주는 것이다. 또한 위신재의 양상이 군현을 중심으로 한 한대문물에서 점차 왜계문물의 비중이 증가하는 것을 알 수 있다.

[표1] 시기별 주요 유구

	변한	진한	마한	대동강유역
I	김해 신문동 석관묘	김천 문당동 목관묘	대전 괴정동 아산 남성리 예산 동서리	평양 신성동
II	사천 월성리 목관묘, 기장 가동 나1호묘	경주 입실리 경주 죽동리	부여 구봉리 함평 초포리 목관묘 장수 남양리 목관묘	평양 반천리 봉산 송산리 평양 상리
III	창원 다호리 1호묘, 밀양 교동 3·17호묘	영천 용전리 목관묘, 경산 양지리 1호묘	–	평양 정백동 37호묘 (B.C. 66년) 평양 정백동 2호묘 (B.C. 14년)
IV	김해 가야의 숲 3호묘,	경주 조양동 38호묘, 탑동 목관묘, 사라리130호묘	–	평양 석암리 205호묘 (45·52·69년) 평양 정오동 4호묘 (71년)
V	김해 내덕리 19호묘, 김해 양동리 55·427호묘	경주 조양동 60호묘	영광 수동 목관묘	평양 오야리 19호묘 평양 정백동 1호묘

IV. 맺음말

이상을 정리하면 ① 변한의 목관묘는 크게 I~V기의 다섯 단계로 구
분이 가능하며, ② I기의 양상은 전대의 청동기시대의 문화와 신문화인
단면원형점토대토기문화가 융합되는 양상으로 재지세력의 신문화 수용
이라는 해석이 가능하다. ③ II기는 위만조선이 성립하고 준왕이 남하하
는 시기인데, 마한에 비해 변·진한은 주목받는 무덤이 그리 많지 않은 시
기이다. ④ III기에는 고조선의 붕괴와 한군현 설치 등의 격동기로서 한
군현 설치 이후, 군현의 선택적인 위신재 분배로 최고 선진지였던 마한은
제외되며, 진한을 중심으로 영남내륙 교역망이 형성된다. 창원 다호리·
밀양 교동 정도의 세력이 영남내륙 교역망을 통해 중국 중원의 물품을 입
수하는 시기이다. 또한 지배자의 성격이 II기는 다뉴세문경·팔주령·간두
령 등 종교적 제사장의 성격이었다고 한다면 III기는 창원 다호리 1호묘

에서 출토된 붓과 삭도를 근거로 문자생활을 영위하는 식자층이었다고 할 수 있다. ⑤ IV기는 변한의 중심인 김해에서 가야의 숲 3호묘와 같은 재지·왜계 위신재를 가진 지배자가 눈에 띄기 시작하는 시기이며, ⑥ V 기는 진한의 위신재 교역망이 붕괴되고 김해의 실용재 교역망이 위신재 교역망의 역할까지 통합하는 시기이다.

참고문헌

국립김해박물관, 2014, 『김해 회현리패총』, 日帝强占期 資料調查報告 9輯.

대성동고분박물관, 2013, 『동아시아 교역의 가교! 대성동고분군』, 대성동고분박물관 10주
  년 기념 특별전시회 도록.

朴辰一, 2012, 『韓半島 粘土帶土器文化 硏究』, 釜山大學校大學院史學科博士學位請求論文.

申敬澈, 1995, 「三韓·三國時代의 東萊」, 『東萊區誌』

申敬澈, 2009, 「古代韓半島と倭-三韓と弥生-」, 『七隈史學會 第11次大會』公開講演原稿.

安在晧, 2000, 「昌原 茶戶里遺蹟의 編年」, 『韓國 古代史와 考古學』, 鶴山 金廷鶴博士 頌壽
  紀念論叢.

영남문화재연구원, 2008, 『영남지역의 목관묘』, 제21회 영남문화재연구원 조사발표회 자
  료집.

李盛周, 1999, 「弁·辰韓地域 墳墓 出土 1~4世紀 土器의 編年」, 『嶺南考古學』 2,

李陽洙, 2011, 「弁韓의 對外交涉」, 『考古廣場』 11, 釜山考古學研究會.

이양수, 2017, 「변진한(弁辰韓) 지역에 영향을 준 고조선계의 문화-청동기시대부터 기원
  전 194년까지-」, 『동북아역사논총』 55, 동북아역사재단.

이양수·김지현, 2012, 「울산 창평동 810번지 유적 2호 목관묘 출토 한경에 대하여」, 『蔚山
  倉坪洞 810番地 遺蹟』, 우리文化財硏究院 學術調查報告 50冊.

李在賢, 2003, 『弁·辰韓社會의 考古學的 硏究』, 釜山大學校大學院史學科博士學位請求論
  文.

鄭仁盛 外, 2012, 『영남지역 원삼국시대의 목관묘』, 세종문화재연구원.

최종규, 1995, 『三韓 考古學 硏究』, 서경문화사.

崔鍾圭, 1995, 『鐵箱集 I-葬送』, 도서출판 고고.

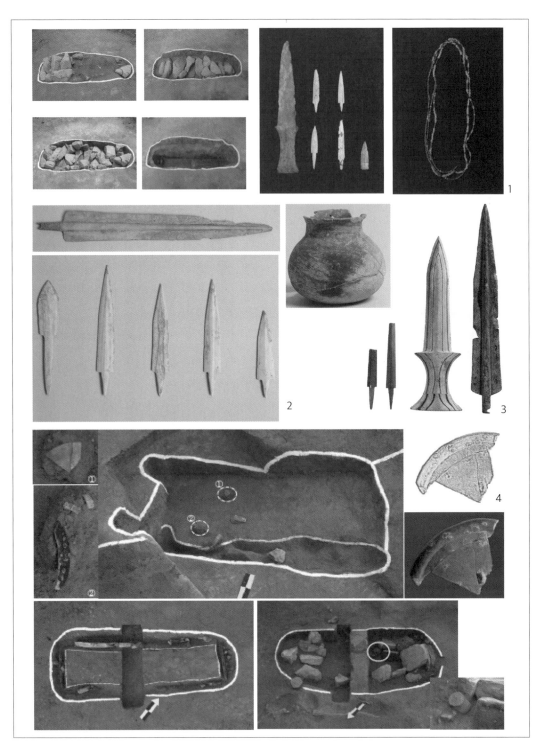

[도면 1] I기(1~3), II기(4)

1. 김해 대성동 84호 2. 김해 신문동 석관묘 3. 창원 진동리 4. 사천 월성리 목관묘

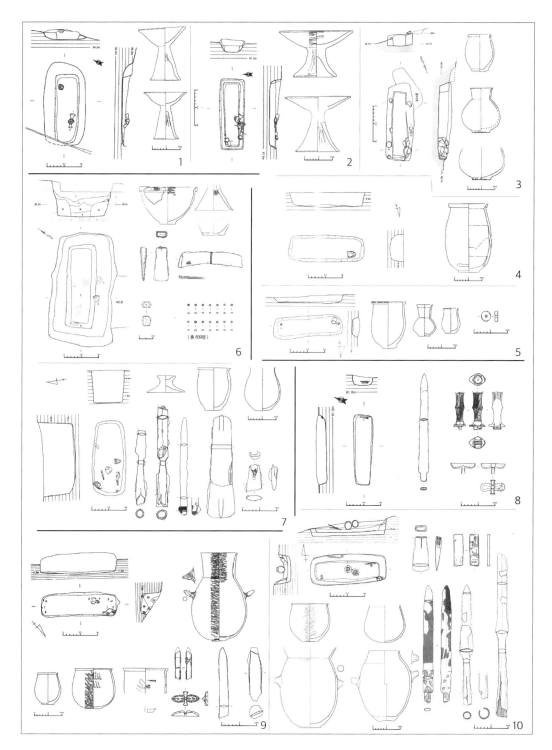

[도면 2] II-1기(1~5), II-2기(6~7), II-3기(8), III-1기(9~10)

1. 기장 방곡리 가-2호 2. 기장 방곡리 가-4호 3. 김해 양동리 (동)70호 4. 창원 다호리 16호 5. 창원 다호리 44호
6. 김해 양동리 (동)52호 7. 창원 다호리 18호 8. 기장 가동 가-1호 9. 창원 다호리 73호 10. 함안 도항리 (경)63호

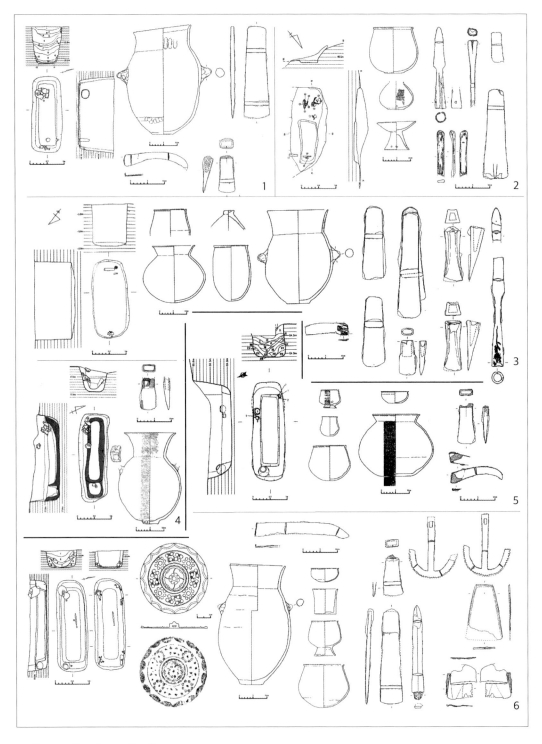

[도면 3] II-2기(1~4), II-3기(5~6)

1. 밀양 교동 9호 2. 부산 노포동 나지구 1호 3. 창원 다호리 40호 4. 함안 도항리 (경)48호 5. 기장 방곡리 가-13호
6. 밀양 교동 3호

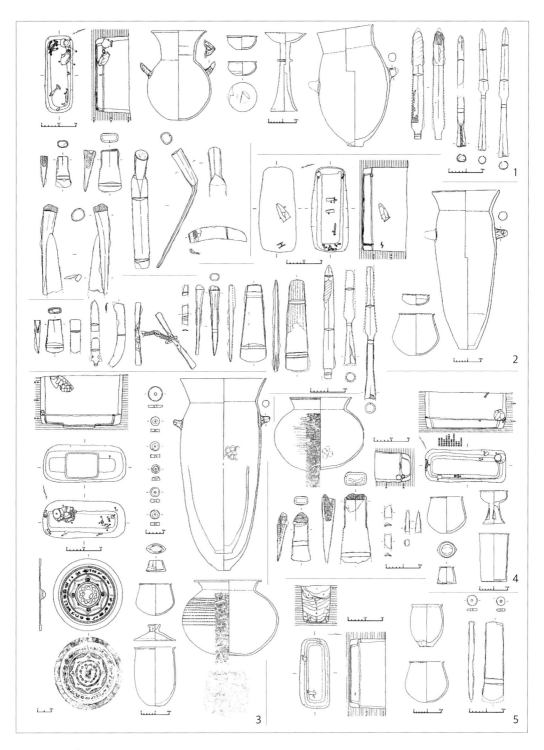

[도면 4] III-3기

1. 밀양 교동 8호 2. 밀양 교동 10호 3. 밀양 교동 17호 4. 밀양 교동18호 5. 밀양 교동 19호

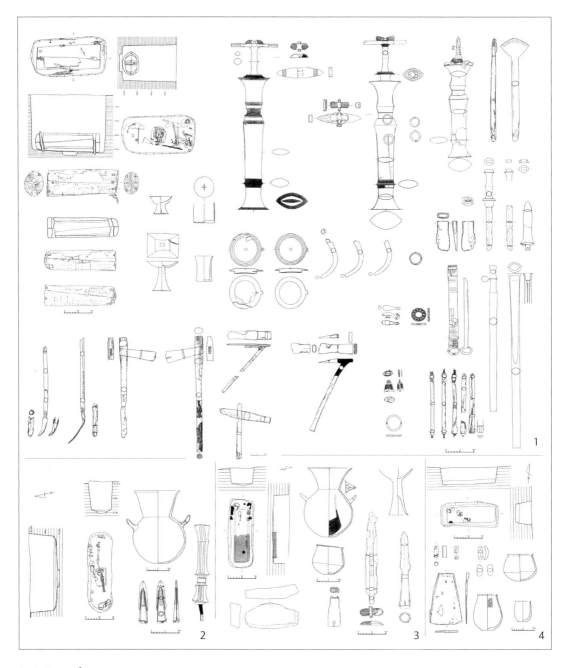

[도면 5] III-3기

1. 창원 다호리 1호 2. 창원 다호리 24호 3. 창원 다호리 63호 4. 창원 다호리 61호

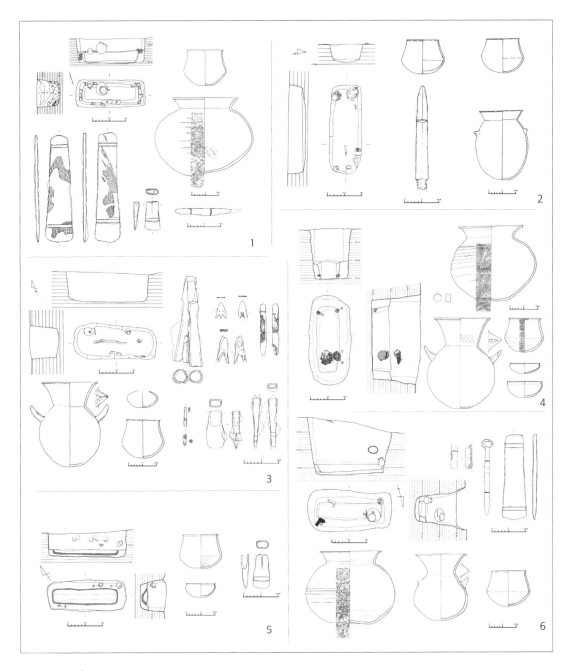

[도면 6] IV-1기

1. 밀양 교동 1호 2. 창원 다호리 37호 3. 창원 다호리 47호 4. 함안 도항리 (경)30호 5. 함안 도항리 (경)74호
6. 함안 도항리 (경)70호

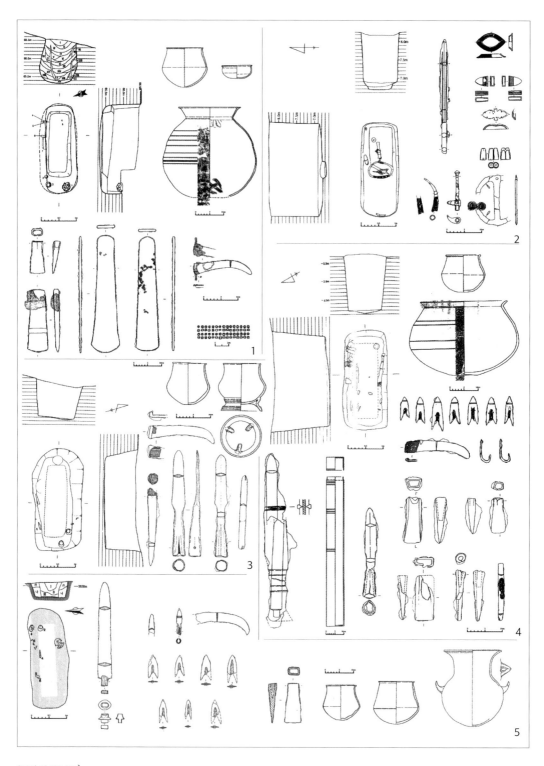

[도면 7] IV-2기

1. 기장 방곡리 가-1호 2. 창원 다호리 19호 3. 창원 다호리 71호 4. 창원 다호리 32호 5. 함안 도항리 (창)22호

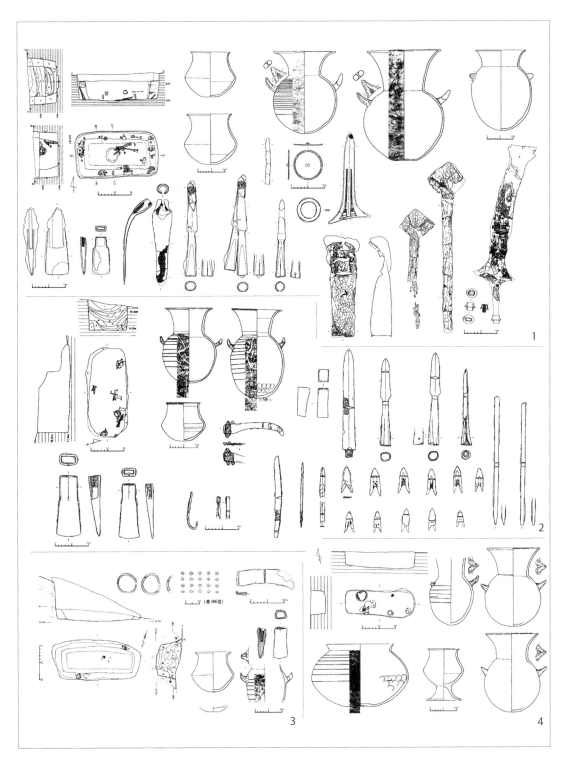

[도면 8] IV-3기

1. 김해 가야의 숲 3호 2. 김해 대성동 V-60호 3. 김해 양동리 (동)17호 4. 창원 다호리 49호

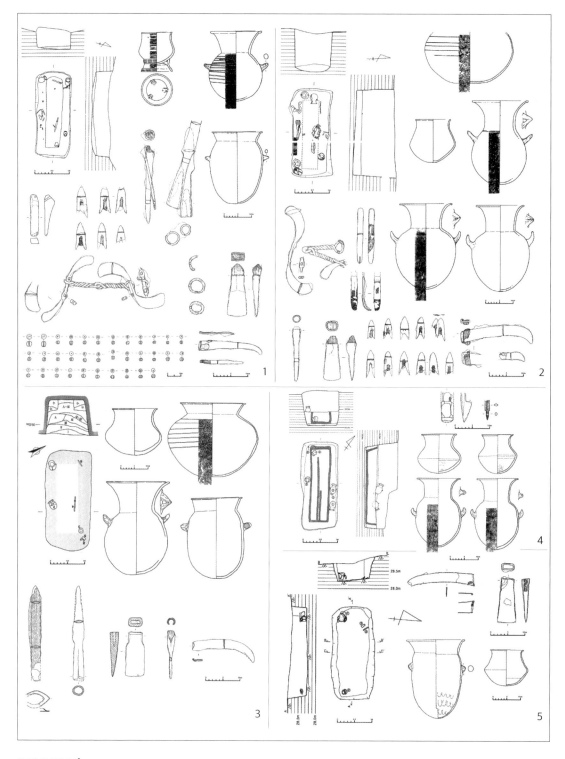

[도면 9] IV-3기

1. 창원 다호리 69호 2. 창원 디호리 70호 3. 함안 도항리 (창)26호 4. 함안 도항리 (경)21호 5. 함안 도항리 (동)1호

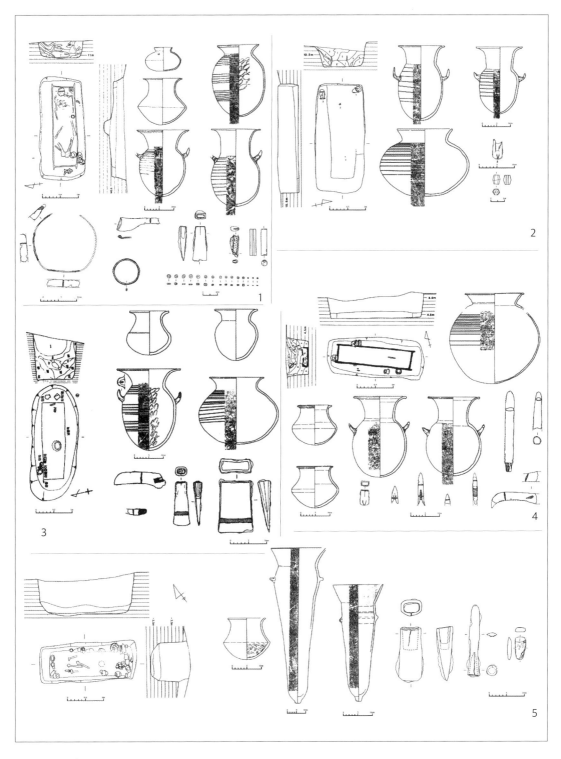

[도면 10] V-1기

1. 김해 구지로 12호 2. 김해 구지로 25호 3. 김해 양동리 (문)2호 4. 김해 대성동 V-11호 5. 창원 다호리 16호

[도면 11] V-1기

1. 김해 양동리 (동)55호 2. 김해 양동리 (동)427호 3. 김해 내덕리 19호

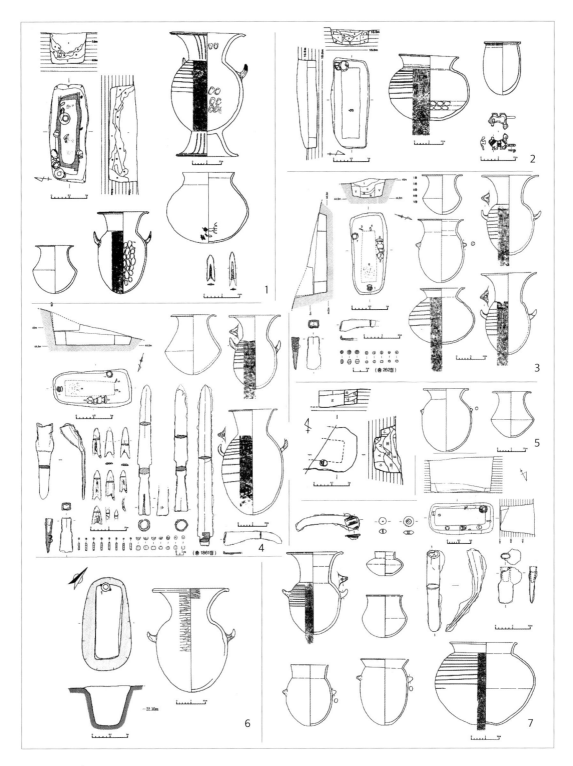

[도면 12] V-2기

1. 김해 대성동 13호 2. 김해 대성동 67호 3. 김해 양동리 (동)151호 4. 김해 양동리 (동)99호 5. 부산 복천동 154호 6. 함안 도항리 (창)18호 7. 창원 다호리 31호

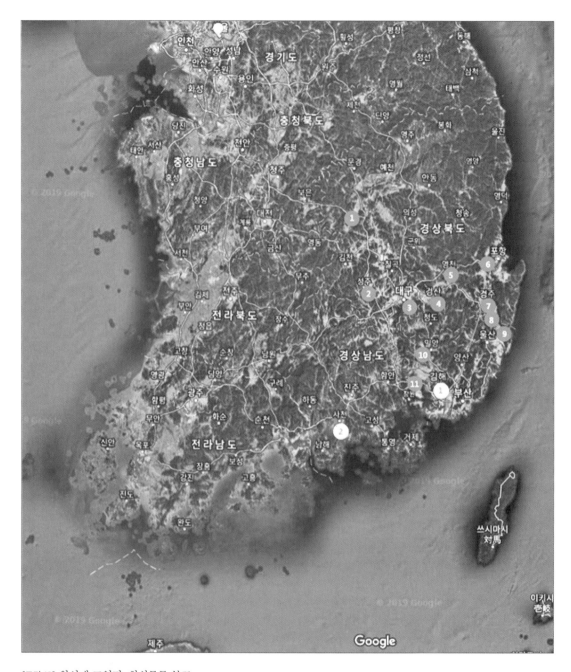

[도면 13] 위신재 교역망-한식문물 분포

1. 상주 낙동리 2. 성주 예산리 3. 대구 팔달동·평리동 4. 경산 임당동·신대동·부적동·갑제동 5. 영천 어은동·용전리 6. 포항 성곡리
7. 경주 사라리·탑동·조양동 8. 경주 입실리·죽동리 9. 울산 농소 10. 밀양 교동 11. 창원 다호리 ❶ 김해 회현동패총 ❷ 사천 늑도

[도면 14] 실용재 교역망–야요이계토기 분포

1. 가평 대성리 2. 경주 하서리 3. 경주 조양동 4. 경산 조영EIII-15호 5. 울산 달천·매곡동·중산동약수 6. 거창 대야리 7. 밀양 금천리 8. 양산 하북정 9. 김해 구산동·내동지석묘·대성동소성·지내동옹관묘·가야의 숲E호매납수혈·회현리패총·흥동 10. 창원 다호리 11. 마산 진북망곡리 11. 고성 송천리솔섬석관묘·동외동 12. 사천 방지리 13. 사천 늑도 14. 우도패총 15. 갈도패총 16. 부산 노포동41호·동래온천동·복천동래성·조도패총·북정패총 17. 남원 세전리 18. 광주 신창동 19. 보성 금평패총 20. 해남 군곡리패총

6

매장의례로 본 변한지역 목관묘의 토기 부장 양상과 그 특징

정현진 경북대학교

I. 머리말

분묘 출토 유물에 관한 연구는 무수히 축적되어, 각 유물의 형식분류와 편년, 분포 범위의 분석을 넘어서, 부장 양상과 그 의미를 추론하는 연구로 나아가고 있다. 이러한 경향의 한 부류가 분묘 출토 유물을 의례의 관점에서 파악하고 해석하려는 연구들이다. 본고도 그런 시도 중 하나로, 목관묘 출토 토기를 매장의례의 관점에서 파악해보고자 한다.

목관묘는 삼한의 제 지역들에서 공통적으로 확인되는 묘제로, 마한 지역에서는 B.C. 3세기 대에 활발히 조영되었고, 진·변한지역에서도 B.C. 1세기 이전 무렵부터 조영되기 시작하여 A.D. 2세기경까지 주 묘제로 자리 잡고 있었다. 목관묘는 다른 어느 묘제보다도 '수직적'인 축조 메커니즘을 가지고 있다. 묘광을 100~200cm 정도로 깊게 굴착한 후, 묘광 바닥에서부터 지상에 이르기까지 여러 과정을 거치며 축조가 완성된다. 이렇듯 목관묘는 '단계적(=과정적)'으로 축조되었기 때문에, 유물도 단계별로 부장·봉헌되었음을 알 수 있다. 따라서 '목관묘 매장의례'는 목관묘의 단계적 축조 과정 속에서 성격이 다른 여러 유물을 부장·봉헌하는 의례의 전 과정을 의미한다.

본고는 삼한 중에서도 변한지역의 목관묘 출토 토기를 연구 대상으로 한다. 목관묘에서 출토된 토기의 수직적·평면적 위치를 함께 검토하면, 3차원적인 토기 부장 양상이 도출된다. 이를 통해 어떤 기종의 토기가, 몇 단계 의례에, 어떻게 부장·봉헌되었는지 분석할 수 있다. 본 연구는 매장의례의 과정에서 토기가 쓰인 양상, 즉 '토기 의례'를 파악하여 그 특징과 의미를 알아보고, 이를 유적별로 비교 검토하여 다각도의 해석을 도출해보고자 한다.

II. 변한지역 목관묘와 축조 기간

변한은 일반적으로 현재의 경상남도·부산 일대에 존재했었던 소국 연맹체를 일컫는다. 진한과의 경계를 명확히 판단하기 힘든 면이 있으나, 북한계선을 합천-밀양-부산지역으로 하는 견해(이창희 2016, 62)에 따른 다. 해당 범위 내에서 확인된 변한의 목관묘 유적은 합천, 진주, 함안, 밀 양, 창원, 김해, 부산 지역에 분포한다(도 1 참조). 조사 시기가 다르거나 조

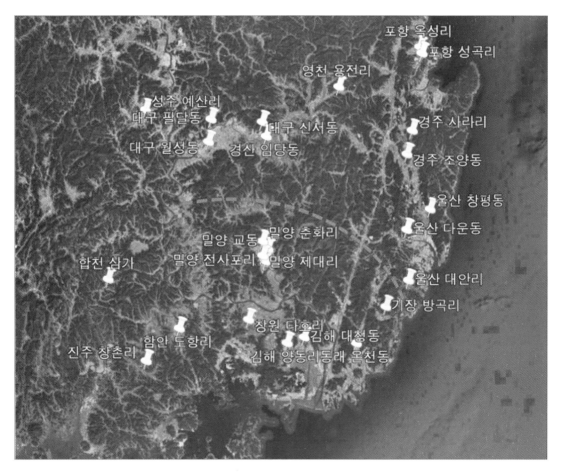

[도 1] 진·변한 목관묘 유적 분포도(점선 아래: 변한)

사 기관이 달라도 거리상 매우 인접하여 동일 목관묘군이라고 판단된 경우는 함께 묶어 검토하였다.

조사된 목관묘들 가운데서 축조 양상에 따른 매장의례를 파악할 수 있고 토기의 부장·봉헌 양상을 파악할 수 있는 유구를 선별하기 위해, 다음의 세 가지 기준을 설정하였다. 첫째 도굴·교란·파괴되지 않았고, 둘째 묘광 높이가 최소 40cm 이상 잔존하며, 셋째 대략적인 편년 가능한 토기가 1점 이상 출토된 유구여야 한다. 각 유적에서 이 기준들을 모두 충족시킨 목관묘를 선별하여 검토하였다. 다만 예외적으로, 유구가 일부 파괴되었더라도 토층이 잘 남아 있고 남은 부분에서 토기가 온전히 출토된 경우 혹은 잔존고가 40cm 미만이지만 3점 이상의 토기가 출토되고 출토 정황도 분명한 경우 등은 포함하였다. 이상에 따라 검토한 변한지역 목관묘는 총 121기이다.

본고는 이성주의 고식와질토기 편년안(李盛周 2014a, 116-152)을 참

[표 1] 변한지역 목관묘 축조 기간

	서기전 1세기			서기 1세기			서기 2세기		
함안 도항리		1期		2期	3期	4期			
창원 다호리	1期		2期		3期	4期	5期		
밀양 교동			1期	2期					
동래 온천동									
기장 방곡리									
진주 창촌리									
밀양 춘화리									
김해 양동리						1期	2期	3期	
김해 대성동						1期	2期	3期	
합천 삼가									
밀양 제대리									
밀양 전사포리									

고하여 개개의 목관묘를 상대편년하였고, 역연대 비정도 대체로 그의 안을 따랐다. 이렇게 도출된 변한지역 목관묘 유적들의 축조 기간은 대략 [표 1]과 같다. 몇몇 목관묘에서는 대표적 역연대 추론 자료인 전한(식)경이 출토되었는데, 전세(傳世) 등의 문제로 역연대 비정에는 연구자들 간 이견이 있다. 여기서 역연대 문제를 큰 비중으로 다루기는 어렵다. 다만, 한경의 전세를 인정하지 않는 입장에서는 전한경 부장묘의 상한을 기존보다 올려보기 때문에(朴知英 2014), 이 경우 목관묘군의 축조 상한이 전반적으로 [표 1]보다 50년가량 소급된다는 점 정도만 언급하고 넘어가도록 하겠다.

III. 유적별 토기 부장·봉헌[1] 양상

목관묘는 '묘광 굴착(1단계)-바닥 정지(2단계)-목관 설치(3단계)-관 둘레 충전(4단계)-관 상부 충전(5단계)-봉분 조성(6단계)'의 여섯 단계를 거쳐 축조된다. 축조 단계별로 유물의 부장·봉헌 여부를 파악하면, 의례 시행 여부를 판단할 수 있다. 축조 ○단계에서 의례가 행해졌다면 이는 '○단계 의례'라 불러도 무방하다. 1단계 의례는 대부분의 목관묘에서 흔적을 찾기 어려우므로 규정이 힘들고, 2~6단계 의례는 다음과 같은 경우에 시행을 상정할 수 있다. 요갱 및 정지토 상에 유물이 부장·봉헌되었다면 2단계 의례, 관내에 유물이 부장·봉헌되었다면 3단계 의례, 충전토 내

....
1 　'부장(副葬)'은 망자와 관련된 물건을 무덤 축조 시 함께 묻는 행위인 반면, '봉헌(奉獻)'은 분묘 축조자가 망자를 위해 물건 등을 바치는 행위이다. 따라서 관 내부에서 출토되는 유물은 '부장품', 관 옆이나 상부에서 발견되는 유물은 '봉헌품'이라고 할 수 있다(鄭賢鎭 2015, 43). 이에 따라 본고는 3단계 의례에는 '부장', 4·5·6단계 의례에는 '봉헌'이라는 표현을 쓰고, 모두를 아우를 때에는 혼용하겠다.

에 유물이 부장·봉헌되었다면 4단계 의례, 충전토 상면 및 목관 상면부 전반에 유물이 부장·봉헌되었다면 5단계 의례, 지상의 봉토 내에 유물이 부장·봉헌되었다면 6단계 의례가 시행된 것이다(鄭賢鎭 2015).

주의할 점은 유물의 출토 위치가 축조 당시에 유물이 부장·봉헌된 그 위치가 아닐 수 있다는 점이다. 한반도에서 확인되는 목관묘는 산성 토양의 영향으로, 축조 당시의 상태 그대로 발굴되는 경우가 매우 드물다. 다시 말해, 목관묘를 조사하는 시점에는 이미 매장주체부인 목관이 부식되어 그 상부에 쌓인 흙이 관 내부로 함몰되고, 또 그 상부의 흙이 함몰되면서 지상의 흙까지 묘광 내로 함몰되어 버린 상태라는 것이다. 목관의 부식과 토층의 함몰에 의해, 부장·봉헌되었던 유물들도 위치가 변경되었을 가능성이 있다. 따라서 현 시점에서 목관묘를 연구할 때에는 잔존한 목관의 흔적, 충전토의 높이, 토층의 함몰 양상 등을 분석하여 일 차적으로 축조·의례 양상을 복원하고, 유물의 부장·봉헌 위치를 파악해야 한다.[2]

이러한 방법으로 목관묘를 분석하여 몇 단계 의례에 토기가 부장·

....

2   토기의 부장·봉헌 위치와 출토 위치가 달라 의례 단계 구분이 어려운 대표적인 경우를 살펴 보자. 첫째, 3단계와 5단계 의례(中 관 상부) 시 부장·봉헌된 토기는 둘 다 목관 내부에서 출 토될 수 있다. 3단계 의례에 사용된 토기는 본래 그 자리에 부장되었으므로 비교적 정연한 배 치 양상을 보이는 반면, 5단계 의례 기물은 관 상부에 봉헌되었다가 관내로 함몰되었기 때문 에 넘어져 있거나 깨져 있는 등의 비정연한 양상을 보이고, 바닥으로부터 몇 센티 뜬 채 출토 되기도 한다. 둘째, 5단계(中 묘광 채우면서 행한 의례)와 6단계 의례 시 사용된 토기는 둘 다 묘광 내 목관 상부 함몰토에서 출토될 수 있다. 묘광을 채우면서 5단계 의례를 행했다면, 토기 는 충전토나 목관 추정 높이보다 높은 위치에서 뜬 채로 출토되지만, 그럼에도 비교적 정치되 어 가지런한 양상을 띤다. 반면, 6단계 의례에 사용된 토기는 지상에 있다가 묘광 내부로 함몰 되었기 때문에 많이 파손되었거나, 묘광 가운데에서 덩그러니 기울어져 출토된다. 묘광 어깨 선 정도의 높은 위치에서 넘어져 출토되기도 한다. 셋째, 충전토에서 출토되긴 했지만 바닥에 서 일정 높이 뜬 상태로 토기가 출토된 경우는 4단계인지, 5단계인지 구분이 모호하다. 충전 토 높이가 높아 토기가 충전토 내에 충분히 들어간다면 바닥에서 뜬 상태로 출토되었더라도 4단계 의례 시 봉헌된 것이 맞다. 충전토 높이는 낮지만 토기가 정치된 채로 2/3 이상 충전토 내에 잠겨 있다면 이 또한 4단계 의례 시 봉헌된 것으로 볼 수 있다. 반면, 토기가 충전토에 일 부 묻혀 출토되긴 했으나 넘어졌거나 깨진 상태라면 5단계 의례 시 봉헌되었다가 토층의 함 몰 시 토압에 의해 그러한 변동이 있었을 수 있다.

봉헌되었는지 파악해보았는데, 변한지역 목관묘에서는 2단계 의례에 토기를 사용한 예는 찾을 수 없었고, 3~6단계 의례 시에 토기가 부장·봉헌되었음을 알 수 있었다. 지금까지 의례 단계, 즉 토기가 부장·봉헌된 수직적인 위치(표 2 참조)에 대해 설명했는데, 평면적 위치도 함께 고려되어야 한다. 토기가 부장·봉헌된 평면적 위치는 의례 단계에 따라 조금 다른데, 3단계 의례는 크게 두부(頭部)·요부(腰部)·족부(足部)로, 4단계 의례는 모서리·단벽·장벽으로, 5단계 의례는 모서리·단벽·장벽·관 상부로 구분하여 살펴보고자 한다(표 3 참조).

아래에서는 본격적으로 토기의 부장·봉헌 양상을 살펴보도록 하겠

[표 2] 의례 단계별 토기 부장·봉헌 위치 모식도(음영, 빗금 영역)

3단계 의례 (관 내부)	4단계 의례 (충전토 내부)	5단계 의례 (충전토 상면·관 상면 + 관 상부~지상)	6단계 의례 (지상-지면or목개상부)

[표 3] 토기의 평면적 부장·봉헌 위치 모식도(음영, 빗금 영역)

4단계			5단계			
모서리	단벽	장벽	모서리	단벽	장벽	관 상부

다. 유적의 순서는 변한 서부에서 동부로 가며 지역별·유적별로 열거하였다.

1. 합천 삼가고분군 목관묘 토기 부장·봉헌 양상

목관묘 3기를 검토하였는데, 각 유구에서 출토된 토기가 모두 다르다. 부장·봉헌된 토기는 장동호(1호 출토)와 조합우각형파수부호(6호 출토) 2점뿐이고, 그 외에는 파편(단경호편, 주머니호편, 완편 등)으로 출토되었다. 토기 훼기 습속이 있었고, 봉헌 시에는 5단계 의례·장벽(서쪽)이 선호되었다. (東西文物研究院 2014)

2. 진주 창촌리 유적 목관묘 토기 부장·봉헌 양상

조사된 목관묘는 B-25호 1기이다. 총 16점의 토기가 출토되었고, 4~6단계 의례의 다양한 지점에 봉헌되었다. 먼저, 4단계 의례 시 남장벽에 주머니호 1점, 완 2점, 대부주머니호 2점을 봉헌했다. 5단계 의례에는 북장벽에 삼각형점토대토기를 1점 봉헌하고, 남장벽에는 원형점토대토기, 무문토기 개, 양이부장동옹 각 1점씩과 유개파배 1조를 봉헌하였다. 그리고 관 상부~묘광을 메우며 남장벽 쪽에 원형점토대토기 1점을 봉헌하고, 양이부장동옹은 훼기하여 흩뿌렸다. 그리고 남서쪽에 치우쳐 조합우각형파수부호 1점을 봉헌했다. 마지막 6단계에는 흑색마연장동호를 훼기하여 뿌렸다. 검토한 유구가 1기뿐이라 속단할 순 없지만, 이 지역에는 토기 훼기 습속이 있었고, 5단계 의례가 선호되었던 듯하다. (三江文化財研究院 2010)

3. 함안 도항리 유적 목관묘 토기 부장·봉헌 양상

검토한 17기의 목관묘는 토기의 상대편년에 따라 4期로 나눌 수 있었다. 전 시기를 아울러 가장 많이 부장·봉헌된 토기는 주머니호(18점)이고, 그 뒤를 이어 조합우각형파수부호(12점), 단경호(7점), 완(4점) 등이 있다. 토기는 3·4·5·6단계 의례 기물로 사용되었는데, 의례 빈도는 '4단계>5단계>6단계>3단계' 순으로 4단계 의례가 가장 선호되었다. 3단계에는 기고 10cm 내외의 소형 주머니호를 두부 혹은 족부의 가장자리에 부장했다. 4단계에는 주머니호를 북동모서리나 북장벽에 주로 봉헌했고, 조합우각형파수부호를 장벽에 봉헌하기도 했다. 4단계에는 장벽이 가장 선호되었다. 5단계에는 주머니호나 조합우각형파수부호를 모서리 혹은 장벽에 봉헌했고, 단벽은 전혀 활용하지 않았다. 그리고 5단계에 관 상부~묘광을 채우며 시행된 의례와 6단계 의례에는 주로 기고 30cm 내외의 타날단경호를 봉헌하였다. (國立昌原文化財研究所 1997; 慶南考古學研究所 2000) (표 4 참조)

4. 밀양 교동 유적 목관묘 토기 부장·봉헌 양상

검토한 17기의 목관묘는 토기의 상대편년에 따라 크게 2期로 나눌 수 있었다. 전 시기를 아울러 가장 많이 부장·봉헌된 토기는 주머니호(19점)이고, 완(8점), 단경호(6점) 등이 그 뒤를 잇는다. 조합우각형파수부호는 1점만 출토되었다. 토기는 4·5단계 의례 기물로 사용되었고, 3·6단계 의례에는 부장·봉헌되지 않은 것으로 파악된다. 4·5단계 의례가 골고루 시행되었으나, 5단계가 조금 더 빈번하다. 4단계 의례의 경우 이른 시기에는 장벽에 주머니호를 봉헌한 예가 많고, 나중 시기에는 주머니호를 비롯한 여러 토기들이 모서리·단벽·장벽에 골고루 봉헌되었다. 4단계 의례 시 가장 선호된 위치는 장벽이고, 거의 활용되지 않은 공간은 단벽이다. 5단계 의례는 거의 모든 유구에서 시행되었는데, 모서리나 장벽에는 주머니호와 무문파수부호를 주로 봉헌했고, 단경호는 관 상부에 봉헌한 예가 두드러진다. 관 상부 봉헌이 많은 편으로, 단경호 외에도 무문파수 부호, 장동옹 등이 봉헌되었다. 5단계 의례 시 단벽을 제외한 모든 공간을 활용했다. (密陽大學校博物館 2004) (표 5 참조)

5. 밀양 춘화리 유적 목관묘 토기 부장·봉헌 양상

총 11기의 목관묘 중 검토 가능한 유구는 4기였다. 의례에 사용된 주요 기종은 주머니호(4점)와 단경호(3점)이고, 토기들은 모두 4·5단계 의례에 부장·봉헌되었다. 전반적으로는 5단계 의례의 빈도가 더 많다. 4단계 의례에는 주로 장벽에 주머니호를 봉헌하였고, 5단계 의례에는 모서리에 주머니호를 봉헌하고, 관 상부에 단경호를 봉헌하는 것이 선호되었다. 4단계에는 장벽만 활용되었고, 5단계에는 단벽을 제외한 나머지 공간이 모두 활용되었다. (우리문화재연구원 2013) (표 6 참조)

6. 밀양 제대리 유적 목관묘 토기 부장·봉헌 양상

총 10기의 목관묘 중 토기가 출토된 4기를 검토하였다. 부장·봉헌된 토기는 옹(4점), 단경호(2점), 그리고 특이하게 유개대부호(1점)가 있다. 토기들은 대부분 4단계 의례 시 북단벽에 봉헌되어 정형성을 보인다. 3단계와 6단계에 토기 의례는 시행되지 않았고, 5단계 의례는 한 예가 있으나 토기편뿐이다. (東西文物研究院 2011) (표 7 참조)

7. 밀양 전사포리 유적 목관묘 토기 부장·봉헌 양상

총 14기의 목관묘 중 검토 가능한 유구는 3기였다. 부장·봉헌된 토기는 옹(3점), 단경호(2점), 그리고 특이하게 유개대부호(3점)가 있다. 토기들은 대부분 4단계 의례 시 북단벽에 봉헌되어 정형성을 보인다. 3단계와 6단계에 토기 의례는 시행되지 않았고, 5단계 의례는 한 예가 있으나 단경호 1점뿐이다. (東西文物研究院 2011) (표 8 참조)

8. 창원 다호리 유적 목관묘 토기 부장·봉헌 양상

검토한 40기의 목관묘는 토기의 상대편년에 따라 크게 5期로 나눌 수 있었다. 더 세분할 수도 있으나, 토기의 부장·봉헌 양상을 비교하는 데에는 큰 무리가 없을 것으로 판단했다. 의례에 사용된 토기는 다른 유적들에 비해 다양한 편이다. 주요 기종은 주머니호(38점), 조합우각형파수부호(29점), 단경호(21점), 두형토기(12점), 완(10점), 유개옹(7점), 우각형파수부호(6점), 양이부호(5점), 봉상파수부호(4점), 기타 무문토기류 등이다.

주머니호는 전 시기에 걸쳐 지속적으로 부장·봉헌되었다. 1期에는 주로 4단계 의례 시 모서리에 봉헌되었고, 2期에는 4단계와 5단계 의례 기물로서 모서리나 장벽에 봉헌되었다. 3·4·5期에는 주로 5단계 기물로 사용되었는데, 북장벽의 동쪽에 봉헌한 예가 가장 많았다. 조합우각형파수부호는 3期 이후부터 필수 의례 기물로 사용되었는데, 대부분 5단계에 봉헌되었다. 봉헌 위치는 모서리와 장벽이 선호되었고, 다른 기종과 비교하면 복수로 봉헌된 경우가 많다. 우각형파수부호, 봉상파수부호, 양이부호는 조합우각형파수부호와 전반적인 형태가 유사할 뿐만 아니라 봉헌 위치도 비슷하고, 함께 봉헌되기도 하여 비슷한 성격의 토기라고 판단된다. 단경호는 4단계와 6단계 봉헌의 예도 있지만, 5단계에 주로 봉헌되었다. 4·5단계에 봉헌될 때에는 모서리나 장벽이 선호되었고, 단독인 경우보다 주머니호나 조합식우각형파수부호 등과 함께 봉헌되는 예가 많다. 두형토기는 조합식우각형파수부호가 주요 의례 기물로 부상하기 전 시기(1·2期)에 4·5단계 의례 기물로 자주 사용되었다. 두형토기는 주머니호와 같이 부장된 경우가 많은데 다른 위치에서 출토되기도 하지만, 두형토기 위에 주머니호를 얹은 사례(100호)와 주머니호 아래에서 칠기두가 확인된 사례(86호, 87호) 등으로 볼 때, 두 기종은 세트 관계였던 것으로 판단된다.

토기는 3·4·5·6단계 의례 기물로 사용되었는데, 의례 빈도는 '5단계〉4단계〉6단계〉3단계' 순으로 5단계 의례가 가장 선호되었다. 3단계에는 기고 10cm 내외의 소형 토기류를 두부 혹은 요부에 부장했다. 4단계 의례의 경우 이른 시기(1·2期)에는 모서리나 장벽에 주로 주머니호와 두형토기를 봉헌하였고, 3期부터는 전반적으로 시행 빈도가 줄었으나 시행했다면 장벽이나 단벽에 조합우각형파수부호를 봉헌하였다. 5단계에는 다양한 토기류들이 모서리와 장벽, 관 상부에 봉헌되었는데, 모서리가 가장 선호되었다. 5단계 의례는 전 시기에 선호되었는데, 특히 3期 이후부터는 거의 빠짐없이 시행되었다. 6단계 의례에는 이른 시기(2期)에 대형 장동호가 봉헌되거나 토기가 훼기되어 뿌려지다가, 시기가 늦어지면(3·4期) 타날단경호가 봉헌되었다.

다호리 3期부터는 묘광과 목관 사이의 공간(묘광 넓이-목관 넓이=충전토공간)이 그 이전 시기보다 넓어지는 경향이 있다. 이는 충전토 내부나 충전토 상부의 토기 부장·봉헌이 더 용이해짐을 의미한다. 그리고 목관을 한쪽으로 치우치게 안치하여 한쪽 단벽 혹은 장벽에 넓은 공간을 확보하고 4·5단계에 토기를 몰아서 부장하는 경우(31호, 110호, 116호)도 확인되었다. 목곽묘처럼 토기 부장 공간을 따로 마련하고자 하는 인식이 생기고 있었던 것으로 보인다. (國立金海博物館 2011, 2013, 2014; 국립중앙박물관 2012) (표 9 참조)

9. 김해 양동리 고분군 목관묘 토기 부장·봉헌 양상

검토한 6기의 목관묘는 토기의 상대편년에 따라 3期로 나눌 수 있었다. 의례에 사용된 토기는 단경호(5점), 주머니호(4점), 조합우각형파수부호(4점) 등이고, 4·5단계에 골고루 봉헌되었다. 3단계 의례는 시행되지 않았고, 6단계 의례는 한 유구에서만 확인되어, 양동리에서는 주로 4단계와 5단계에서 토기 의례가 시행되었음을 알 수 있다. 4·5단계에서 압도적으로 선호된 봉헌 위치는 장벽인데, 장벽에 봉헌된 기종은 다양하다. 다시 말해, 4단계 장벽과 5단계 장벽에는 특별히 선호된 기종 없이 여러 토기가 봉헌되었다는 것이다. 4단계와 5단계 의례 모두에서 모서리 봉헌의 예는 없다. 시기에 따라 토기 부장·봉헌 양상이 명확히 구분되지 않는 편이다. (東義大學校博物館 2008) (표 10 참조)

10. 김해 대성동 유적 목관묘 토기 부장·봉헌 양상

검토한 16기의 목관묘는 토기의 상대편년에 따라 크게 3期로 나눌 수 있었다. 가장 많이 부장·봉헌된 토기는 조합우각형파수부호(19점)이고, 다음으로 단경호(12점), 주머니호(8점), 와질소형옹(4점), 양이부호(2점) 등이 사용되었다. 조합우각형파수부호와 단경호는 전 시기에 걸쳐 선호되었고, 주머니호는 이른 시기(1期)에 더 선호된 경향이 있다. 토기는 3·4·5·6단계 의례 기물로 사용되었는데, 의례 빈도는 '5단계〉4단계〉6단계〉3단계' 순으로 5단계 의례가 가장 선호되었다. 3단계 의례는 한 유구에서만 확인되고, 소형호를 부장하였다. 6단계 의례는 목관 상부~묘광을 채우면서 행해지는 5단계 의례와 구분이 모호한 점이 있지만 시행 가능성을 열어둔다면 타날단경호를 봉헌한 다섯 예가 확인된다. 4단계 의례는 1期와 3期에 주로 시행되었는데, 1期에는 단벽에 조합우각형파수부호, 장벽에 조합우각형파수부호와 주머니호를 봉헌하는 것이 선호되었다. 3期에는 모서리나 장벽에 조합우각형파수부호를 봉헌하였다. 5단계 의례는 전 시기에 시행되었는데, 장벽에 조합우각형파수부호를 봉헌하고 관 상부~묘광을 채우면서 단경호를 봉헌하는 것이 성행했다. 4·5

단계에서 모서리는 그다지 선호되지 않은 공간이었다. (구지로-慶星大學校博物館 2000; 대성동-慶星大學校博物館 2000, 2003; 가야의 숲-東亞細亞文化財研究院 2006) (표 11 참조)

11. 동래 온천동 유적 목관묘 토기 부장·봉헌 양상

검토한 유구는 5기이다. 의례에 사용된 토기는 주머니호(4점), 완(4점), 무문토기옹(3점), 단경호(2점) 등이다. 주머니호는 4기에 각 1점씩 부장된 반면, 완은 2기에 각각 3점, 1점씩 부장되어 출토 수량이 같아도 부장 양상은 다르다. 따라서 보편적으로 사용된 기종은 주머니호 임을 알 수 있고, 조합우각형파수부호는 확인되지 않는다. 토기들은 모두 4·5단계 의례에 부장·봉헌되었다. 의례 빈도는 4·5단계가 같으나, 봉헌된 토기 수량은 4단계에 조금 더 많다. 4단계 의례에는 주로 장벽에 주머니호와 완을 봉헌하는 것이 선호되었고, 5단계 의례에는 단경호를 모서리·장벽에 봉헌하거나 무문토기옹을 모서리·관 상부에 봉헌하였다. 4·5단계 모두 단벽은 활용하지 않았다. (釜山博物館 2013) (표 12 참조)

12. 기장 방곡리 유적 목관묘 토기 부장·봉헌 양상

검토 가능한 유구는 5기였다. 의례에 사용된 토기는 두형토기(6점), 주머니호(5점), 완(2점), 단경호(2점) 등이다. 두형토기와 주머니호는 같은 유구에서 출토되지 않고, 조합우각형파수부호는 확인되지 않는다. 4단계 의례는 13호에서만 확인(장벽에 주머니호 3점 봉헌)되고, 5단계 의례는 모든 목관묘에서 시행되었다. 5단계 의례 시에는 모서리·단벽·장벽·관 상부 모두 활용되었는데 모서리에는 완, 단벽에는 단경호, 관 상부에는 두형토기 봉헌이 선호되었다. (울산대학교박물관 2007) (표 13 참조)

IV. 매장의례로 본 목관묘 토기 부장·봉헌의 특징과 의미: 음식봉헌 의례

지금까지 매장의례의 차원에서 목관묘 내에 토기가 부장·봉헌되는 양상을 살펴보았다. 이는 '토기를 사용한(혹은 토기가 사용된) 의례'에 대한 것이므로, 간단히 '토기 의례'라고 할 수 있겠다. 토기란 일상생활용이든, 분묘부장용이든 기본적으로는 무엇인가를 담는 용도를 갖고 있다. 분묘에서 특정 위치에 정치되어 부장·봉헌된 토기는 무엇이 담긴 채로 의례에 사용되었던 것이다. 반면에 토기를 횡치했거나 겹겹이 쌓은 경우 혹은 훼기한 경우는 무엇을 담는 용도는 아니었을 것이다. 일반적으로 토기에 담긴 무언가는 음식물이라 여겨져, 고분에 부장되는 토기의 대다수는 음식을 담아 제사 지내기 위해 제작된 것이라고 본다(李盛周 2014b, 111). 이런 관점에서 생각하면 '토기 의례' 분석은 궁극적으로 '음식봉헌 의례'를 파악해보는 것이기도 하다.

한반도의 분묘에서 토기가 본격적으로 부장·봉헌되기 시작한 것은 목관묘 단계부터이다. 그 이전의 지석묘 단계까지는 적색마연토기·채문토기 정도의 한정적인 기종이 매우 적은 수량 부장되었다. 매장주체부인 석관(곽)에 토기를 1점 정도만 온전한 상태로 부장하고, 나머지 수량은 지석묘를 축조하는 전후 과정(묘광 파기, 벽석 설치, 상석 설치, 묘역 설치 등) 중에 훼기하여 뿌렸다(윤호필 2014, 68-81). 이로써 지석묘 단계에는 토기에 음식을 담아 봉헌하는 의례의 비중이 매우 작고, 크게 중요시 되지 않았음을 알 수 있다.

목관묘 단계부터는 부장·봉헌되는 토기의 기종과 수량이 전보다 많아진다.[3] 목관묘 단계는 다시 점토대토기 단계와 전기와질토기 단계로

....

3   물론 토기를 아예 부장·봉헌하지 않은 목관묘도 있으나, 본고는 애초에 토기가 1점 이상 출토

세분할 수 있다. 점토대토기 단계에는 흑도장경호, 점토대토기 등을 1~7점가량 부장·봉헌하였는데, 群集 내에 토기가 5점 이상 부장·봉헌된 목관묘는 소수이고, 1~3점이 일반적이다(鄭賢鎭 2015, 48-58). 한편, 앞 장(章)에서 살펴본 변한지역 목관묘들은 대부분 전기와질토기 단계로, 무문토기류(옹, 두형토기 등)를 포함해 와질 기종인 주머니호, 조합우각형파수부호, 단경호, 완 등이 부장·봉헌되었고, 群集 내에 토기가 5점 이상 부장·봉헌된 묘가 전보다 조금 더 많아졌다. 전반적으로 점토대토기 단계보다 전기와질토기 단계에 더 많은 기종의 토기가 조금 더 많은 수량 부장·봉헌되었음을 알 수 있다.

전술한대로 토기에 음식을 담아 봉헌했다면, 토기의 기종이 다양해지고 수량이 많아지는 현상은 점차 음식봉헌 의례의 비중이 커지며 중요하게 여겨졌음을 의미한다. 지석묘와 목관묘 매장의례의 공통성을 근거로 지석묘와 원삼국시대 목관묘에서는 음식과 관련된 과시적 저장의례나 성찬의례는 없었고, 음식봉헌 의례는 槨墓의 수용과 함께 정식화되었다고 한 연구(李盛周 2014b, 112-113)가 있으나 위에서 살펴보았듯, 지석묘와 목관묘의 토기 의례는 분명히 차이가 있다. 지석묘에서 음식봉헌 의례가 거의 없었다고 보는 점에는 동의하지만, 목관묘(특히, 전기와질토기 단계)에서는 음식봉헌 의례가 확실히 시행되었다고 생각한다. 지석묘 단계와는 달리 여러 기종의 토기가, 여러 점 부장·봉헌된 점이 이를 방증하는 가장 기본적인 근거이다.

그렇다면 목관묘에서 행해진 음식봉헌 의례의 성격과 의미는 무엇이었을까? 변한지역 목관묘들에서는 3~6단계 의례에 토기가 부장·봉헌되었다고 했다. 먼저 각 단계별 의례의 성격과 의미를 살펴보자. 3단계는 관 내부에서 피장자를 두고 이루어지므로 망자와 산 자가 같은 공간에 있

....
된 유구만 검토하였으므로 토기가 부장·봉헌된 목관묘에서의 토기 의례에 대해서만 논함을 알려둔다.

으면서 행해지는 의례이다. 4단계는 관 둘레를 충전하며 관에 안치된 망자에게 제의를 행하는 의례이다. 3·4단계 의례 시 토기는 망자의 중심과 주변부에 부장되므로, 이 두 의례는 망자 중심 의례라고 할 수 있다. 반면, 5단계는 충전토 상면과 관 상부 봉헌의 두 경우가 있는데 모두 관 뚜껑이 덮인 상태에서 행해지므로 망자와 산 자는 분리되었다. 이러한 밀봉 의례는 분묘 축조자로 하여금 망자에 대한 기억을 드라마틱하게 생성하게 한다. 6단계는 분묘 축조를 마무리하면서 최종적으로 거행되는 의례로서 망자와 완전히 분리·단절되고, 의례를 끝내고 나면 분묘 축조자들만 남은 사회가 된다. 이렇게 5·6단계 의례는 망자가 가시권에서 사라지면서 남은 이들을 위해 행하는 의례이므로 분묘 축조자 중심 의례라고 할 수 있다(鄭賢鎭 2015, 71-78).

이를 대입해보면, 3·4단계에서의 음식봉헌은 망자를 위한 것이고, 5·6단계에서의 음식봉헌은 분묘 축조자들을 위한 것이라고 볼 수 있다. 3단계와 4단계는 망자를 위해 음식이 차려지지만, 대부분의 유구에서 4단계 의례의 빈도가 훨씬 높은 이유는 공간 활용 때문이다. 관 내부는 주검을 안치할 정도의 좁은 공간으로 여러 점의 토기를 부장하기 어렵지만, 목관 밖 충전토 공간은 네 변을 모두 활용할 수 있어 꽤 많은 토기를 봉헌할 수 있다. 5단계와 6단계에 음식은 분묘 축조를 위해 동원된 노동력의 대가로 베풀어졌거나 새로운 조상신으로 편입된 망자에게 재편되는 사회의 안정을 기원하면서 차린 것일 수 있다. 이 경우는 망자에게 차려졌다 해도 결국 분묘 축조자를 위한 것이다. 변한지역의 많은 목관묘에서는 5단계 토기 봉헌이 가장 선호되었다.

토기에 음식물의 흔적이 남아 있는 경우는 거의 전무하기 때문에, 음식봉헌 의례의 실태를 정확히 복원하는 것은 사실 어렵다. 그래서 목관묘에 부장·봉헌된 주요 기종들의 용도를 추론해보며 그에 가깝게 접근해보려 한다. 변한지역 목관묘에서 많이 출토된 기종은 주머니호, 조합우각형 파수부호, 단경호이다.

먼저, 주머니호는 거의 모든 목관묘들에 부장·봉헌된 기종으로 보편적인 성격을 가지고 있다. 이 토기는 기고 10~15cm 내외의 비교적 작은 용기로서, 대형 용기에서 내용물을 일부 덜어놓거나 애초에 적은 양의 음식물을 봉헌하기 위해 쓰였다고 생각된다. 대부분 4단계나 5단계에 사용되었다.

조합우각형파수부호는 기고가 20~30cm 내외로 중·대형 용기에 속한다. 이 토기는 전기와질토기 가운데 제작이 가장 복잡하고, 장식적인 기형이라 제기로 쓰이기에 상징성이 있다. 또한, 유적별로 존재 유무가 뚜렷하게 구별되는 기종이기도 하다. 따라서 조합우각형파수부호는 위세품적 성격이 있다고 판단하였다. 다호리 양상(III장 8절)에서 언급했듯, 봉상파수부호나 우각형파수부호는 조합우각형파수부호와 용기의 성격이 비슷하다. 우각형파수부호 내에서 칠기 국자가 확인된 예(다호리 63호)가 있는데, 이를 통해 파수부호류에는 국자로 뜰 만한 액체류(예컨대, 술 등)를 봉헌하지 않았을까 추정한다. 이 토기들은 4단계나 5단계에 사용되었다.

단경호는 기고 15~20cm가량의 소형단경호와 기고 20~30cm 내외의 타날단경호가 있다. 전자는 적은 양의 음식을 봉헌하는 데 쓰여 4단계에 주로 봉헌되었고, 후자는 대표적인 저장용 토기로서 그 폭(동최대경)이 높이(기고)보다 더 넓기도 할 만큼 대형 기종이다. 주로 5단계 관 상부나 6단계에 봉헌되었다. 타날단경호 내에 유기물이 붙은 채 확인된 예(도항리 30호)가 있다.

이렇듯 변한지역 목관묘에서는 음식봉헌 의례가 정식화되고 있었다. 뒤 시기 목곽묘만큼 매우 과시적이지는 않더라도, 지석묘 단계보다는 활발해진 것이 분명하다. 목곽묘의 봉헌 의례가 평면적으로 넓게 펼쳐지는 식이라면, 목관묘의 음식봉헌 의례는 단계별로 행해지기 때문에 누층적·중층적이라는 특징이 있다.

V. 변한지역 목관묘群 토기 의례의 비교

목관묘 단계의 변한지역은 큰 틀에서 전기와질토기를 지표로 하는 공통 문화권이지만, 세부적으로는 지역별·시기별로 차이가 있다. 관련 연구 가운데 매장습속의 차이에 중점을 두고 변한 정치체들 간의 관계를 추론한 연구(이창희 2016)가 있는데, 매장습속(매장의례와 동의어 개념으로 쓰임)이라고 하면서 실상은 출토되는 유물의 종류 위주로 검토하였다. 매장습속 혹은 매장의례란, 일종의 '행위'이므로 사용된 의례 기물의 종류만으로 알 수 있는 것이 아니다. 강조했듯이, 매장의례는 '어떤 단계에, 어떤 기물이, 어떻게 쓰었는가'를 총체적으로 검토해야 비로소 복원될 수 있다. 본고는 그러한 관점에서 접근했다. 하지만 모든 부장·봉헌품이 아닌 토기만을 대상으로 했기 때문에, 거시적 차원에서의 정치·경제적 해석을 도출하기는 어렵다. 다만, 유적별 토기 의례(결국, 음식봉헌 의례)의 유사성과 상이성을 파악하고 그에 적합한 해석을 도출하여, 변한 정치체 연구에 일조하고자 한다. 아래에서는 몇몇 기준에 따라 주요 유적들을 비교해보았다.

1. 다호리·도항리·교동 유적 비교

다호리와 도항리 목관묘群은 B.C. 1세기 전엽~A.D. 2세기 전엽까지 축조되었고, 기간이 거의 겹친다. 교동 목관묘群은 B.C. 1세기 후엽~A.D. 1세기 중엽까지 축조되어, 다호리·도항리와 일부 겹친다. 이 세 유적은 각각 창원, 함안, 밀양에 위치하여 거리상 가까운 편은 아니나, 축조 시기가 겹치므로 묶어서 검토한다. 토기 의례의 시기별 특징을 키워드식으로 정리해보았다.

다호리 1期는 '4단계/모서리/주머니호·두형토기', 2期는 '4단계/모서리·장벽/주머니호·두형토기+5단계/모서리·장벽/주머니호·두형토기·파수부호류 등', 3期는 '주로 5단계/모서리·장벽·단벽 일부/조합우각형파수부호·주머니호·단경호·양이부호 등', 4期는 '주로 5단계/모서리·장벽/주머니호·조합우각형파수부호'로 정리할 수 있었다. 5期는 64호뿐인데, 양상은 3·4期와 비슷하다. 초창기에는 4단계 토기 의례가 선호되다가, 점차 4·5단계가 비등하게 선호되고, 3期부터는 5단계가 중심이 된다. 이는 다호리의 음식봉헌이 망자 중심에서 점차 분묘 축조자 중심으로 변화했음을 보여준다.

도항리 1期는 '4단계/장벽/주머니호+5단계/관 상부/무문토기', 2期는 '4단계/모서리·장벽/주머니호·완+6단계/단경호', 3期는 창22호 한 기뿐이고, 4期는 '4단계/장벽/조합우각형파수부호' 또는 '5단계/모서리·장벽·관 상부/주머니호·단경호·조합우각형파수부호'로 요약된다. 전반적으로 4단계 의례가 가장 선호되었고 그 다음이 5단계였다. 도항리의 음식봉헌은 망자와 분묘 축조자 모두를 위하긴 하나, 망자 중심으로 차려진 경우가 조금 더 많았다.

교동 1期는 '4단계/장벽/주머니호+5단계/모서리·장벽·관 상부/무문파수부호·삼각형점토대토기', 2期는 '일부 4단계+5단계/모서리·장벽·관 상부/주머니호·단경호·장동옹류'로 정리된다. 전반적으로 4단계와 5단계 토기 의례가 골고루 시행되었으나 5단계가 조금 더 많다. 교동의 음식봉헌은 망자와 분묘 축조자 모두를 위하긴 하나, 분묘 축조자 중심으로 차려진 경우가 조금 더 많았다.

다호리와 도항리의 토기 의례는 3·4·5·6단계에서 시행되었고, 선호하는 기종이 '주머니호>조합우각형파수부호' 순이라는 점이 공통적이다. 그러나 다호리는 전반적으로 5단계 의례를 가장 선호하여 분묘 축조자 중심인 반면, 도항리는 4단계 의례를 가장 선호하여 망자 중심이라는 관념적 차이가 존재한다. 이 외에 다호리에서는 두형토기나 유개옹같이 도항리에서는 출토되지 않는 다양한 기종의 토기가 쓰였고, (본고의 연구 대상은 아니지만) 동경·농공구류 등도 출토되어 차이가 있다. 이렇듯 다호리와 도항리는 전기와질토기문화를 공유하고 있지만, 문화적 동질성이 짙은 편은 아니다.

한 유구에서 여러 단계의 의례가 시행되었다는 것은 의례복합도가 높음을 의미하고, 이는 직간접적으로 위계와 연관될 수 있다. 의례복합도가 높다고 하면 노동력을 더 투자하고, 더 많은 음식을 봉헌했다고 볼 수 있기 때문이다. 한 유구 내에 부장·봉헌된 토기의 수량에서 다호리가 조금 앞설 뿐, 다호리와 도항리의 토기 의례복합도는 사실 비슷한 수준이다. 이는 도항리의 위계가 다호리에 비해 절대적으로 뒤떨어지는 정도는 아님을 의미한다. 동경과 농공구류의 유무를 집단의 성격(경제적 가치, 종교적 가치 등)과 관련된 것일 수 있다고 보면, 도항리와 다호리 집단은 사회적 성격과 관념이 다를 뿐, 서로 어깨를 견줄 만한 세력이었지 않을까 한다. 물론 다호리는 여러모로 변한에서 특출했던 집단이고, 도항리가 다호리에 비해 다소 뒤떨어지는 점은 부정할 수 없다. 그러나 도항리가 다호리에 종속된 하위 집단은 아니었음이 분명하다.

한편, 교동은 축조 기간이 다호리·도항리의 2~3期와 겹친다. 토기 의례만 봤을 때 세 집단의 공통점은 주머니호를 가장 선호했고, 4·5단계 의례 시 단벽을 거의 활용하지 않은 것이다. 차이점은 교동에서는 3·6단계 토기 의례가 시행되지 않은 것과 조합우각형파수부호(1점)가 주요 기종이 아니라는 것 등이다. 세 집단 중 교동과 다호리는 통나무관 사용, 요갱 설치, 5단계 의례 선호, 동경 출토 등에서 좀 더 유사성이 있는 편이다. 무덤 축조 및 의례와 관련된 요소(통나무관, 요갱), 의례선호도, 그리고 동경의 존재는 집단의 성격 및 관념이 반영된 부분일 수 있다. 반면, 의례복합도의 차이(다호리: 3·4·5·6)교동: 4·5)와 특정 기종의 부재(조합우각형파수부호 유무)는 위계와 관련 있을 수 있다. 종합해보면, 다호리와 교동은 성격과 관념이 유사하나 엄연히 위계 차이가 존재하는 집단으로, 다호리 집단이 교동보다 상위 집단이라 판단된다.

2. 교동·춘화리·제대리·전사포리 유적 비교

교동·춘화리·제대리·전사포리 유적은 모두 지금의 밀양 지역에 분포해 있다. 지리적으로 서로간의 거리는 반경 2~3km 내외이고, 가장 떨어진 춘화리와 전사포리의 직선거리는 7km 이내이다. 변한지역에서 한 지역 내에 4개소의 목관묘群이 확인된 경우는 지금까지의 조사 성과로 봤을 때 밀양이 유일하다. 따라서 이 네 유적을 묶어 토기 의례를 비교하고 집단 간 관계를 추론해보고자 한다.

춘화리 토기 의례는 Ⅲ장 5절과 같고, 교동 토기 의례는 바로 앞에서 살펴보았다. 춘화리는 교동에서 북서쪽으로 약 3km가량 이격한 가까운 곳에 위치하고, 축조 기간은 A.D. 1세기 중·후엽으로 교동 축조 末期와 겹치기도 한다. 춘화리·교동의 토기 의례는 4·5단계만 시행되었고, 그 중 5단계가 선호(분묘 축조자 중심)되었으며, 단벽 활용도가 거의 전무하다는 점을 비롯하여, 조합우각형파수부호는 거의 없고, 주머니호가 주요 기종이라는 점 등 많은 공통점이 있다. 추가로 두 집단은 주축방향이 동-서이고, 통나무관을 사용했다는 점도 같았다. 그러나 춘화리에는 동경의 출토 예가 없고, 출토 유물의 수량이 적은 편이다.

이를 두고, 춘화리·교동 집단에 대한 두 가지 가설을 세울 수 있다. 첫째는 춘화리와 교동 축조 집단을 동일 집단으로 보는 것이고, 둘째는 둘은 다른 집단으로 춘화리가 교동보다 위계가 낮은 하위 집단이라 보는 것이다. 필자는 첫 번째 가설이 더 타당하다고 본다. 교동 목관묘 축조 끝자락에 춘화리 목관묘가 축조되기 시작하여 반세기가량 유지되므로 교동에서 춘화리로 넘어가는 것이 자연스럽기도 한데다, 두 집단은 차이점보다 공통점이 훨씬 많다는 점에서도 그렇다. 즉, 어떠한 이유에서 세력이 축소된 교동 집단이 멀지 않은 새로운 근거지(춘화리)에 다시 자리를 잡고 무덤 축조를 이어나갔던 것이 아닐까 추측한다.

다음으로 제대리와 전사포리의 토기 의례는 III장 6, 7절과 같다. 두 유적의 토기 의례는 4단계 위주로 시행(망자 중심)되었고, 토기들은 대부분 북단벽에 봉헌되었다. 단벽은 목관묘 토기 부장 시 잘 선호되지 않는 공간이라서 특이하다고 볼 수 있다. 그리고 진·변한 목관묘에서 보편적으로 출토되는 주머니호는 아예 없는 대신, 변한의 다른 목관묘에서 확인되지 않는 유개대부호-개 세트[4]가 유일하게 출토된 점도 독특하다. 이렇듯 제대리와 전사포리 집단은 토기 의례가 동일할 뿐 아니라, 이격 거리가 약 2km 정도로 가깝기도 하다. 축조 기간이 A.D. 2세기 전·중엽으로 겹치고, 주축방향(남-북)과 관 형태(판재형관)까지 같다. 모든 면에서 제대리와 전사포리는 동일 집단으로 생각된다. 群集이 나누어진 것은 묘지 선정의 탄력성으로 이해할 수 있을 듯하다. 반면, 교동·춘화리 집단과는 같은 지역임에도 유사성이 없고, 뒤에 언급할 김해지역의 양동리·대성동과는 축조 기간이 겹치지만 공통점이 없다.

3. 양동리·대성동 유적 비교

양동리와 대성동 유적은 김해지역에 위치하고, A.D. 1세기 말엽~2세기 중엽에 축조된 목관묘群이다. 두 곳은 약 6km가량 떨어져 있으면서, 동일 시기에 목관묘群을 구축하고 있어 비교가 필요하다. 먼저, 양동리의 토기 의례는 III장 9절에서 살펴보았듯, 4·5·6단계가 시행되었으나 주로 4·5단계 위주이다. 망자와 분묘 축조자 모두를 위한 음식봉헌 의례를 추구했던 것으로 생각된다. 토기는 단경호, 주머니호, 조합우각형파수

....

4   유개대부호는 진한(대구, 경산, 경주)과 마한(청주, 평택 등)에 주로 분포하는 기종이다.

부호가 골고루 사용되었고, 봉헌 시 장벽을 주로 활용하였다. 모서리 공간을 전혀 활용하지 않은 점은 변한의 다른 지역(창원, 함안, 밀양)과 차이가 있다.

대성동 토기 의례는 키워드식으로 정리해보았다. 1期는 '4단계/단벽·장벽/조합우각형파수부호·주머니호' 또는 '5단계/단벽·장벽·관 상부/조합우각형파수부호·단경호', 2期는 '5단계/모서리·장벽·관 상부/단경호·조합우각형파수부호', 3期는 '4단계/모서리·장벽/조합우각형파수부호+5단계/장벽·관 상부/조합우각형파수부호·단경호'와 같다. 토기 의례는 3·4·5·6단계 모두 시행되었으나 주로 4·5단계 위주이고, 시간의 흐름에 따라서 '4단계만 시행→5단계만 시행→4·5단계 함께 시행'의 변화가 확인된다. 음식봉헌이 '망자 중심→분묘 축조자 중심→망자와 분묘 축조자 중심'으로 변해갔던 것으로 생각된다.

양동리와 대성동의 토기 의례는 주로 4·5단계에 시행되었다는 공통점을 제외하면 대부분이 차이점이다. 대성동에서는 조합우각형파수부호가 압도적으로 많이 사용된 것에 비해 양동리는 그렇지 않고, 대성동에서는 양동리에서 활용되지 않은 모서리 공간이 활용되었다. 그리고 한 유구 내에 봉헌되는 토기의 수(차려진 음식의 양으로 볼 수 있음)는 전반적으로 대성동이 더 많다. 대성동과 양동리 집단은 명백히 다른 집단이다. 대성동이 의례복합도가 더 높고, 토기 수량이 더 많으며, 크고 장식성 강한 저장용기인 조합우각형파수부호가 많이 사용되었으므로 좀 더 우위의 집단일 수 있다. 여기서 우위란 위계로서 상위-하위를 뜻하는 것은 아니고, 세(勢)가 크다-작다 정도의 개념이다. 금속류 부장을 추가로 검토해보니, 철기는 대성동에서 더 많은 종류(무기류 多)와 수량이 부장되었고, 청동기는 양동리에서 더 빈번하게 부장되었다. 이는 집단 간 성격 차이를 반영하는 것으로 볼 수 있다.

양동리·대성동, 두 집단의 관계에 관해서는 구야국 국읍의 위치와 관련지어 많은 논쟁이 있어왔다. 대성동 집단이 중심이 되어 양동리 집단을 통할했다는 견해와 3세기 후반경까지는 양동리가 규모나 위세품에서 있어 대성동보다 우위이므로 양동리가 구야국의 국읍이었다는 견해로 정리된다(이동희 2019, 83-84). 이 문제는 목곽묘 시기와 그 이후까지 검토해보아야 하는 부분이므로 상세히 다루기는 어렵다. 그러나 앞서 검토한 내용을 토대로 목관묘 시기만을 떼어서 생각해보면, 아직 어느 한 집단 중심은 아니고 사회적 성격과 관념이 서로 다른 두 집단으로서 공존했던 것 같다. 대성동 집단이 양동리보다 세(勢)가 다소 커 보이긴 해도 두 집단은 병렬적 관계인 것이다. 앞서 살펴본 다호리·도항리 집단의 관계와 비슷하다고 볼 수 있다. 참고로 양동리에는 옥·유리구슬류·청동정과 같은 의기류가 많고, 대성동에는 철정이 집적되어 있으며 철제 무기류가 현저하다는 점에서 양동리가 종교적·의례적 중심지이고, 대성동이 정치적 중심지 역할을 했을 가능성도 있다는 견해가 있다(이동희 2019, 87).

4. 대성동과 양동리 유적(김해지역)·다호리 유적 비교

김해지역 목관묘群은 타 지역 목관묘群들에 비해 다소 늦게 축조되기 시작하여 계통에 대한 관심이 특히 많았고, 그에 따라 여러 견해들이 제시되었다.[5] 본고에서 토기 의례만으로 계통을 추론하는 것은 논리 비

....

5 　① 판재식목관은 동북아 전역에서 보편적으로 사용된 목관 형태로 중국 중원지방, 중국 동북지역에서 계통을 찾을 수도 있고, 청동기시대 이래의 토착적 요소에서 유래되었거나 한반도 북부지역에서 전래되었을 수도 있다고 했다. 한편, 통나무목관과 요갱은 중국 서남부지역에서만 확인되므로 燕 또는 古朝鮮과는 무관하고, 戰國~漢初 혼란기를 틈타 이주민에 의해 전래되었을 가능성이 크다고 본 견해이다(李在賢 2003, 85-90). ② B.C. 5~4세기 무렵 燕의 세력 확장을 계기로 중국 동북지역에 거주하던 주민 일부가 이주하면서 여러 지역의 문화 요소가 융합·전이되어 이식되었다고 보는 견해이다. 즉, 목관묘는 한국식동검문화와 함께 전래된 것으로 보았다(全成南 2007, 52-58). ③ 김해 목관묘 축조집단은 한사군 설치 이후 시기차를 두고 이동한 고조선계 이주민일 가능성이 높다고 한 견해이다(이동희 2019, 78). ④ 다호리 목관묘 단계의 후반대와 양동리, 대성동유적군 출현기의 부장 양상이 유사하므로, 다호리 집단의 수장층이 김해로 이주했다고 보는 견해이다(이창희 2016, 70).

약이지만, 다호리와 김해지역의 토기 의례를 비교하는 과정에서 '다호리 집단 김해 이주설'에 대해서는 의문을 제기할 수 있었다. 이를 주장한 연구자에 따르면, 다호리는 2세기대부터 유력 개인묘가 줄어드는 반면, 이 시기에 양동리와 대성동에서는 다수의 목관묘가 등장하며 부장 양상이 다호리 후반대 목관묘와 유사하다고 했다. 그러나 본고의 시기 구분에 따르면 '다호리 4·5期=대성동 1·2期=양동리 1·2期'이고, 이 역연대는 A.D. 1세기 후엽~2세기 전엽에 해당하므로, 2세기대부터 양동리와 대성동에 목관묘가 등장한다고 본 것과 일차적으로 맞지 않았다. 다호리의 분묘 축조가 끝나는 시점에 김해지역에서 축조가 시작되는 것이 아니라 두 집단은 반세기가량 축조 기간이 겹친다.

그리고 그는 토기 부장에 관해 다호리와 김해지역에서는 공통적으로 주머니호·조합우각형파수부호 중심의 토기 부장이 이루어졌고, 김해지역에 완이 부장되지 않은 이유는 이미 다호리에서 부장이 소멸했기 때문이라고 했다. 그러나 주머니호와 조합우각형파수부호 중심의 토기 부장은 동시기인 '도항리 4期'에서도 보이는 양상일 뿐 아니라 진한 제 지역에서도 확인할 수 있어, 이 시기에 다호리와 김해지역만이 공유했거나 영향을 주고받은 특정 양상이라고 보긴 어렵다. 두 번째로 완에 관련해서는 연구자 스스로도 언급했듯 이 기종은 타 지역에서도 B.C. 1세기대의 어느 시점에 부장이 소멸하므로 다호리와 김해지역만의 특징적인 양상이 아니다. 두 지역에서의 부재를 한 번 더 거론함으로써 다호리와 김해지역의 연속성·연관성을 강조하려는 것처럼 보였다. 도항리에서도 완은 4期 무렵이 되면 사라진다. 결국 연구자가 '다호리 집단 김해 이주설'의 근거로 제시한 토기 부장 양상 두 가지는 두 지역만의 공통점이라기보다는 그 시기의 다소 보편적인 양상으로 볼 수 있다.

위에서는 토기 부장 양상이라는 말을 따라서 썼지만, 이는 토기 기종만으로 알 수 있는 것이 아니라고 했다. 기종, 수량, 부장·봉헌된 단계 및 평면 위치 등을 종합적으로 고려해 살펴보아야 한다. 이렇게 두 지역의 토기 의례를 비교해 본 결과는 다음과 같다. 먼저, 다호리 4·5期에는 4·5 단계 의례가 연달아 시행되거나 5단계만 시행되는 경우가 대부분인 반면, 양동리·대성동 1期의 가장 이른 묘들(양70호, 숲3호 등)에서는 4단계 의례만 시행되었다. 그리고 공간 활용의 측면에서, 다호리는 1期부터 지속적으로 모서리를 선호했고 그 경향은 4期까지 이어진다. 그러나 양동리에서는 모서리를 아예 활용하지 않았고, 대성동은 단 세 기에서만 확인된다. 다음으로 다호리 3~5期에 빈번하게 시행되어(13기 중 8기) 특징적이라 할 수 있는 '주머니호/5단계/장벽(북장벽 동쪽多)'봉헌이 양동리·대성동 1·2期에는 거의 확인되지 않는다(17기 중 1기). 오히려 주머니호는 대부분 4단계에 봉헌되었다. 이렇듯 다호리 후반대와 김해지역 목관묘 출현기의 토기 의례는 여러 차이점이 확인된다.

고고학에서는 어떤 지역에서 전에 없던 물질문화 요소들이 갑자기 출현하면 집단의 이주를 상정하기도 한다. 이때 두 집단의 물질문화는 상당한 유사성이 전제되어야 한다. 시기차가 얼마 나지 않는 경우라면 더욱 그렇다. 다호리 집단이 양동리나 대성동으로 이주했다면 다른 지역들에서 보편적으로 보이는 공통점 말고도 두 지역만의 특징적인 공통점이 분명하게 확인되어야 한다. 그러나 다호리와 양동리·대성동은 축조 기간이 일부 겹침에도 불구하고 토기 의례 부분에서 여러 차이점이 확인되었다. 그럼에도 굳이 유사성에 더 초점을 맞추어 토기 의례 차이는 변화된 양상일 뿐이라고 주장한다면, 매장의례의 보수성에 대해 설명하고 싶다. 매장의례란 분묘 축조집단의 가치와 이념이 표상되어 있는 집약적 행위이므로 보수적이고, 그 변화는 점진적이다. 그런데 다호리와 김해지역은 매장의례의 점진적 변화 과정을 거칠 만큼 시기 차이가 나지 않는다. 따라서 '변화'가 아니고 '차이'가 맞다. 요컨대, 양 지역 토기 의례 차이가 많이 나는 것은 집단 간 친연성이 매우 낮음을 의미하고, 이로써 '다호리 집단 김해 이주설'은 성립하지 않음을 알 수 있다.

VI. 맺음말

이상 매장의례의 과정에서 토기가 부장·봉헌된 양상을 '토기 의례'라는 개념으로 살펴보았다. 그 결과 목관묘 단계의 토기 의례는 음식봉헌을 위한 것이었고, 그 양상은 누층적·중층적임을 알았다. 다음은 변한지역 토기 의례를 시기별·지역별·유적별로 비교하여 집단 간의 관계를 추론해보았다. 의례단계 선호도, 의례에 사용된 주요 기종, 공간 활용법 등을 비교하여 토기 의례의 유사성과 상이성을 구분하였다. 동시기에 축조된 다른 목관묘群들을 비교했을 때, 유사성보다 상이성이 많다면 두 집단은 성격 및 관념이 다른 병렬적 존재(다호리와 도항리/양동리와 대성동)로 보았다. 반면 유사성이 많다면 두 집단은 영향을 주고받았을 수 있는데, 의례복합도에서 차이를 보인다면 상-하 관계(다호리와 교동)가 성립될 수 있다고 했다. 축조 시기는 일부만 겹치는데 거리가 가까우며 의례 양상 및 제반 요소가 유사하다면 동일 집단의 이동(교동과 춘화리)으로 볼 수 있었다. 마지막으로 시기차가 나지 않는 경우에 집단 이주설이 성립되려면 특히나 매장의례의 유사성이 중요한데, 차이점이 많다면 이주설은 성립될 수 없다(다호리와 김해지역)고 판단하였다.

본고는 변한지역에서 조사된 목관묘 가운데 토기가 출토된 유구를 거의 전수 검토하여, 집단 간 토기 의례를 비교해보았다는 점에서 의의가 있다. 또한 목관묘에서 토기가 몇 단계 의례에 어떻게 부장·봉헌되었는지 분석함으로써 당시의 토기 의례를 대략적으로나마 복원해 볼 수 있었다. 이는 이전의 연구들에 비해 구체적이어서 좀 더 자세한 정보를 전달해 주기도 했다. 하지만 토기 내에서 음식물이 확인된 예가 없어 어떠한 음식이 차려졌는지는 추론에 그칠 수밖에 없었다. 또한 분묘 규모에 따른 토기 의례의 차이는 일일이 살펴보지 못해, 이는 추후의 과제로 남기고자 한다.

참고문헌

慶南考古學研究所, 2000, 『道項里 末山里遺蹟』.

慶星大學校博物館, 2000, 『金海龜旨路墳墓群』.

_____, 2000, 『金海大成洞古墳群 I』.

_____, 2003, 『金海大成洞古墳群 III』.

國立金海博物館, 2011, 『昌原 茶戸里 遺蹟: 9차 발굴조사보고서』.

_____, 2013, 『昌原 茶戸里 遺蹟: 10차 발굴조사보고서』.

_____, 2014, 『昌原 茶戸里 遺蹟: 11차 발굴조사보고서』.

국립중앙박물관, 2012, 『(昌原) 茶戸里: [1~7次 發掘調査 綜合報告書]』.

國立昌原文化財研究所, 1997, 『咸安道項里古墳群I』

김양훈, 2016, 「변한 '國'의 형성과 발전-다호리유적을 중심으로-」, 『역사와 경계』 100.

東西文物研究院, 2011, 『密陽 提大里遺蹟』.

_____, 2011, 『密陽 前沙浦里遺蹟』.

_____, 2014, 『(생비량-쌍백 도로확장구간 내) 陜川 三嘉古墳群』.

東亞細亞文化財研究院, 2006, 『金海 伽倻의 숲 造成敷地内 金海 茂溪里 共同住宅 建設敷地内 遺蹟 發掘調査 報告書』.

東義大學校博物館, 2008, 『金海良洞里 古墳群』.

무라마츠 요스케, 2009, 「木棺墓 葬送儀禮의 復原」, 『코기토』 65.

密陽大學校博物館, 2004, 『密陽校洞遺蹟』

朴知英, 2014, 「한반도 남부 출토 前漢式鏡의 유통체계」, 경북대학교 석사학위논문.

朴辰一, 2013, 「韓半島 粘土帶土器文化 研究」, 부산대학교 대학원 박사학위논문.

釜山博物館, 2013, 『東萊 溫泉洞遺蹟 II』.

三江文化財研究院, 2010, 『晋州 倉村里 遺蹟: 三韓~朝鮮墓』.

우리문화재연구원, 2013, 『密陽 春化里 遺蹟』.

울산대학교박물관, 2007, 『機長芳谷里遺蹟』.

윤호필, 2014, 「호남지역 청동기시대 분묘의례」, 『호남지역 선사와 고대의 제사』, 제22회 호남고고학회 학술대회.

이동희, 2019, 「고김해만 정치체의 형성과정과 수장층의 출현」, 『영남지역 수장층의 출현과 전개』, 제28회 영남고고학회 정기학술발표회.

李盛周, 2014a, 『토기제작의 技術革新과 生産體系』, 학연문화사

_____, 2014b, 「貯藏祭祀와 盛饌祭祀: 목곽묘의 토기부장을 통해 본 음식물 봉헌과 그 의미」, 『嶺南考古學』 70.

李在賢, 2003, 「弁辰韓社會의 考古學的 研究」, 부산대학교 대학원 박사학위논문.

이창희, 2016, 「변한의 성장과 정치체의 형성」, 『辰·弁韓 國의 形成과 發展』, 제25회 영남고고학회 정기학술발표회.

李熙濬, 2011, 「한반도 남부 청동기~원삼국시대 수장의 권력 기반과 그 변천」, 『嶺南考古學』 58.

全成南, 2007, 「金海 大成洞 木棺墓 研究」, 부산대학교 대학원 석사학위논문.
鄭賢鎭, 2015, 「한반도 남부 점토대토기 단계 목관묘 매장의례의 연구」, 경북대학교 석사학위논문.
崔鍾圭, 2014, 『鐵箱集 I-葬送-』, 도서출판 考古.

[표 4] 함안 도항리 토기 부장·봉헌 양상

시기구분	유구	목관형태	3단계 (목관 내부)	4단계 (충전토 내) 모서리	4단계 단벽	4단계 장벽	5단계 (충전토 상부/목관 상부) 모서리	5단계 단벽	5단계 장벽	관 상부	6단계 (지상)
1期	59호	판								완, 무문토기편	
	63호	판		주머니호1	주머니호1		주머니호1			무문토기부장편 호2	
	장23호	?	주머니호1			양이부호1					무문파수부호1
2期	30호	판		완/주머니호1		완, 조합우각형파수부호1					(타날, 평저)단경호1 (유기물), 무문토기편
	70호	판		주머니호1(원통형 목기 꽂음)			파수부장경호1				(타날, 압자평저)단경호1
	72호	통		주머니호1		주머니호1					
	74호	통		주머니호1		완1					
3期	장22호	판	주머니호1						조합우각형파수부호1/주머니호1		
	21호	판				조합우각형파수부호2, 주머니호1/주머니호1					
	24호 (과괴)	판	주머니호1			조합우각형파수부호3/양뉴부호1			조합우각형파수부호1	위정대부호편	
	25호	통		주머니호1	주머니호1	단경호1(소형구호), 조합우각형파수부호1		조합우각형파수부호1			
4期	장26호	판	주머니호1		양이부호1	조합우각형파수부호1			(타날, 원저)단경호1	
	46호 (과괴)	?								(타날, 원저)단경호1	
	47호	?					조합우각형파수부호1/단경호1/주머니호1		단경호(소형직구호)1		
	60호	판					주머니호1				
	65호	판					주머니호1		우각형파수부호2/주머니호1		
	장18호	?			조합우각형파수부호1						

[표 5] 밀양 교동 토기 부장·부획 양상

시기구분	유구	목관형태	3단계 (목관 내부)	4단계 (총전토 내)			5단계 (총전토 상부/목관 상부)			6단계 (지상)
			모서리	단벽	장벽	모서리	단벽	장벽	관 상부	
1期	3호	통	주머니호1/완1, (대부)주머니호1		원통형토기1					
	8호	통			두형토기1	무문파수부호1		완1	무문파수부호1	
	9호	?				조합우각형파수부호1?			무문파수부호1	
	11호	통			주머니호1					
	12호	통			주머니호2					
	14호	?							단경호1, 삼각형점토대토기1·완2, 주머니호2	
	19호	통			주머니호1	삼각형점토대토기1·완1				
	20호	통				주머니호1		무문파수부호1		
	21호	통			주머니호1					
	22호	?			완1			삼각형점토대토기1	주머니호1	
2期	1호	통						주머니호1	단경호1	
	5호	통				주머니호1/두형토기1			무문장동옹1	
	10호	?				완1/주머니호1			단경호1	
	13호	통		주머니호1, 흑도장경호1/완1					단경호1	
	16호	통				삼각형점토대토기1·완1, 완1, 무문소형옹1		주머니호1, (대부)주머니호1, 대부완1	단경호1	
	17호	통	주머니호1/유개옹1/망태기형토기1						단경호1, 외절장동옹1, 무문장동옹1	
	18호	?	원통형토기1		망태기형토기1/대부완1	단경호1		주머니호1		

[표 6] 밀양 춘화리 토기 부장·봉헌 양상

시기구분	유구	목관형태	3단계(목관내부)	4단계(충전토 내)				5단계(충전토 상부/목관 상부)			6단계(지상)
				모서리	단벽	장벽	모서리	단벽	장벽	관상부	
동시기	11호	통			주머니호1, 소형편구호1		연질옹1/주머니호1			단경호1	
	12호	통							연질옹1	단경호1	
	6호	통			주머니호1		주머니호1		완		
	4호	통					단경호1/조합우각형파수부호1		조합우각형파수부호편		

[표 7] 밀양 제대리 토기 부장·봉헌 양상

시기구분	유구	목관형태	3단계(목관내부)	4단계(충전토 내)			5단계(충전토 상부/목관 상부)				6단계(지상)
				모서리	단벽	장벽	모서리	단벽	장벽	관상부	
동시기	1호	판				와질옹1(서장벽)					
	2호	판			단경호1, 와질옹1, 와질대각편(북단벽)						
	4호	판			단경호1, 연질옹1, 유개대부구호1조(북단벽)						
	6호	판			와질옹1(북단벽)						와질대부직구호 등 토기편

[표 8] 밀양 전사포리 토기 부장·봉헌 양상

시기구분	유구	목관형태	3단계(목관내부)	4단계(충전토 내)			5단계(충전토 상부/목관 상부)			6단계(지상)
				모서리	단벽	장벽	단벽	장벽	관상부	
동시기	1호	판			유개대부직구호1조(북단벽)	와질옹1(서장벽)		단경호(편구호)(서장벽)		
	13호	판			단경호1, 연질옹1, 유개대부구호1조(북단벽)					
	14호	판			연질옹1, 유개대부직구호1조(북단벽)					

[표 9] 창원 다호리 토기 부장·봉헌 양상

시기구분	유구	목관 형태	3단계 (목관 내부)	4단계 (충전토 내)				5단계 (충전토 상부/목관 상부)				6단계 (지상)
				모서리	단벽	장벽	모서리	모서리	단벽	장벽	관 상부	
1期	126호	통		주머니호1, 두형토기1								
	132호	판	무문소형옹1 (두부2/측부?)	주머니호1								
	148호	통		주머니호1, 와질소형옹1								
	75호	판						주머니호1		무문장경호1	삼각형점토대토기1	
	140호	판		주머니호1		두형토기1				무문장경호1		(타날, 말각평저)단경호1
	136호	판		두형토기1		두형토기1/주머니호1	(소형, 평저)단경호1					
	144호	판		주머니호1/두형토기(대형)1			두형토기(대형)1			와질소형옹3, 주머니호1		
	147호	판		두형토기(대형)1						와질소형옹3, 주머니호1		
	138호	판		주머니호1			주머니호1	주머니호1				야요이토기
2期	6호	판		유개호1, 주머니호1								와질토기저부편, 호동체부편, 토기편
	57호	통		소완1, 사각함1		흑도장경호1, 두형토기1, 주머니호1						
	63호	통	무문장경호2 (요부)	우각형파수부호(칠기국자)1			우각형파수부수부호(칠기국자)1			두형토기1, 주머니호1		
	141호	판		단경호1/유개함1		주머니호1	조합우각형파수부호1					
	142호	판		주머니호1		완	두형토기1/주머니호1, 조합우각형파수부호1					

시기구분	유구	목관 형태	3단계 (목관 내부)	4단계 (충전토 내)				5단계 (충전토 상부/목관 상부)				6단계 (지상)
				단벽	모서리	정벽	모서리	모서리	단벽	정벽	관 상부	
2期	104호	판					조합우각형파수부호1/봉상파수부호1,(원저)단경호1			주머니호1, 대형완1		대형파수부장동호1, 오절판토기1
	82호	판				주머니호1(칠기두)	주머니호1			완, 무문소형옹1, 무문토기1편		
	86호	판			두형토기1	주머니호1(칠기원형두)	봉상파수부호1					
	87호	판				두형토기1	봉상파수부호1					
	91호	판		두형토기1		주머니호1				(소문)단경호1, 완, 호저부편		
	131호	판					주머니호1					
	108호	판			주머니호1	유개호1						
	127호	판					주머니호1					
	83호	통		(타날, 앞자편치)단경호1		연질옹1, 유개호1, 주머니호1						
	100호	통				완2, 두형토기2, 주머니호1(북)/원통형토기1		조합우각형파수부호1/주머니호1		조합우각형파수부호1(칠기두)		
	88호	판		소형편구호1+개1		무문토기1용2		조합우각형파수부호1/주머니호1		조합우각형파수부호1/조합우각형파수부호1		
	94호	판		조합우각형파수부호1				(소문)단경호1	외절옹1	우각형파수부호1, 외절장경호1		
	96호	판				장동호1		조합우각형파수부호1, 유개호1	완	주머니호1, (소문)단경호1		
	115호	판		무문소형옹1		조합우각형파수부호1호1		조합우각형파수부호1(타날, 말자평치)단경호1, 유개호1		조합우각형파수부호1		
3期	119호	판		조합우각형파수부호1		장동호1		조합우각형파수부호1		조합우각형파수부호1	내부완1	
	139호	판	무문소형옹1(요부)					조합우각형파수부호1(소문)단경호1, 유개호1	(타날, 원저)단경호1	조합우각형파수부호1	※5.5단계※	

시기구분	유구	목관형태	3단계(목관 내부)	4단계(충진토 내) 모서리	4단계 단벽	4단계 장벽	5단계(충진토 상부/목관 상부) 모서리	5단계 단벽	5단계 장벽	5단계 관성부	6단계(지상)
3期	111호	판		와질옹1			앙이부호1/ 우각형파수부호1, 소행편구호1	조합우각형파수부호1	주머니호1/ (타날, 말각평저)단경호1		
	113호	판					앙이부호1	조합우각형파수부 1, (타날, 말각평저)단경호1〈넘음〉	주머니호1		
	117호	판				무문소형옹1	조합우각형파수부호1, 유개호1	조합우각형파수부호1	주머니호1/ (타날, 원저)단경호1		(타날, 원저)단경호1
	37호	?					조합우각형파수부호1/ (타날, 원저)단경호1/ 앙이부호1/ 주머니호1		주머니호1(칠기)		
	116호	판		연질대부소옹1					조합우각형파수부호2, 우각형파수부호1, (타날, 말각평저)단경호1〈남쪽넘음〉/ 주머니호1		
4期	31호	?	와질소형편구호1(두부?)/족부?)			앙이부호2, 조합우각형파수부호1〈북쪽넘음〉	(타날, 말각평저)단경호1, 주머니호1				
	110호	통			(타날, 원저/말각평저)단경호2, 우각형파수부호1, 소행주머니호1, 조합우각형파수부호1, 무문소형옹1〈서쪽넘음〉	주머니호1					
	69호	?					봉상파수부호1/ 우각파수부호1		(대부)주머니호1		
	70호	?					조합우각형파수부호1	조합우각형파수부호2	주머니호1		(타날, 말각평저)단경호1
5期	64호	판				조합우각형파수부호1		(원저, 타날)단경호1, 옹형파수부편	주머니호1/ 조합우각형파수부호1		

[표 10] 김해 양동리 토기 부장·봉헌 양상

시기구분	유구	목관형태	3단계 (목관 내부)	4단계 (충전토 내)			5단계 (충전토 상부/목관 상부)				6단계 (지상)
				모서리	단벽	장벽	모서리	단벽	장벽	관상부	
1期	70호	?									
	17호	?				무문장경호2/삼각형점토대토기호1			단경호1	조합우각형파수부호권, 무문토기저부편(쇄기?)	
2期	151호	판			주머니호1	주머니호1			단경호1		
	52호	판				조합우각형파수부호2			양이부호1	단경호1	
	55호	판				단경호1, 와질옹1			단경호1		삼각형점토대토기호1, 두형토기대각편2, 무문토기저부편(쇄기?)
3期	99호 (단벽파괴)	판				주머니호1, 단경호1		주머니호1	조합우각형파수부호1/조합우각형파수부호1		

[표 11] 김해 대성동 토기 부장·봉헌 양상

시기구분	유구	목관 형태	3단계 (목관 내부)	4단계 (충전토 내) 모서리	4단계 단벽	4단계 장벽	5단계 (충전토 상부/목관 상부) 모서리	5단계 단벽	5단계 장벽	관 상부	6단계 (지상)
1期	金3호	통		주머니호1, 파수부호1	조합우각형파수부호1	조합우각형파수부호1/주머니호1					
	27호(?)	?			조합우각형파수부호1	조합우각형파수부호2/주머니호1				단경호1	
	60호(?)	?			조합우각형파수부호1	조합우각형파수부호1, 주머니호1					
	V-3호	판							조합우각형파수부호1	단경호1	
	V-4호	판								단경호1	
	V-11호	?						조합우각형파수부호1	조합우각형파수부호1	단경호1	
	V-12호	?								단경호1	
	V-10호	판							양이부호1		
2期	67호	판?					단경호1, 외절소형옹1				
	구7호	판					단경호1, 외절소형옹1				
	구11호	판	외절소형옹호1			연접소옹1			외절소형옹1	조합우각형파수부호1	
	구12호	판						조합우각형파수부호1	조합우각형파수후부호1, 단경호1	주머니호1	
	구23호	판							양이부호1/외절소형옹1	단경호1	
	53호(?)	?				조합우각형파수부호1					
3期	구25호(일부파괴)	?		주머니호1/조합우각형파수부호1						단경호1	
	1-13호(?)	판	(대부)조합우각형파수부호1			주머니호1			조합우각형파수부호2/단경호1		

[표 12] 동래 온천동 토기 부장·봉헌 양상

시기구분	유구	목관형태	3단계 (목관 내부)	4단계 (충전토 내)			5단계 (충전토 상부/목관 상부)				6단계 (지상)
				모서리	단벽	장벽	모서리	단벽	장벽	관 상부	
동시기	1호	판					무문토기1호				
	2호	?				주머니호1, 완1	단경호1				
	3호	판		주머니호1		무문토기1호1			단경호1		
	4호	?		두형토기1		주머니호1, 완3				무문과수부호1	
	5호	판				주머니호1					

[표 13] 기장 방곡리 토기 부장·봉헌 양상

시기구분	유구	목관형태	3단계 (목관 내부)	4단계 (충전토 내)			5단계 (충전토 상부/목관 상부)				6단계 (지상)
				모서리	단벽	장벽	모서리	단벽	장벽	관 상부	
동시기	1호	?					완	주머니호1, 단경호1(낱음)			
	2호	?								두형토기2, 연질호1	
	3호	판								주머니호1	
	4호	?				주머니호2, (대부)주머니호1			두형토기3	두형토기1	
	13호	통					완	단경호1			

7

삼한시대 영남지역의 칠기

이제현 국립김해박물관

장용준 국립대구박물관

I. 머리말

옻칠[漆]은 옻나무에서 나오는 수액을 의미하며, 정제 과정을 거친 옻나무 수액을 물건에 바른다는 뜻을 가지고 있다. 옻칠은 표면에 윤기와 광택을 내고, 물과 부패, 열로부터 물건을 보호한다. 이는 옻칠의 주성분 인 우루시올(Urushiol)이[1] 방부와 살균에 뛰어난 효과가 있으며, 오래 두 어도 변하지 않는 성질이 있기 때문이다. 수천 년이 지난 옻칠 유물이 현 재까지 보존될 수 있는 이유이기도 하다. 또 옻칠은 특정 안료나 성분을 섞으면 원하는 색을 낼 수도 있어 장식과 미적 효과에도 탁월한 도료 역 할을 하였다.

옻칠의 원료인 옻나무 수액은 옻나무 직경에 따라 차이가 있으나, 대 체로 한 그루에서 80~150g 정도만 채취할 수 있다. 옻칠은 희소한 도료 이자 수액 채취부터 정제 등 복잡한 제작 공정을 거쳐야 하는 전문성이 요구되는 분야이다. 따라서 옻칠은 선사시대부터 소유자의 신분을 드러 내는 물건이나 신성한 물건에 칠해지는 고급 도료였다.

우리나라는 산성토양인 관계로 나무 재질이 대부분인 칠기가 보존 되는 예는 극히 드물다. 이런 이유로 현실적인 연구 자료의 부족으로 그 동안 칠기에 대한 전문적인 연구나 관심이 미비하였다. 다행히 창원 다호 리유적(이건무 외 1988)과 광주 신창동유적(趙現鐘 外 1997) 발굴은 우리 나라 칠기에 대한 관심을 일으키는 데 중요한 역할을 하였다. 이후 경산 임당동유적(영남문화재연구원 1998), 성주 예산리유적(경상북도문화재연구 원 2005), 대구 팔달동유적(영남문화재연구원 2000) 등에서 칠기가 출토되 면서 자료가 축적되었다.

....

1   한국, 중국, 일본에 자생하는 옻나무 수액의 경우 주성분은 우루시올(Urushiol)이지만 타이완 과 베트남 옻나무는 라콜(laccol), 미얀마와 태국의 경우에는 팃이올(tgitsiol)이 주성분으로 밝혀졌다.

우리나라 옻칠은 청동기시대부터 확인되지만 대부분 옻칠 편만 남아 있어 실질적으로 옻칠 문화의 전형을 확인할 수 있는 것은 삼한시대부터이다. 따라서 삼한시대 칠기 연구는 우리나라 옻칠 문화를 이해하는 출발점이다. 이 시대의 칠기는 광주 신창동과 전주 동산동 유적(호남문화재연구원 2015) 등을 제외하면 대부분 영남지역 목관묘에서 집중적으로 출토되었다.[2]

이는 칠기의 사용과 확산이 목관묘의 출현과 관련이 있음을 시사한다. 하지만 그동안 목관묘와 칠기의 관계에 대해서는 크게 주목하지 않았다. 이는 칠기 부장량이 적고, 편년 근거로 쓰기에는 수량이 많지 않기 때문이다. 사실 삼한시대 칠기가 출토된 유적이 청동기시대나 삼국시대에 비해서 숫자가 많고 자료가 양호하다. 그러나 이 역시도 일부 유적을 제외하면 대부분 기종이 단순하여, 이것들의 전체적인 부장 양상을 파악하기는 어려운 점이 있다. 이 글에서는 영남지역 목관묘에서 출토된 칠기를 중심으로 삼한시대 칠기의 유입과 확산, 칠기의 부장 양상과 의미를 살펴보고자 한다.

II. 칠기의 출현과 확산

1. 옻나무와 옻칠

옻칠의 원료가 되는 옻나무는 *Rhus Vernicifera Stokes*의 학명을 가진 낙엽활엽수이다. Rhus는 그리스어의 *Rhous*에서 유래한 단어로 옻나

---

2 대구 봉무동유적(영남문화재 연구원 2010)에서는 예외적으로 삼한시대 옹관묘에서 칠초철검이 출토되었다. 하지만 이곳에서 출토된 칠초철검은 안테나식 청동검파로 다른 지역 칠초철검과는 차별성이 눈에 띈다.

무과 붉나무속 식물을 가리킨다. 옻나무 원산지는 중국 양자강 중·상류역부터 동북부지역에 해당한다. 주요 분포지는 한국, 중국, 일본, 베트남, 인도네시아 등이며 전 세계에 81속 800여 종이 있다. 우리나라에는 참옻나무, 개옻나무, 검양옻나무, 산검양옻나무, 덩굴옻나무, 붉나무의 6종이 자생한다.

고대부터 옻나무는 중요한 천연 도료의 원료로 국가에서 재배를 권장했다.『삼국사기』에는 "칠전(漆典)의 관호는 경덕왕(재위 742~765) 18년에 식기방(食器房)으로 고쳤다가 후에 복고(復故)하였다"(『三國史記』卷33, 雜志, 職官條)라고 기록되었다. 이 기록을 통해 볼 때, 신라시대에 이미 국가 차원에서 옻칠을 관리하고 있었음을 알 수 있다. 고려 선종 5년(1088년)에는 잡세를 정하면서 옻나무에 1승의 세금을 부과하였고, 인종 23년(1145년)에는 뽕나무, 밤나무, 옻나무, 닥나무를 땅의 성질에 따라 심도록 권장하였다(『高麗史』卷79, 志 卷 第33, 食貨 2, 농상). 조선시대에도『경국대전』에 옻칠을 관수품(官需品)이자 군수품(軍需品)으로 취급하여 3년마다 옻나무 그루수를 파악하도록 하였다.

옻나무는 비옥한 사양토에 강수량이 적고, 일조량이 많으며, 강한 바람을 막아주는 환경에서 재배가 적당하다. 우리나라는 옻나무가 자라기 알맞은 기후로, 전국에서 재배가 가능하다. 조선시대『동국여지승람』을 보면 충청도 7곳, 강원도 14곳, 황해도 4곳, 평안도 10곳, 전라도 7곳, 경상도 18곳 등 전국 60군현에서 옻칠을 생산하였다고 한다. 일제강점기에도 평안북도 태천, 충청북도 옥천, 경상남도 함양, 경기도 포천, 강원도 원주, 전라남도 구례·장성·나주·곡성 등에서 옻나무 재배가 활발하였다. 원주는 오늘날에도 전국에서 가장 많은 옻나무 재배와 채취가 이루어지고 있다.

옻칠 원료인 옻나무 수액은 본래 스스로 상처를 치유하기 위하여 분비하는 액체이다. 따라서 옻나무 수액을 얻기 위해서는 껍질과 목질 사이에 3~4mm 정도 상처를 내고, 홈에 고이는 수액을 채취한다. 수액은

8~15년 정도 자라고 직경이 10cm 이상이면 채취가 가능하다. 채취 시기는 6월 상순부터 180일간 3~4일 간격이다. 6~7월 초순에 채취한 것을 초칠(初漆), 7월 중순~8월 중순은 성칠(盛漆), 8월 하순~9월 하순은 말칠(末漆)이라 하는데, 성칠의 품질이 가장 우수하다.

수액 채취 방법은 크게 3가지가 있다. 옻나무가 고사하지 않도록 매년 적당량만 채취하는 양생법(養生法), 수액을 채취한 후 나무를 베어버리는 살소법(殺搔法), 남은 옻나무 가지를 불 위에서 천천히 돌려 채취하는 화칠법(火漆法)이 있다. 현재 우리나라는 살소법과 화칠법을 혼용하여 채취하고 있는데, 일본과 크게 다르지 않다.

우리나라 고대의 옻나무 수액 채취법은 알려진 바가 없다. 고대에 사용한 채취도구 역시 발견된 예가 없다. 다만 광주 신창동유적과 경주 동궁과 월지유적, 경주 황남동유적, 울산 천상리유적 등에서 옻이 담긴 토기가 출토되어 수액을 보관하고, 옻칠이 이루어졌다는 사실만을 짐작할 수 있다.

2. 아시아지역 칠기의 기원과 출현

아시아지역에서 칠기는 이미 기원전 7,000년 일본 죠몽(繩文)시대 홋카이도 가키노시마(北海道 垣ノ島) B유적에서 조사되었다(国立歴史民俗博物館 2017). 일본은 1926년 아오모리현 고레카와 나카이(青森県 是川 中居) 저습지 유적에서 죠몽시대 칠기가 처음 확인된 이후, 후쿠이현 토리하마 패총(福井県 鳥浜 貝塚), 야마가타현 온다시(山形県 押出)유적, 이시가와현 미비키(石川県 三引)유적에서도 죠몽시대 칠기가 확인되었다. 토리하마 패총의 전기 문화층에서 붉은 옻칠의 나무 빗과 통형 삼족 용기, 칠채문 토기 등 다수의 유물이 출토되었다. 특히 옻칠이 된 나무 활도 발견되었다. 이처럼 죠몽시대 조기 말부터 전기에 널리 사용된 일본의 칠기는

벵갈라[3]를 사용해 붉은색을 낸 물건이 중심이다. 이 시기에는 주칠기(朱漆器)가 주로 사용되었지만, 야요이(やよい)시대가 되면 흑칠기(黑漆器)가 성행한다. 이러한 흑칠기 전통은 고분시대까지 이어진다.

중국은 칠기와 관련된 기록이 많이 남아 있다. 『書經』에는 하나라 우(禹) 임금 때에 제수(濟水)와 황하(黃河) 사이 연주(兗州)에서 칠(漆)과 명주실(絲)을 공물로 바쳤다는 기록이 있다(『書經』第二篇 夏書, 禹貢). 『韓非子』에는 "순(舜) 임금이 나무를 베어다 흑칠을 그 위에 칠해 식기로 만들고, 우 임금은 제기(祭器)를 만들어 바깥 면에 흑칠을 하고, 안쪽 면에는 주칠을 하였다(『韓非子』第十篇 十過 7)."라고 하였다.

하지만 실물자료로서 중국 칠기는 이보다 앞선 기원전 5,000년부터 확인된다. 절강성 하모도(浙江省 河姆渡) 신석기시대 유적에서 주칠완(朱漆椀), 주칠원형칠기(朱漆圓形漆器) 등이 출토되었다. 또한 상나라 은허 유적에서는 이미 붉은색 옻칠 바탕에 흑칠로 뇌문과 도철문을 그린 예가 확인되어, 이 시기에는 이미 중국 옻칠 문화가 높은 수준에 이르렀음을 알 수 있다(文物 1974).

그동안 우리나라 옻칠의 기원에 대해 다양한 견해가 있었다. 낙랑군 설치와 함께 이루어졌다는 견해(김원용·안휘준 2003; 박영규·김동우 2005), 창원 덕천리 고인돌을 근거로 기원전 4세기로 보는 견해(차순철 2008), 남성리 적석목관묘를 근거로 기원전 3세기로 보는 견해(권상오 1997; 김성수 2007; 김수철 2007), 다호리 칠기를 근거로 기원전 1세기로 보는 견해(안덕춘 1988; 김종태 1989) 등이 있었다. 하지만 현재는 기원전 6~5세기 여수 적량동 고인돌(전남대학교박물관 1993)에서 옻칠 흔적이 확인되었기에 적어도 이 시기부터 옻칠이 사용된 것으로 볼 수 있다(조현종 2012).

여수 적량동 고인돌에서는 비파형동검 아래와 바닥석 사이에 있는

....

3   벵갈라는 제2산화철을 주성분으로 하며, 보통은 황토를 구워서 만든 적색 안료이다. 이에 반해 중국과 한국에서는 붉은색을 내기 위해 진사(辰砂, Hgs)를 사용한다는 점에서 차이가 있다.

흙을 보존처리하는 과정에서 목질 흔적과 함께 옻칠 흔적이 확인되었다. 목제 칼집에 옻칠한 것으로 추정된다. 실제 칼집의 존재 여부는 명확하지 않으며, 옻나무 수액을 채취하고 정제 과정을 거쳐 옻칠까지 하는 제작공 정이 직접 이루어졌는지 등에 대해서는 앞으로 밝혀내야 할 과제이다(장용준 2019).

이후 초기철기시대 창원 덕천리 2호 고인돌(경남대학교박물관 2013) 과 아산 남성리 적석목관묘(한병삼·이건무 외 1977), 함평 초포리 적석목 관묘(국립광주박물관 1988)에서 옻칠 흔적과 옻칠 편이 확인되었다. 덕천 리 고인돌에서는 관옥 주변에서 흑색 옻칠 흔적이 확인되었다. 관옥은 매 장주체부의 바닥 중앙에서 동쪽으로 조금 치우친 위치, 즉 머리가 동쪽으 로 향했을 경우 가슴 부위에 해당되는 곳에서 조사되었다. 옻칠 막은 일 정한 두께를 유지하고 있으며 표면은 광택을 유지하고 있었다. 옻칠은 관 옥에도 많이 묻어 있는 상태였는데, 관옥 자체에 옻칠을 한 것이라기보다 옻칠한 특정 용기에 관옥을 넣었을 가능성이 높다.

아산 남성리 적석목관묘에서는 세형동검(細形銅劍) 9점, 방패형동기 (防牌形銅器) 1점, 검파형동기(劍把形銅器) 3점, 다뉴조문경(多紐粗文鏡) 2 점, 청동도끼[銅斧] 1점, 청동끌[銅鑿] 1점, 곡옥 1점, 관옥 103점이 출토 되었다. 토기로는 점토대토기와 흑색토기 장경호가 있다. 대전 괴정동유 적보다는 늦지만 이른 시기의 세형동검 단계로 볼 수 있다. 옻칠 편은 내 부 퇴적토에서 출토되었다. 보고자는 이러한 옻칠 편들이 석관의 나무 덮 개에 칠해졌거나 동검의 칼집편으로 추정하였다. 출토된 칠기 파편을 분 석한 결과, 낙랑 출토 유물의 옻칠 성분과 다른 것이 밝혀졌다(한병삼·이 건무 외 1977, 5).

함평 초포리 적석목관묘에서 확인된 옻칠 편은 세형동검(細形銅劍) 칼집에 칠해졌던 것일 가능성이 높다. 이 외에 북한지역에 4~3세기로 추 정되는 서흥 천곡리 석관묘에서도 세형동검, 검파두식(劍把頭飾)과 함께 옻칠 편이 확인되었다. 이는 남한지역 적석목관묘 출토 옻칠과 유사한 현

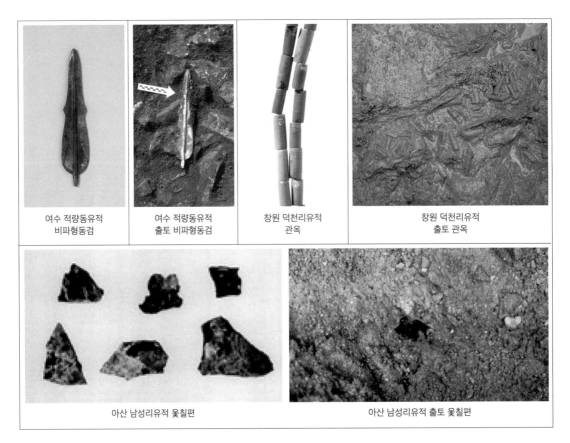

| 여수 적량동유적 비파형동검 | 여수 적량동유적 출토 비파형동검 | 창원 덕천리유적 관옥 | 창원 덕천리유적 출토 관옥 |

| 아산 남성리유적 옻칠편 | 아산 남성리유적 출토 옻칠편 |

[그림 1] 우리나라 칠기 출현기의 자료

상이다. 이 시기 옻칠은 청동검이나 관옥처럼 높은 신분의 사람들이 소유하는 물건에 칠해졌다.

현재까지 실물자료만을 보면 일본의 옻칠 역사가 가장 오래된 것으로 파악된다. 추후 중국이나 우리나라에서 시기가 올라가는 칠기가 확인될 가능성은 남아 있어 현재로는 옻칠의 기원을 어느 한 국가로 특정하기는 어렵다. 우리나라 역시 옻나무가 자생할 수 있는 기후로 옻칠이 독자적으로 발전했을 가능성도 있다.

이와 관련하여 최근 신석기시대 밀양 신안유적 적색마연토기에서 우루시올 성분이 확인된 것은 우리나라 옻칠 연구에 중요한 성과이다. 물론 이 토기 자체에 정제칠을 사용한 옻칠이 된 것인지 접착제의 효과를 위해

옻액을 안료에 섞은 것인지는 추가적인 보완 연구가 필요하다. 하지만 적어도 신석기시대부터 옻나무 수액을 채취하여 사용했다는 것이 밝혀져 향후 정제칠을 사용한 칠기 등이 확인될 가능성도 있다(국립김해박물관·한국전통문화대학교 2019). 우리나라도 중국과 일본과 마찬가지로 신석기시대부터 옻의 존재를 알고 옻칠을 하였을 가능성이 크다.

3. 영남지역 칠기의 확산과 유통

1) 낙랑칠기와의 관련성

청동기시대와 초기철기시대에 옻칠 편과 흔적만 확인되던 옻칠 자료는 삼한시대부터 목관묘의 등장과 함께 부장량이 급증한다. 삼한시대에 칠기 출토 유적은 광주 신창동, 창원 다호리, 성주 예산리, 대구 팔달동, 경산 양지리(성림문화재연구원 2018), 김해 양동리, 안동 가곡리(동국문화재연구원 2019), 경주 사라리(영남문화재연구원 1999), 경주 탑동, 전주 동산동, 대구 봉무동, 학정동, 평리동 등 전국적으로 분포한다. 저습지 유적인 광주 신창동유적과 전주 동산동유적을 제외하면 삼한시대 칠기는 대부분 영남지역 목관묘에 부장되었다. 이러한 유적들은 낙동강 수계를 중심으로 연결되어 있다.

삼한시대의 칠기에 대해 그동안 낙랑군의 영향을 언급하기도 하였지만 이 시기 칠기는 제작기법과 기종에서 낙랑 칠기와는 뚜렷한 차이가 있다. 이 시대의 칠기는 나무에 바로 검은색 옻칠을 하는 목심칠기가 중심이며, 일부 붉은색으로 거치문을 새기기도 하였으나 대부분은 문양이 없다.

이에 비해 낙랑 칠기는 모시와 삼베로 기본 골격을 만든 협저 칠기가 많고, 직물의 울퉁불퉁한 면을 메우기 위해 두꺼운 바탕칠[下地]을 하는 특징이 있다. 기종은 다양하나 중국 전국시대~한나라 칠기의 대표적 기종인 귀 달린 잔[漆耳杯]과 칠반의 수량이 많다. 또 붉은색, 황색, 녹색,

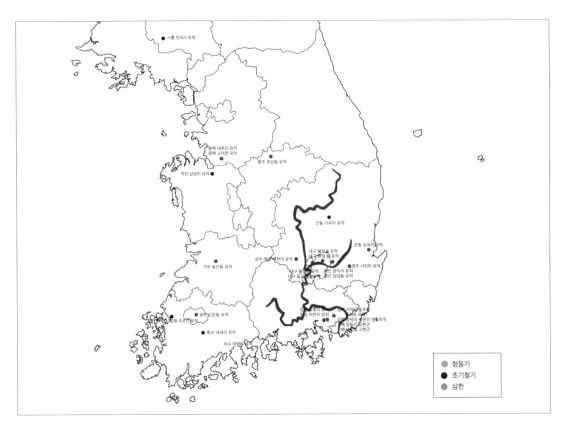

[그림 2] 청동기~삼한시대의 칠기가 출토된 유적 분포도

갈색, 청색 등으로 능형, 톱니, 물결, 구름무늬, 새, 짐승, 용, 괴인 등 다양한 무늬를 그렸다. 이러한 낙랑 칠기의 협저와 칠화기법, 바탕칠의 방식은 삼국시대부터 수용되어 칠기 제작방식에 반영된다.

따라서 삼한시대 칠기의 출현은 낙랑 칠기의 완제품 수입에 따른 영향으로 보기 어렵다. 왜냐하면 삼한지역에는 수준 높은 협저칠기가 없고, 기종의 전문성이 떨어지기 때문이다. 한반도 내 옻칠 기술의 자체적인 발전을 토대로 다양한 칠기류가 제작되었던 것으로 볼 수 있다. 다만, 중국과의 교류 등으로 제기류와 같은 특정 기종들이나 풍습 등은 받아들였을 가능성이 높다.

다호리유적의 칠기와 흑색마연토기 | 낙랑의 귀달린 잔과 칠반

[그림 3] 삼한칠기와 낙랑칠기

2) 목관묘와 칠기의 등장

삼한시대에 목관묘의 등장과 칠기 부장품의 증가를 어떻게 이해할지 살펴보자. 그동안 영남지방 목관묘의 원류에 대해서는 중국 남서부지역과의 관련성을 제기하였다(이재현 1995). 목관묘는 중국 동북지역과 서북한지역의 무덤 형태에서 영향을 받았다는 견해가 우세하다(이주헌 1994). 특히 영남지역 목관묘의 출현을 고조선 멸망 이후, 고조선 유이민의 남하로 인한 고조선계 묘제의 영향으로 보기도 한다(김용성 2016).

이와 관련해서 서북한지역 목관묘에서 출토되는 칠기류를 주목할 필요가 있다. 이 지역에서는 평양시 용추동유적(리기련 1967), 남포시 태성리유적(채희국 1959), 은률군 운성리유적(리순진 1974) 등에서 칠초동검과 칠초철검, 그릇류가 출토되었다. 이 가운데 용추동 목관묘와 태성리 8호·10호 목관묘에서는 영남지역에서 확인되는 검파형칠초(劍把形漆鞘)와 형태가 거의 동일한 것이 출토되었다.[4] 또 태성리 6호 목관묘에서도

....

4   검파형칠초는 세형동검에 맞게 제작된 칼집이라는 점에서 한국의 독자적인 옻칠문화의 증거

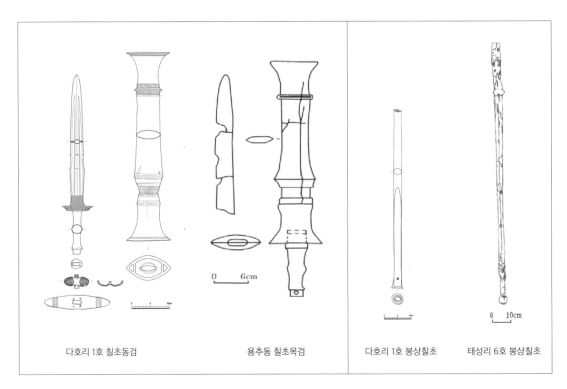

| 다호리 1호 칠초동검 | 용추동 칠초목검 | 다호리 1호 봉상칠초 | 태성리 6호 봉상칠초 |

[그림 4] 평양지역과 창원 다호리유적 칠초

명확하지는 않지만 다호리유적에서 나온 것과 유사한 봉상칠초(棒狀漆鞘)가 조사되었다. 이 외에도 태성리 11호에서는 그릇류인 주칠을 한 나무 썩은 흔적이 발견되었다. 그릇류는 온전한 형태가 남아 있지 않아 비교하기 어렵지만 대부분 무늬가 없고 흑칠과 주칠, 황색칠을 사용하였다.

이를 볼 때, 적어도 영남지역 목관묘와 칠기의 등장은 서북한지역과의 직·간접적인 관계가 있다. 특히 고조선 유이민의 남하와 관련된 문헌기록 등을 통해서 볼 때, 충분히 검토해 볼 사항이다.[5] 영남지역에서 가장

....

이자 청동연결금구를 사용하고, 나무에 천을 덧붙이거나 수피로 감는 방식을 사용하는 등 수준 높은 옻칠 기술을 보여주는 표지 유물로 보기도 한다(김은경 2011).

5   서북한지역에서는 다호리 1호 통나무관이나 요갱의 전통이 보이지 않고, 원통형칠기, 주머니호, 우각형파수부호 등 영남지역 칠기에 보이는 기종 부재 현상이 눈에 띈다. 향후 북한지역의 목관묘와 칠기에 대한 추가적인 자료 보완이 요구되는 부분이다.

이른 시기의 목관묘는 서북한지역에서 영남지역으로 들어오는 접경지대인 김천 문당동유적과 칠곡 심천리유적에서 확인되고 있다. 이후 목관묘가 낙동강을 거쳐 확산되는 것을 고려하면(김민철 2019, 130~138) 삼한시대 칠기 역시 이와 유사한 경로로 확산되었을 가능성은 있다. 물론 현재까지 서북한지역 초기 목관묘 자료가 불분명하기에 영남지역 목관묘 유입과 바로 연결시키기는 쉽지 않다. 목관묘와 칠기의 분포가 반드시 일치하는 것도 아니다. 이런 점에서 칠기는 목관묘와 다른 확산 과정을 거쳤을 가능성이 있다.

또한 다호리유적의 높은 수준의 칠기 제작 기술이 순전히 서북한지역의 영향인지 의문이 든다. 검파형칠초는 서북한지역보다 영남지역에 더 많이 출토되는 것을 어떻게 설명할 수 있을까. 우리나라에서 다호리유적 이전에 칠기 제작 기술을 비교할 만한 유물은 없다. 청동기시대 유적은 옻칠 편 정도만 확인되었기에 어느 정도 수준의 옻칠 기술을 보유했는지는 알 수 없다.[6] 현재로서는 다호리유적 이전에 우리나라 칠기 기술의 자생적 발전 여건이 어느 정도였는지는 분명하지 않다.

서북한지역 역시 칠기 자료가 적어 영남지역 칠기와의 기술적인 유사성이나 발달 수준을 확인하기도 쉽지 않다. 이 지역에서도 검파형칠초가 제작되었다는 점, 흑색·붉은색·황색 등의 색을 낼 수 있는 다양한 칠기가 존재한다는 점, 목관에 옻칠을 할 정도로 옻칠의 양이 풍부했다는 점에서 서북한지역이 다호리유적 칠기에 영향을 주었을 가능성은 있다.

하지만 다호리유적을 포함한 영남지역에서 칠초와 칠기 자료가 서북한지역보다 풍부하다는 점, 청동금구를 사용한 칠초 연결 방식 등 칠기 제작 기술이 서북한지역과 다를 수 있다는 점에서 칠초 기원이 서북한지역이 아닐 가능성도 있다. 『三國志』 위서 동이전과 『後漢書』의 기록을 참

....

6   보고자들의 추정처럼 청동검 칼집에 옻칠이 된 것이라면 다호리유적과 유사한 칠기 제작 기술을 보유하고 있었다고 볼 수도 있다.

고하면 변진한지역에서 철을 낙랑과 대방 두 군에 공급하였다. 다호리 1호 목관묘에서는 낙랑과의 교류를 보여주는 한경과 오수전 등이 출토되었다. 이는 변진한지역이 낙랑지역과 교역이 이루어졌음을 보여주는 내용이다. 이런 점에서 변진한지역에서는 낙랑계 유물을 공급받고, 철을 공급하는 과정에서 칠초 역시 낙랑지역으로 수출하였을 가능성을 제기하고 싶다.

현재로서는 칠초의 기원과 중심지를 어느 한 지역으로 특정할 수는 없다. 다만 북에서 남으로의 문화 전파 시각으로만 이 문제를 접근해서는 곤란하며, 유물의 집중도, 칠초의 유사성, 제작 기술의 난이도와 같은 면에서 남에서 북으로의 수출에 따른 결과물일 가능성도 있다. 향후 북한지역 칠기 자료가 확인되어 이 부분에 대한 후속적인 연구가 진행되기를 바란다.

3) 영남지역 칠기의 유통

칠기는 영남지역에서 어떻게 확산되었을까. 삼한시대 영남지역 칠기의 중심지는 부장 수량이나 기종의 다양성, 유물의 완성도 측면에서 볼 때 창원 다호리유적이다. 이 유적에서는 무기류와 그릇류, 농공구류, 생활용구류 등 다양한 기종의 칠기가 제작되었다. 이에 비해 성주 예산리유적을 제외한 영남지역의 기타 유적에서는 실생활품은 거의 확인되지 않고, 칠초철검과 칠초동검, 칠부채 등 일부 기종만이 부장된다(표 1).

이 가운데 칠초철검은 당시의 철 생산 기술, 목재 가공 기술, 옻칠 기술 등이 모두 접목된 유물이다. 옻칠만 하더라도 옻나무 수액 채취부터 정제 과정과 안료를 혼합하고, 칠을 하는 복잡한 과정이 요구된다. 이러한 제작 공정이 한 사람에 의해 이루어졌을 가능성은 낮으며, 여러 단계에 걸친 장인 집단의 분업화가 수반되어야 한다. 또한 영남지역의 검파형 칠초는 상부와 결입부, 하부로 구분되는 칼집 비율이 거의 일정한 패턴을 보이고 있어(그림 5), 기술 이전이나 단순 모방만으로는 설명하기 어렵다.

칠초동검과 칠초철검은 동검과 철검의 관계로 본다면 제작 시기에 차이가 있다. 하지만 칠초는 동일한 디자인에 크기만 차이가 있음을 알 수 있다. 특히 동검과 철검은 크기가 크게 다르지 않다는 점에서 칼집에 맞는 철검을 제작했음을 알 수 있다. [그림 5·6]을 보면 철검이 동검 크기를 기초로 제작하였다. 칠초와 동검, 철검은 당시에 표준화시켜 제작된 무기류이자 의례품이다. 옻칠 기술, 청동 기술 철 기술과 같은 당대 최고의 기술들을 모두 사용하였다는 점에서도 이 유물들의 가치는 신라 금관에 버금간다고 할 수 있다. 칠초는 디자인의 표준화와 기술의 난이도를 감안하면, 다호리와 같은 특정 제작지에서 제작되어 수요지로 유통되었을 것이다.[7]

다호리유적이 칠기 제작의 중심지로 영남지역에 칠기를 유통할 수

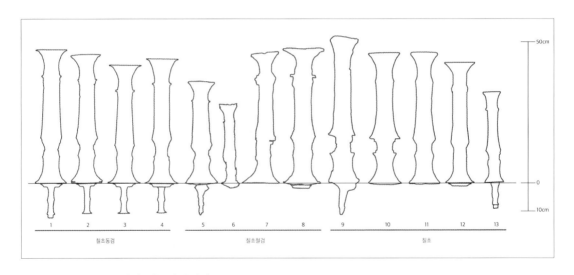

[그림 5] 칠초동검·칠초철검·칠초의 유사성
1~2. 다호리 1호 3~4. 사라리 103호 5. 다호리 1호 6. 다호리 118호 7. 다호리 120호 8. 다호리 125호 9. 다호리 24호 10~11. 신창동 12. 팔달동 99호 13. 용추동(목검)

....

7   청동기시대 유절병식 석검이 일정한 병부의 위치와 비율, 절대 위치, 석검 두께, 신부의 폭 등으로 제작된 것을 통해 기술적인 표준이나 설계도가 있었을 가능성을 제시한 연구도 있다(장용준·平郡達哉 2009)

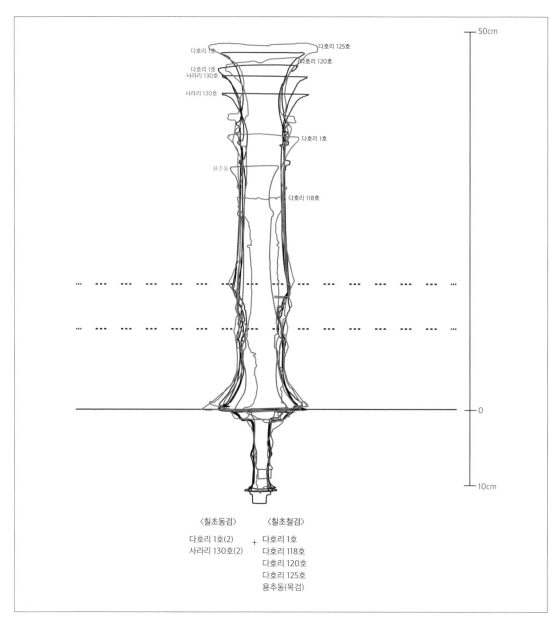

[그림 6] 칠초동검과 칠초철검 형태의 유사성

있었던 이유는 다호리 집단의 선진적인 칠기 제작 기술의 보유와 옻액의 확보를 꼽을 수 있다. 다호리유적에는 무기, 그릇, 생활용품 등 생활 전반에서 칠기가 제작되었다. 목태, 도태, 남태 등 다양한 소재를 활용한 칠기

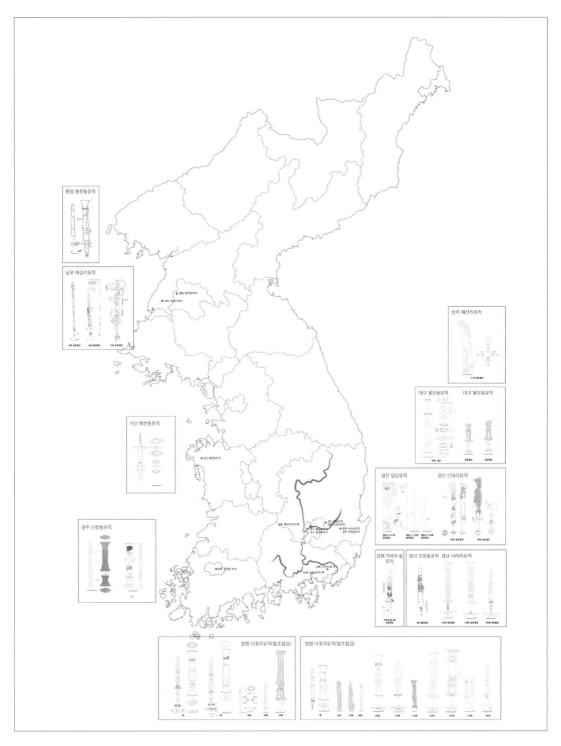

[그림 7] 칠초동검과 칠초철검 출토 유적 분포도

제작이 이루어졌다. 활에 직물을 감아 나무의 뒤틀림을 막고 내구성을 높이는 보완재를 사용할 수 있는 옻칠에 대한 지식도 가지고 있었다.

　다음으로 다호리유적이 칠기 중심지로 영남지역에 칠기를 유통할 수 있는 배경에는 원활한 원료공급이 가능했기 때문이다. 다호리와 낙동강으로 연결되는 경상남도 의령은 현재도 옻나무 자생지이며, 함안은 칠원면(漆原面), 칠북면(漆北面), 칠서면(漆西面) 등의 지명처럼 일찍부터 옻칠과 관련이 있던 지역이었다. 이러한 기술적·원료적 여건을 기반으로 다호리집단은 영남지역 칠기 생산과 유통의 중심지 역할을 할 수 있었다.

III. 영남지역 칠기의 기종별 특징과 부장 양상

　삼한시대 목관묘에서 출토되는 칠기는 크게 무기류와 그릇류로 나눌 수 있다.[8] 무기류는 칠초동검, 칠초철검, 칠초동모, 활, 화살통, 철모, 철촉, 갑옷 등이 있다. 칠초철검을 제외한 기종들은 대부분 창원 다호리유적에서만 확인되었고, 나머지 유적에서는 출토 예가 드물다. 그릇류는 원통형칠기와 주머니호 등을 제외하면 여러 유적에서 공통적으로 보이는 기종이 한정되어 있다. 이 두 가지 부류에 해당하지 않는 기종들이 상당수 있는데, 가장 대표적으로 칠부채가 있다. 칠부채를 제외하고는 다호리유적에서만 보이는 특수기종들이다. 여기서는 여러 유적에서 확인되는 대표적인 기종들을 중심으로 칠기 특징과 부장 양상을 살펴보고자 한다.

....

8　이 외에 농공구류나 생활용구류 등으로의 세분도 가능하나, 이들 기종들은 대부분 다호리에 집중되고 있어 분류의 기준으로 삼는 것은 크게 의미가 없다고 판단하여 모두 기타로 분류하였다.

[표 1] 삼한시대 영남지역 목관묘 칠기 집성표

기종	유적	창원 다호리	성주 예산리	대구 팔달동	안동 가곡리	경산 신대리	경산 양지리	김해 가야의 숲	경산 임당동	경주 조양동	경주 사라리	김해 양동리	경주 탑동
무기류	칠초동검	●	●	●							●	●	●
	칠초철검	●	●	●	●	●	●	●	●	●	●		
	칠초동모						●						
	활	●	●										
	화살통	●											
	철촉		●										
	철모	●											
	갑옷	●											
그릇류	두	●	●										
	장경호	●			●								
	원통형칠기	●	●			●		●					
	주머니호	●	●		●								
	대부소호		●										
	뚜껑	●	●										
	잔	●											
	완		●										
	우각형 파수부호	●											
	칠반	●				●							
	목제함	●											
기타	부채	●	●			●	●	●	●				●
	붓	●											
	철부	●											
	따비	●											
	겸형철기	●											
	도자	●		●						●	●		
	신발	●											
	국자	●											
	칠걸이	●											
	현악기								●				

1) 칠초동검

칠초동검은 창원 다호리 1호 2점, 118호 1점, 120호 1점, 125호 1점, 대구 팔달동 45호 1점, 성주 예산리 20호 1점, 김해 양동리 427호 1점, 경주 사라리 130호 2점, 경주 탑동 1점이 출토되었다. 동검의 형태는 모두 세형동검이다. 다호리 1호 출토 칼집을 제외하면 대부분 칼집은 옻칠 흔적만 남아 있고, 정확한 형태는 알 수 없다. 다호리 1호 칼집은 2매의 나무를 깎아 접합하는 방식이다. 칼집은 상부, 결입부, 하부로 구성된다. 하부 연결금구를 중심으로 분리되고 연결금구 안으로 삽입하는 구조이다. 상부와 하부는 양쪽으로 벌어져 있고, 결입부는 오목하게 들어간 형태로 전체적인 형태가 검 손잡이와 닮았다고 하여 검파형칠초라 불린다.

칠초동검의 부장 양상은 목관 내부와 요갱 내부에 조사된 것으로 나눌 수 있다. 다호리 1호와 팔달동 45호 칠초동검만 요갱에서 출토되었다. 나머지는 목관 내부에서 조사되었다. 목관 내부에는 중앙 부분에 있거나 사라리 130호와 다호리 24호에서는 목관 내부 피장자의 머리 윗부분에 부장된다. 성주 예산리 20호처럼 피장자와는 상대적으로 먼 곳인 묘광 모서리 부분에서도 확인된다.

2) 칠초철검

칠초철검은 김해 양동리와 경주 탑동 유적을 제외하면 칠기가 출토된 삼한시대 영남지역 목관묘의 거의 모든 곳에서 확인된다. 김해 양동리와 경주 탑동에서는 칠초동검이 부장되어 있다. 이런 점에서 칠초동검과 칠초철검은 삼한시대 목관묘의 핵심적인 칠기 부장품이다. 칠초철검의 칼집은 칠초동검과 마찬가지로 검파형이다. 칠초철검의 칼집은 대부분 칼 신부 부분에 목질 흔적과 옻칠 흔적이 함께 남아 있다. 옻칠한 칼집이 있다는 것을 짐작할 뿐, 원형을 정확히 확인하기는 어려운 것들이 많다.

칠초철검 부장 양상은 칠초동검과 크게 다르지 않다. 부장 공간은 목관 내부와 요갱으로 나눌 수 있고, 창원 다호리 1호, 성주 예산리 31호, 경

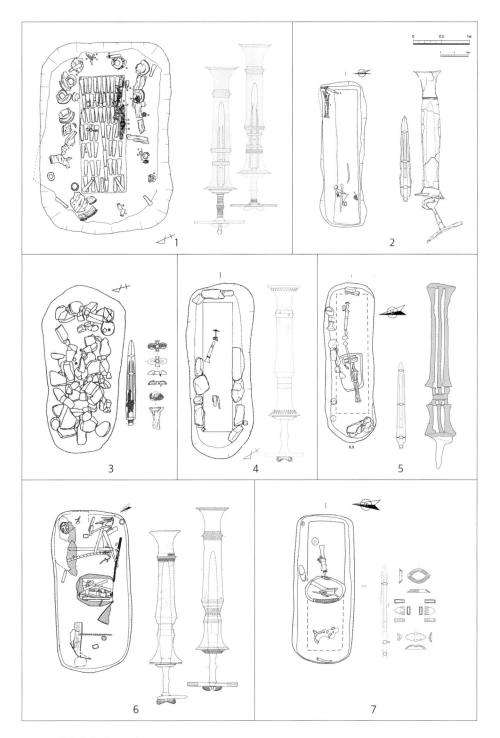

[그림 8] 영남지역 칠초동검
1. 사라리 130호 2. 예산리 20호 3. 팔달동 45호 4. 팔돌동 99호 5. 다호리 24호 6. 다호리 1호 7. 다호리 19호

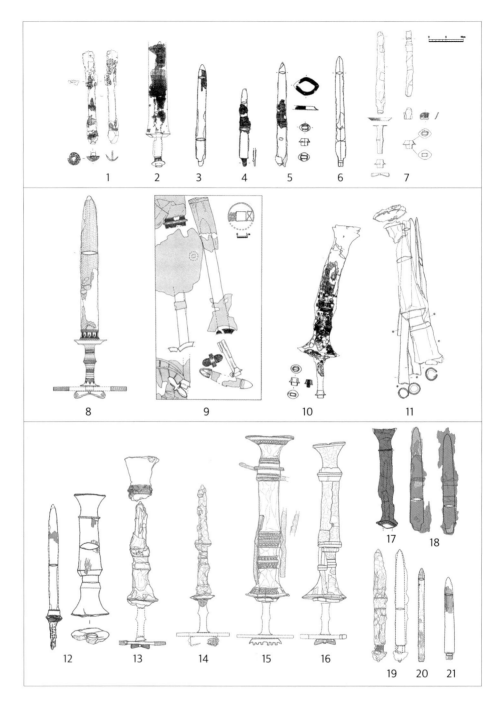

[그림 9] 영남지역 칠초철검

1. 신대리 63호 2. 69호 3. 팔달동 90호 4. 조양동 5호 5. 임당 I지구-A-135호 6. 임당 I지구-A-44호 7. 임당 I지구-E-118호 8. 사라리 130호 9. 임당 I지구-A-121호 10. 가야의 숲 3호 11. 예산리 31호 12. 다호리 1호 13. 다호리 104호 14. 다호리 149호 15. 다호리 125호 16. 다호리 120호 17. 다호리 118호 18. 다호리 32호 19. 다호리 134호 20. 다호리 38호 21. 다호리 37호

산 양지리 1호는 요갱에 부장되었다.

3) 칠부채

칠부채는 칠초철검을 제외하고 가장 많은 유적에서 부장된 유물이다. 창원 다호리 1호 1점, 24호 1점, 36호 3점, 다호리 101호 1점, 다호리 117호 1점, 경주 탑동 1점, 성주 예산리 30호 1점, 예산리 31호 1점, 경산 임당 121호 1점, 경산 양지리 1호 3점, 경산 신대리 1호 1점, 94호 2점, 김해 가야의 숲 2점, 포항 성곡리 4호 1점, 9호 1점 등이다. 다호리 1호 출토 부채를 제외하고는 대부분 목재는 사라지고, 옻칠 흔적만 남아 있다. 칠부채는 피장자의 가슴 부위에 배치되어 얼굴을 가리는 위치에 부장되는 경우가 많다. 물론 성주 예산리 31호처럼 요갱 내부에서도 발견된다.

4) 칠두

칠두는 다호리유적과 예산리유적에서만 확인되며, 나머지 유적에서는 출토되지 않았다. 다호리유적에서는 원형두, 방형두 굽다리 상부에 돌대가 부착된 두(豆) 등 다양한 형태가 출토되었다. 그러나 출토된 목관묘의 양이 많기 때문에 목관묘 1기당 부장된 수는 많지 않다. 이에 비해 예산리 유적에서는 30호에서 6점, 31호에서 6점 등 1기의 무덤에 여러 점이 함께 부장된다. 예산리유적의 두(豆)는 칠피만 남아 있어 정확한 형태는 알 수 없다. 다만 31호에서 굽다리 중상위에 돌대가 돌려져 있는 것이 나와 다호리 두(豆)와의 연관성이 주목된다. 또한 예산리유적에서는 옻칠이 되어 있지 않지만 흑색으로 마연한 두(豆) 굽다리에 돌대가 돌려진 것이 확인된다. 이러한 형태의 두(豆)는 현재까지 창원 다호리와 성주 예산리유적에서만 확인된다. 두(豆)는 예산리유적의 경우를 보면 피장자 측면에 부장되는 모습을 보이고, 부장 공간 내에서 다른 칠기류들과 동일한 장소에 부장되어 있다. 다호리유적의 두(豆)는 다른 부장품과 함께 부장되기도 하나 1호처럼 묘광 바닥면에서 출토되기도 한다.

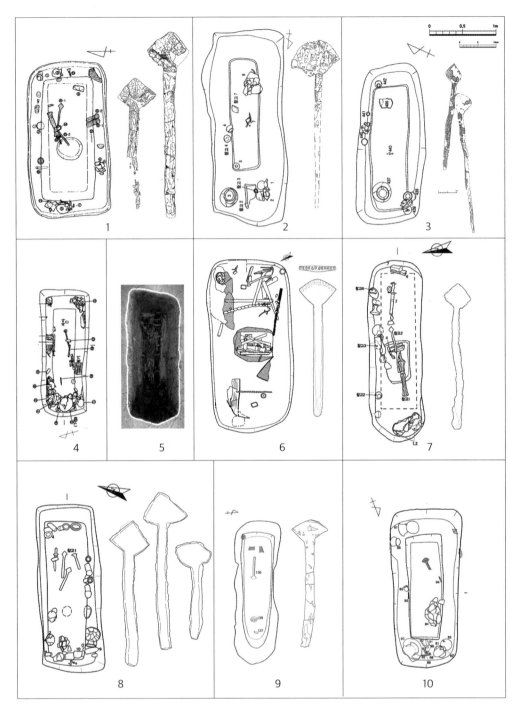

[그림 10] 영남지역 칠부채

1. 가야의 숲 3호 2. 신대리 1호 3. 94호 4. 임당 I 지구-A-135호 5. 경산 양지리 6. 다호리 1호 7. 24호 8. 36호 9. 101호
10. 117호

5) 원통형칠기

원통형칠기는 다호리 1호 목관묘 2점, 성주 예산리 31호 목관묘 2점, 김해 가야의 숲 3호 목관묘 2점이 출토되었다. 다호리에서 출토된 것은 동체부와 저부를 따로 제작한 후, 동체에 저부가 삽입되는 구조이다. 동체는 두께 0.2cm 정도의 판을 만들고 원통형으로 말아 양끝을 겹치게 접합하여 만들었다. 성주 예산리 31호에서 출토된 원통형칠기는 압착된 상태이다. 목관과 묘광 사이에 부장되어 있었으며, 위치는 피장자의 오른쪽 중앙 부분에 2점이 세워져 있었다.

김해 가야의 숲에서 출토된 원통형칠기[9] 역시 목관과 묘광 사이에 부장되어 있었다. 예산리유적과 마찬가지로 2점이 시신의 오른쪽 중앙 지점에 해당하는 남쪽 벽 부분에 세워진 채 출토되었다. 원통형칠기는 음식용기의 일종으로 보기도 하나, 고대 목간이나 죽간과 같은 책을 담는 용도로 해석되기도 한다(신용민 2006).

IV. 고대 칠기 부장의 사회적 의미

고고자료로 신앙과 의례를 밝혀내는 것은 쉽지 않은 과제이다. 인간의 정신적이고 사상적인 면을 남아 있는 물질자료만 가지고 접근한다는 것이 추정에 기반할 수밖에 없기 때문이다. 고고학에서 의례는 장소나 목적에 따라 산악, 수변, 생산, 생활, 농경, 장송의례 등으로 분류한다. 하지

9　김해 가야의 숲 원통형칠기는 모시와 삼베로 기형을 만들고 옻칠한 협저칠기이다. 협저칠기는 삼베나 모시로 골격을 갖추고 옻칠을 하여 형태를 만드는 칠기이다. 천이 기본 소재이기 때문에 물건이 가벼운 장점이 있고, 직물의 울퉁불퉁한 면을 메우기 위해 바탕칠[下地]을 두껍게 하는 특징이 있다. 우리나라 삼한시대 칠기에서는 거의 보이지 않고, 낙랑 칠기에서 많이 보인다.

만 분류 기준이 모호하며, 의례의 실상을 정확히 파악하기에는 어려운 점이 있다.

최근 고고자료와 문헌사료를 접목하여 삼한시대 소도를 환호유적에서 찾으려는 연구도 있었다(이형원 2017; 나혜림 2017). 환호를 이용한 독립된 공간 조성, 광장의 존재와 파쇄유물을 통해 이를 의례공간으로 파악하는 것은 의미 있는 접근이다. 하지만 의례 행위가 여전히 공간에 대한 추정과 일부 파쇄품을 통해 이루어졌을 가능성을 제시할 뿐이지 명확한 의례의 실상을 파악하기에는 한계가 뚜렷하다.

이러한 점에서 신앙과 의례에 다가갈 수 있는 가장 근접한 고고학 자료는 무덤에서 출토되는 부장품이다. 죽은 이를 기념하는 과정에서 이루어지는 행위는 장송의례뿐 아니라 당시 사람들의 사후관념, 내세관념 등을 엿볼 수 있어 중요하다. 이 글에서 다루고 있는 삼한시대 목관묘 출토 칠기는 그 희소성이나 기종을 볼 때, 의례용품일 가능성이 높다.

칠기는 앞서도 언급했듯이 물건에 윤기와 광택을 내는 미적 효과와 함께 방수, 방부, 내열, 내구성을 높여준다. 고대에 기능성과 장식적 효과를 두루 갖춘 도료는 옻칠밖에 없다. 채취량이 일정하고, 옻나무의 재배지도 한정되었기 때문에 칠기의 가치는 더욱 높았다.

목관묘에서 칠기의 부장량이 급증하지만 다양한 기종은 발견되지 않는다. 칠기의 제한된 기종은 이 시기 옻칠이 일부 특수한 물건에만 이루어졌음 짐작케 한다. 이 가운데 칠초철검이나 칠부채는 당시 지배자들의 권위를 과시하는 물건인 동시에, 부장된 예를 볼 때 의례적인 요소가 강했다. 특히 목관묘에 부장된 칠부채는 피장자의 얼굴을 가리는 위치에 부장되었다. 이를『삼국지』위서 동이전 기록인 '큰 새의 깃털로 장사 지내는데, 그 뜻은 죽은 자가 날아오르게 하고자 하는 것이다'라는 현상으로 이해하기도 한다(김현희 2018). 큰 새의 깃털로 장사 지내는 것이 부채를 의미한다는 것에는 동의하기 어렵지만 부채가 소유자의 위세를 보여주는 물건이고, 소유자가 죽은 후에는 장송 의례 가운데 사용된 의례용품인 것은 분명하다.

또 이와 함께 그릇류에 옻칠이 되는 두(豆), 주머니호, 원통형칠기는 확실한 제기이며, 실생활 그릇보다는 의례용기나 특수용기로 볼 수 있는 것들이다. 먼저 두는 중국『禮記』를 참고하면 제사에서 나물을 담는 그릇이다. 물론 삼한시대 두(豆)는 무덤뿐만 아니라, 주거지에서도 출토되기 때문에 의례용, 부장용만이 아닌 실생활에서 식기로도 사용되었지만(강병학 2002; 심수연 2011), 제기의 역할이 더 강조되었던 기종이다. 하지만 칠두나 주머니호, 원통형칠기 등을 포함한 그릇류는 다호리유적과 예산리유적을 제외하면 거의 부장되지 않은 특징이 있다.[10]

그렇다면 그릇류 칠기의 부장량이 적은 것은 어떻게 이해해야 할까. 이 현상과 함께 주목할 점이 칠기 출토 유적에서 공반되는 흑색마연토기이다. 흑색마연토기는 마연 기법으로 토기 표면에 윤기와 광택을 내는 것이 칠기와 유사한 효과를 가진다. 흑색마연토기는 창원 다호리유적에서도 출토되며, 성주 예산리와 대구 팔달동 등 이 시기 목관묘 단계에서 확인되고 있는 부장용 토기이다. 옻칠의 모방 효과일 가능성이 있다고 보기도 하는 이유이다(박순발 1999). 칠기와 흑도의 출현 순서를 감안하면 고급 제품인 칠기를 모방하여 흑색마연토기가 제작되었을 가능성이 높다.[11]

삼한시대 영남지역 목관묘에 부장된 칠기는 특수한 기종의 의례용품이었다. 당시 의례와 권위를 위해 수입된 칠기는 지배자들이 사용할 수 있었던 칠초철검과 칠부채, 두와 주머니호 등 일부 그릇에 이루어졌다.

....

10 안동 가곡리유적에서는 장경호와 주머니호에서 옻칠한 것이 확인되어 그릇류에도 더 많은 옻칠이 되었을 가능성이 있다.

11 흑도의 전통은 신석기시대 중국 용산(龍山)문화에서 시작된다. 하지만 칠기는 이보다 더 이른 시기인 기원전 5,000년부터 확인되고 있다. 또한 용산문화의 분포권인 산동반도 역시 옻나무의 자생지임을 고려하면 중국의 흑도 역시도 칠기를 모방하여 제작되었을 가능성이 있다. 같은 맥락에서 청동기시대 붉은간토기 역시 옻칠의 주칠에서 모티브를 얻어 모방품으로 제작된 의례용 혹은 부장용 토기일 가능성이 있다고 생각된다. 물론 이 부분은 향후 과학적 분석을 통해 청동기시대 붉은간토기에서 옻칠 성분이 나온다면 좀 더 진전되어야 할 부분이라고 판단된다.

동시에 칠기의 공급이 원활하지 못했던 지역을 중심으로 칠기의 대체품으로 흑색마연토기를 제작하여 부장하였다.[12]

V. 맺음말

옻칠은 수천 년 동안 이어져 내려온 천연 도료이다. 옻나무 수액이라는 원료의 한계와 옻칠 제작 과정이 복잡하다는 점에서 고대부터 쉽게 얻을 수 없는 특수하고 값진 물건에 옻칠을 하였다. 청동기시대부터 시작된 우리나라 칠기 역사는 삼한시대부터 영남지역을 중심으로 목관묘의 등장과 함께 부장량이 급증하였다.

삼한시대 갑작스러운 칠기 부장량의 증가와 확산 요인은 아직까지는 명확하지 않다. 청동기시대부터 이어져 내려온 칠기 제작 전통의 성숙인지, 외부적 동인에 의한 것인지는 계속적인 연구가 필요하다. 이 시기 칠기 유입에서는 서북한지역과의 관련성이 주목된다. 당시 대표적 칠기인 검파형칠초는 서북한지역과 영남지역에서 출토되며 형태적으로도 흡사하다. 칠초철검은 철 생산 기술, 목재 가공 기술, 옻칠 기술이 모두 접목된 유물로 복잡한 제작 과정이 필요한 유물이다. 검파형칠초는 칼집의 독창적인 디자인과 연결금구, 결입부, 형태적 비율이 일정한 패턴을 보인다는 점에서 규격화된 제작 기준이 있었다.

이러한 칠초철검의 존재가 일반적인 전파론적 시각에서 서북한에서

....

12 다만 칠기의 부장 여부가 위계 차이의 지표인지는 확실하지 않다. 대표적으로 칠초동검만 부장된 경주 사라리 130호의 경우에는 그릇류에 칠기는 없지만 다호리 못지않은 청동기 부장과 주변지역과의 교류 양상이 보이기 때문이다. 오히려 칠기의 부재는 원활한 칠기 공급이 이루어지지 못한 공급 부족이나 필요로 하는 기종만을 제공받음으로 인해 나타난 현상일 가능성이 있다.

영남지역으로의 문화 파급으로 볼 것인지, 반대로 영남지역에서 서북한 지역으로 수출되었을 가능성은 향후 논의가 필요하다. 영남지역에서 출토된 칠초철검이 서북한지역보다 월등히 많고, 칠기 제작 기술도 영남지역이 현재로서는 우위에 있다는 점에서 이 지역에서 철을 낙랑으로 공급하는 과정에서 일부 검파형칠초가 낙랑지역으로 공급되었을 가능성이 있다. 낙랑지역을 포함한 서북한지역에서 칠기를 얼마만큼 제작하였는가도 중요한 문제이다. 특히 한반도의 재지화된 기종을 옻칠로 만들었는가에 대한 의문이 남는다. 칠초가 영남지역 해안과 낙동강 수계를 따라 분포하고, 한반도 서부지역에 산발적으로 출토되는 현상은 해상교류를 짐작케 한다. 칠초의 원산지는 영남일 가능성이 있다.

영남지역 목관묘에 부장된 칠기는 낙동강 수계를 따라 각지로 유통되었다. 다호리유적과 예산리유적을 제외하면 대부분 칠초철검과 칠부채 등 의례용품에 국한되어 있다. 이는 칠기 자체의 희소성으로 인한 현상일 가능성이 크며, 칠기가 원활히 보급되지 못한 곳에서는 흑색마연토기를 제작하여 칠기 대체품으로 사용하는 모습도 눈에 띈다.

다만 칠기의 부장과 흑색마연토기와의 관계, 다호리유적과 예산리유적을 제외한 칠기 기종의 단순화 등은 좀 더 면밀한 검토가 요구되는 부분이다. 이 글이 의례용품으로서 칠기의 가능성을 검토하기는 하였으나, 실제 어떤 식으로 칠기가 사용되었을지, 의례용품에서는 어떤 위치를 차지했었는가에 대해서는 검토하지 못하였다. 이 부분은 계속된 연구 과제로 삼고자 하며, 칠기의 시론적 검토를 통해 향후 칠기 연구가 더욱 활발히 진행되기를 기대한다.

• 도면작성에 이은혜, 이소영(이상 국립김해박물관) 님이 도와주었다. 지면을 빌려 감사의 뜻을 전한다.

참고문헌

강병학, 2002, 「한반도 무문굽다리토기 연구-형식분류를 통한 편년 및 성격 추론」, 한양대
　　　학교 대학원 석사학위논문.

경상북도문화재연구원, 2005, 『성주 백전 예산리 토지구획정리사업지구내 문화유적발굴
　　　조사보고서』.

국립김해박물관·한국전통문화대학교 2019, 『고인돌·목관묘 소장품 과학적 분석 보고
　　　서』.

국립경주박물관, 2000·2003, 『慶州 朝陽洞 遺蹟 I·II』.

국립대구박물관, 2018, 『금호강과 길』.

국립중앙박물관, 2001, 『낙랑』.

_____, 2001, 『昌原 茶戸里遺蹟』, 國立中央博物館 古蹟調査報告 第三十二冊.

_____, 2012, 『昌原 茶戸里 1~7次 發掘調査 綜合報告書』, 國立中央博物館 古蹟調査報告
　　　第41冊.

김민철, 2019, 「對外交流와 威勢品으로 본 首長層의 出現」, 『영남지역 수장층의 출현과 전
　　　개』, 제28회 영남고고학회 정기학술발표회, 영남고고학회.

김수철, 2007, 「고대칠기 분석 및 보존처리」, 충북대학교 대학원 박사학위논문.

김은경, 2011, 「한국 옻칠예술의 형성과 그 시원에 관한 연구」, 동방문화대학원대학교 박
　　　사학위논문.

김용성, 2016, 「영남지방 목관묘와 사로국」, 『한국고대사연구』 82, 한국고대사학회.

김원용·안휘준, 2003, 『한국미술의 역사-선사시대에서 조선시대까지』, 시공사.

김종태, 1976, 『칠기공예론』, 일지사.

김현희, 2018, 「무덤 안에 두는 부채, 바람을 넣다」, 『금호강과 길』, 국립대구박물관.

리기련, 1967, 「용추동 움무덤」, 『고고민속』 1967년 4호.

리순진, 1974, 「운성리 유적 발굴보고」, 『고고학자료집』 제4집, 사회과학출판사 .

박순발, 1999, 『한성백제의 성립, 초청학술강연회 백제의 역사』, 국립부여박물관.

박영규·김동우, 2005, 『목칠공예』, 솔.

손대현, 2006, 『전통옻칠공예』, 한국문화재보호재단.

신대곤, 2009, 「다호리유적 출토 의기의 특징」, 『과기고고연구』 15집, 아주대학교박물관.

신용민, 2006, 「김해 가야의 숲 3호 목관묘에 대하여」, 『김해 가야의 숲 조성부지내 김해
　　　무계리 공동주택 건설부지내 유적 발굴조사 보고서』, 동아세아문화재연구원.

심수연, 2011, 「영남지방 출토 두형토기 성격」, 『한국고고학보』 79, 한국고고학회.

영남문화재연구원, 1999, 『慶州 舍羅里遺蹟 I』.

_____, 2000, 『大邱 八達洞 遺蹟 I』.

_____, 2010, 『大邱 鳳舞洞 遺蹟 III』.

_____, 2018, 『大邱 鶴亭洞 485遺蹟』.

울산문화재연구원, 2005, 『울산 천상리 평천유적』.

李建茂 外, 1989, 「昌原 茶戸里遺蹟 發掘進展報告」, 『考古學誌』 1, 國立中央博物館.

_____, 1991, 「昌原 茶戶里遺蹟 發掘進展報告」, 『考古學誌』3, 國立中央博物館.

_____, 1993, 「昌原 茶戶里遺蹟 發掘進展報告」, 『考古學誌』5, 國立中央博物館.

_____, 1995, 「昌原 茶戶里遺蹟 發掘進展報告」, 『考古學誌』7, 國立中央博物館.

이경미, 1992, 「樂浪古墳出土 漆器에 對한 一考察」, 『한국상고사학보』11권, 한국상고사학회.

이용희, 2010, 「우리나라 고대 칠기의 칠기법 연구-초기철기시대부터 통일신라시대까지 발굴 칠기유물을 중심으로」, 공주대학교 대학원 석사학위논문.

이재현, 1995, 「변·진한 사회의 발전과정」, 『영남고고학보』17, 영남고고학회.

이종석, 1984, 「한국 고대 칠기 연구-삼국시대 및 통일신라시대를 중심으로」, 단국대학교 대학원 석사학위논문.

이주헌, 1994, 「삼한의 목관묘에 대하여-영남지방출토 자료를 중심으로」, 『고문화』44권, 한국대학박물관협회.

이형원, 2017, 「삼한 소도의 공간 구성에 대한 고고학적 접근-중부 지역의 환구 유적을 중심으로-」, 『백제학보』제24, 백제학회.

장용준, 2019, 「옻과 옻나무 그리고 옻칠」, 『고대의 빛깔, 옻칠』, 국립김해박물관.

장용준·平郡達哉, 2009, 「有節柄式 石劍으로 본 無文土器時代 埋葬儀禮의 共有」, 『한국고고학보』제72집, 한국고고학회.

전남대학교박물관, 1993, 『여천 적량동 상적지석묘』.

조현종, 2012, 「신창동 유적의 목기와 칠기」, 『2000년 전의 타임캡슐』, 국립광주박물관.

趙現鐘 外, 1997, 『광주 신창동저습지 유적 I』, 국립광주박물관.

차순철, 2008, 「韓國의 漆生産과 變化」, 『경주문화연구』, 경주대학교 문화재연구소.

채희국, 1959, 『태성리 고분군 발굴보고: 유적발굴보고』제5집, 조선민주주의 인민공화국 과학원 고고학 및 민속학 연구소, 평양: 과학원 출판사.

한국문화재보호재단, 2011, 『2010년도 소규모 발굴조사 보고서 IV-경북 2-』.

한병삼·이건무 외, 1977, 『남성리 석관묘』, 국립박물관 고적조사보고서 10.

호남문화재연구원, 2015, 『全州 東山洞遺蹟 II』.

허허, 2017, 『한국의 옻과 문화』, 혜안.

国立歷史民俗博物館, 2017, 『URUSHIふしぎ物語-人ら漆の1200年史』.

東京國立博物館·京都國立博物館·奈良國立博物館, 1985, 「漆工」, 『日本の漆工』.

大阪府立弥生文化博物館, 1999, 『よみがえる漢王朝』, 中國社會科學院考古學研究所.

李捷民·华向荣·文昌明·刘世枢·陈应琪·唐云明, 1974, 「河北藁城县台西村商代遺址1973年的重要发现」, 『文物』1974年 8期, 文物出版社.

편집 후기

가야사 연구의 시작은 어디가 되어야 할까. 최근 가야사 연구·복원 활성화로 가야 관련 연구와 사업이 다양하게 진행되고 있다. 가야의 영역, 생산, 무덤, 사회상 등 전 분야에 걸쳐 새로운 논의가 이루어지고 있지만 정작 가야 이전 사회에 대해서는 소홀했다. 역사는 단절된 것이 아니라 연속적이듯 가야 역시 가야 이전의 역사를 통해 정확히 규명될 수 있다.

가야 이전 가야 지역에 살았던 사람들은 누구였는지, 그들은 가야 건국에 어떤 역할을 했는지, 그들은 어떤 삶을 살았는지, 어떤 사상과 관념을 갖고 있었는지. 가야 선주민 연구가 가야사 복원의 출발점이 될 것이다. 그런 점에서 이번 학술심포지엄은 그 노력의 첫 번째 기획이자 성과이다.

가야 선주민 연구는 삼한 소국과 그 이전 구간사회로 대표되는 청동기시대를 망라한 연구이다. 이번 심포지엄은 먼저 삼한 사회에 주목하였다. 사실 그간 삼한 사회에 대해서 '國'이나 '수장층'에 대한 논의를 중심으로 정치·경제·사회 분야에 대한 적지 않은 성과가 있었다. 하지만 신앙과 의례처럼 당시의 관념이나 사상처럼 정신세계와 관련된 분야로의 폭넓은 연구는 이루어지지는 못했다. 물론 신앙과 의례를 소략한 문헌기록과 고고자료만을 가지고 접근하는 것은 쉽지 않다. 그럼에도 삼한 사회를 올바르게 복원하고 인식하기 위해서는 부족한 분야에 대한 진전된 연구가 필요하다. 이번 학술심포지엄에서 신앙과 의례에 주목하게 된 것도 이러한 이유 때문이다.

심포지엄은 1개의 기조발표와 6개의 주제발표로 이루어졌다. 기조강연에서는 그간 삼한의 신앙과 의례 분야 연구 성과와 향후 과제에 대해 살펴보았다. 주제 발표는 삼한 각 지역의 의례 유구와 성격을 다루는 것에서 시작하여, 유물의 부장 패턴을 통한 당시의 장송 의례를 복원하려는 시도가 있었다. 또 최신 고고학 발굴 성과를 반영하여 문헌에 나타난 '소도', '입대목'과 관련짓는 연구, 당시 의례용품인 청동기와 칠기를 면밀히 검토하는 연구도 이루어졌다. 이와 함께 중원지역의 마구 의례를 살펴봄으로써 중국과의 비교·검토도 함께 이루어졌다.

삼한사회 의례 연구는 가야 건국 설화와 나아가 가야 성립을 이해하는 중요한 통로이다. 이번 심포지엄만으로 삼한시대 신앙과 의례의 모든 것을 다룰 수는 없었다. 다만 그동안 관심이 부족했던 이 분야에 새로운 활력과 관심을 불러일으키는 계기가 되었으리라 생각된다. 향후 문헌과 고고학을 접목하여 신앙과 의례의 총체적 실체에 접근하는 연구가 지속되기를 기대한다. (이제현)